Vie de Charles de Foucauld

Du même auteur

AUX MÊMES ÉDITIONS

Itinéraire spirituel de Charles de Foucauld, *1958*
Littré devant Dieu, *1962*
Un prêtre, Antoine Chevrier, fondateur du Prado, *1966*
Charles de Foucauld aujourd'hui, *1966*
Cheminements de la Mission en France (1941-1966), *1967*
La Prière et l'Espérance, *1968*
Du Syllabus au dialogue, *1970*
La Véritable Enfance de Thérèse de Lisieux, *1972*
Thérèse de Lisieux au Carmel, *1973*
Jésus, *1974 (coll. «Livre de vie»)*
Vie de Thérèse de Lisieux, *1975 (coll. « Livre de vie »)*
Le Courage de l'espérance, *1978*
(Les dix ans qui ont suivi le Concile)
Lorsque Jésus priait, *1980*
Guy-Marie Riobé, évêque et prophète, *1982*
Les Béatitudes aujourd'hui, *1984*
1886. Naissance du XXᵉ siècle en France, *1986*
Le Temps des médiateurs, *1990*

CHEZ D'AUTRES ÉDITEURS

Correspondance du Père de Foucauld avec l'abbé Huvelin
Desclée, 1957
Des chrétiens interrogent l'athéisme, *Desclée, 1968*
Louis Massignon, *Éd. de l'Herne, 1969*
L'Esprit qui nous parle à travers l'incroyance
(en collaboration avec le P. Chenu), *Cerf, 1976*
Les Jeunes, l'Avenir et la Foi, *Desclée, 1977*
Nous cherchons le bonheur, *Desclée, 1978*
L'incroyance et la foi ne sont pas ce qu'on croit, *Centurion, 1979*
Vincent de Paul, *Centurion, 1981*
Combat pour les vieux jours, *Centurion, 1983*
Guide des solitudes, *Fayard, 1985*
Dieu, cette année-là, *Desclée, 1986*
Vie du père Chevrier, *Desclée, 1987*
Le Père Riobé, un homme libre, *Desclée, 1988*
Comment peut-on croire aujourd'hui ? *Desclée, 1989*

Jean-François Six

Vie de Charles de Foucauld

Éditions du Seuil

L'auteur entend bien se conformer en tout point au décret du pape Urbain VIII et affirme ne vouloir, en aucune façon, prévenir le jugement du Siège apostolique auquel il se déclare filialement soumis.

Nihil obstat, Pontigny, 4 octobre 1962
Henri le Sourd.
Imprimatur, Pontigny, 8 octobre 1962
Jean Vinatier, vicaire général.

EN COUVERTURE : Fraternité des Petits Frères de Jésus
à Tamanrasset, photo Brazzola.

ISBN 2-02-000506-9

L'enfant prodigue

1858-1886

Octobre 1878. Une chambre de l'école de cavalerie de Saumur. Un jeune vicomte, Charles de Foucauld, s'est installé confortablement. Il vient d'avoir vingt ans ; majeur, il a pu prendre possession de son héritage, qui est immense. Dès son arrivée à Saumur, il a fait ample provision de victuailles et de vins fins.

“ Qui n'a vu Foucauld dans sa chambre, en pyjama de flanelle blanche à brandebourgs, confortablement installé sur sa chaise longue ou dans un excellent fauteuil, dégustant un savoureux pâté de foie gras, arrosé d'excellent vin de Champagne, ne peut se faire une idée de ce qu'est un homme heureux de vivre. ” C'est l'un de ses camarades, le futur général d'Urbal, qui campe ainsi le Foucauld de Saumur.

Ce jeune homme de vingt ans a toujours été gourmand. Il aime faire d'interminables et succulents dîners. Il est devenu gras et lourd. De taille moyenne, il a failli être refusé pour obésité à l'entrée de Saint-Cyr. Il ne paie pas de mine. Mais il est toujours de la dernière élégance. Il choisit le meilleur salon de coiffure de la ville, mais, pour s'épargner toute fatigue, fait venir le coiffeur à domicile. Il fait la fortune des tailleurs et des bottiers de Saumur. Il invite largement, est d'une prodigalité folle, ne jouant que gros jeu, n'acceptant pas qu'un garçon de café lui rende la monnaie d'un louis d'or, n'allant jamais toucher sa solde.

Le jeune et extravagant vicomte de Foucauld est bientôt célèbre dans toute l'École, dans toute la ville. On se raconte ses frasques. Invité à une soirée dans le monde, à Tours, il se fait, au dernier moment, une fois de plus, mettre aux arrêts. Foucauld s'habille en civil, se colle une fausse barbe, sort de l'École sans être reconnu, saute dans le train et débarque à Tours triomphant. Coup de théâtre : à la sortie de la gare, il est arrêté et emmené au commissariat. Foucauld n'y comprend rien. On s'explique : sa barbe s'est à demi décollée, et on l'a pris pour un bandit. Libéré, Foucauld bondit chez ses amis. Il a retiré sa barbe, et la première personne qu'il rencontre dans la soirée, c'est le général commandant l'école de Saumur. Ce qui lui vaut quinze autres jours de forteresse.

A la fin du séjour à Saumur, l'inspecteur général donnera cette appréciation sur Charles de Foucauld : " A de la distinction, a été bien élevé. Mais la tête légère, et ne pense qu'à s'amuser. "

Un homme heureux de vivre, un homme qui ne pense qu'à s'amuser : Charles de Foucauld n'est-il que cela ? L'étonnant vicomte de Foucauld, qui aime les beaux habits et les déguisements, qui semble s'évader avec facilité dans les plaisirs, a des côtés mystérieux, que ses amis ou ses chefs ne connaissent pas. Ainsi, par exemple, cette fugue étrange. Un soir, le sous-lieutenant de Foucauld disparaît de Saumur. Son meilleur ami, son inséparable, le compagnon de ses fêtes, le marquis de Morès, ignore lui-même ce qu'il est devenu. Discrètement, il le fait rechercher par les gendarmes. On le retrouve, la veille du jour où il serait porté déserteur, dans un village perdu du Maine-et-Loire. Il est déguisé, une fois de plus, mais cette fois-ci, c'est en clochard, loqueteux et misérable. Il erre dans la campagne, il mendie son pain.

Devant de telles aventures, une question se pose : Qui est Charles de Foucauld ? Quelles pensées, vraiment, le mènent ? Sous les dehors de ce gros garçon épaissi, derrière l'extrême réserve que personne ne peut percer, qu'y a-t-il exactement ?

UN ENFANT SEUL

Il faut remonter en arrière pour essayer de comprendre. Ce n'est pas une enfance heureuse que l'enfance de Charles de Foucauld. Il est né à Strasbourg le 15 septembre 1858. Trois ans plus tard, il a une petite sœur, Marie. A peine Charles connaît-il quelques années paisibles. Charles n'a que cinq ans lors que son père tombe gravement atteint de tuberculose. Celui-ci donne sa démission d'inspecteur des Eaux et Forêts, devient très tourmenté. Il s'en va résider chez sa sœur, la belle Inès, peinte par Ingres, et devenue la femme de M. Moitessier. Élisabeth de Foucauld, avec ses deux enfants, se réfugie chez son père, le colonel de Morlet. Elle meurt d'une fausse-couche, le 13 mars 1864. Cinq mois plus tard, c'est M. de Foucauld qui meurt à Paris, loin de ses enfants.

Voici le jeune Charles de Foucauld orphelin à cinq ans. Il gardera sans cesse la nostalgie de ce temps où sa mère vivait encore et le tournait vers Dieu.

Charles et Marie sont confiés à leur grand-père. Celui-ci est plus que faible envers ses petits-enfants, envers Charles surtout qui lui rappelle beaucoup sa fille.

A dix ans, Charles entre en sixième au lycée de Strasbourg. Son professeur dira plus tard : " Enfant intelligent et studieux, mais qui était loin de faire pressentir la nature ardente et primesautière qu'il devait manifester. " Charles est un enfant plutôt endormi que turbulent. Il n'aime guère le bruit. Il recherche la solitude. C'est un enfant replié sur lui-même ; d'une forte sensibilité. La mort de ses parents l'a blessé au plus vif de lui-même ; cette souffrance l'a rendu fermé, vulnérable et susceptible, agressif et impatient.

A ce moment, Charles de Foucauld retrouve une sorte de nouveau foyer. Sa tante Inès l'accueillle dans sa propriété près d'Évreux. L'enfant passe là d'heureuses vacances. Mais surtout, c'est là qu'il rencontre celle qui sera pour lui une seconde mère, Marie Moitessier, son aînée de neuf ans, une jeune fille simple et silencieuse, d'une très grande bonté qui s'appuie sur une foi profonde. Elle le comprend ; elle l'aidera, avec une immense patience, tout au long de ses années d'erreurs, comme de celles de sa vie religieuse.

Mais ces heures de bonheur ne durent guère. En

1870 — Charles a douze ans — la guerre éclate. Devant l'envahisseur, M. de Morlet fuit précipitamment Strasbourg, entraînant ses petits-enfants dans l'exode. Désastre de Sedan, siège de Paris, famine, défaite, guerre civile : tous ces événements ont un profond retentissement sur l'esprit de l'enfant qui ressent douloureusement les malheurs de son pays. La guerre terminée, M. de Morlet opte pour la nationalité française et se fixe à Nancy. Le 1er octobre 1871, Charles de Foucauld entre au lycée de cette ville, en troisième.

Le 28 avril 1872, il fait sa première communion. C'est un événement qui laisse une forte trace dans son esprit. Il écrira vingt-cinq ans plus tard : " Première communion entourée des grâces, des encouragements de toute une famille chrétienne, sous les yeux des êtres que je chérissais le plus au monde. " Marie Moitessier est là ; elle est venue tout exprès de Paris. Elle lui a apporté, comme cadeau, un livre de Bossuet. C'est ce livre qui l'aidera à revenir sur son passé et à se convertir, quelques années plus tard.

La première communion, réalisée après une longue et bonne préparation, a été très pieuse, mais ces jours de ferveur n'ont pas de suite. Quelques mois plus tard en octobre 1872, Charles de Foucauld, qui est entré en seconde, se met à lire toutes sortes d'ouvrages. Ce garçon de quatorze ans, qui est replié sur lui-même, se jette avec avidité sur toutes les lectures qui s'offrent à lui. Qu'en retire-t-il ? Une excellente culture générale, mais sa foi en est vite ébranlée : il en arrive à douter de tout. Ses maîtres sont strictement neutres. Ils ne le guident aucunement. L'air du temps, l'atmosphère est imprégnée par l'incrédulité et le scepticisme. Il aurait fallu à Charles de Foucauld ce qu'il appellera lui-même un de ces " hommes savants dans les choses religieuses, sachant rendre raison de leurs croyances ". Mais le jeune lycéen ne rencontre pas un tel maître de religion. Son grand-père a la foi ; mais c'est un esthète qui aime la littérature et l'archéologie, et qui ne peut répondre aux questions religieuses de son petit-fils.

Peu à peu, Charles de Foucauld s'éloigne de la foi. Il commence à s'écarter de la pratique religieuse. C'est ensuite une réelle perte de la foi. Non pas qu'il soit devenu athée ; il ne nie pas formellement Dieu : pour lui, Dieu est seulement l'inconnaissable. Ses études contribuent à l'enfermer dans ses doutes ; il recherche de préférence les auteurs qui sont des maîtres de scepticisme ; il goûte beaucoup Montaigne, par exemple, et Voltaire ; il écrit à l'un de ses amis : " Quelques romans de Voltaire, c'est un assaisonnement dont je ne saurais me passer longtemps. "

Il dira, songeant à ce qu'il pensait à quinze ans : " Rien ne me paraissait assez prouvé ; la foi égale avec laquelle on suit des religions si diverses me semblait la condamnation de toutes. "

Il garde le respect de la religion catholique, il continue à montrer de la déférence aux religieux. Mais il a un doute extrême sur la capacité de sa raison à atteindre la vérité. Il écrira : " Je demeurai douze ans sans rien nier et sans rien croire, désespérant de la vérité et ne croyant même pas en Dieu, aucune preuve ne me paraissant assez évidente. "

Peut-être Marie Moitessier serait-elle à même de l'aider dans son problème. Mais elle s'est mariée le 11 avril 1874, elle est devenue vicomtesse Olivier de Bondy. Charles de Foucauld se retrouve plus seul que jamais. Celle qu'il regarde comme sa seconde mère semble s'éloigner de lui. Le lien le plus fort, humainement, religieusement, qui l'unissait à tout ce qu'il croyait naguère lui paraît rompu.

Dans cette même année 1874, l'année de ses quinze ans Charles passe, avec dispense d'âge, son premier baccalauréat. Il décide alors de se préparer à la vie militaire qu'il désire depuis longtemps. Son grand-père, qui a fait Polytechnique, voudrait que son petit-fils passât par la même école ; mais Charles de Foucauld opte pour Saint-Cyr. Pourquoi ? Parce que le concours de Saint-Cyr est plus facile ; Charles est très paresseux.

Il entre donc, dans la classe de préparation, à " Sainte-

Geneviève ". On y travaille beaucoup, et la discipline y est stricte. Charles ne supporte guère cette atmosphère et il travaille à peine. Il réussit pourtant la seconde partie du baccalauréat.

En octobre 1875, il entre, pour une seconde année, à " Sainte-Geneviève ". Il vient d'avoir dix-sept ans. Cette année est une année terrible. " Jamais, je crois n'avoir été dans un si lamentable état d'esprit ", dira-t-il. " J'ai, d'une certaine manière, fait plus de mal en d'autres temps, mais quelque bien avait poussé alors à côté du mal " ; à " dix-sept ans, j'étais tout égoïsme, tout impiété, tout désir du mal, j'étais comme affolé. "

Il faut regarder de près l'évolution des faits. Ce ne sont pas les erreurs morales et le péché qui ont fait perdre la foi à Charles de Foucauld ; il y eut d'abord des doutes, puis l'éloignement de la foi, et c'est alors, après la perte de la foi, que commence un complet laisser-aller moral : " Je vivais comme on peut vivre quand la dernière étincelle de foi est éteinte. " Chez ce garçon de dix-sept ans, il y a une véritable volonté positive de rejeter toute croyance et, à partir de là, toute règle ; Charles de Foucauld est alors tellement enfoncé dans son égoïsme que son attitude lui paraît la seule *normale* : " Lorsque je vivais le plus mal, j'étais persuadé que cela était absolument dans l'ordre et que ma vie était parfaite. "

Faut-il se représenter le Charles de Foucauld de cette époque comme un jeune homme qui recherche avec fougue des " chemins de liberté ", et qui met une ardeur extrême à faire le mal ? Aucunement. Il est profondément replié sur lui-même; il est vicieux et paresseux ; c'est un adolescent indolent qui n'a aucun goût ni pour le travail ni pour l'action : à peine parfois de brusques explosions — comme lorsqu'il écrit des lettres de quarante pages à son grand-père pour lui réclamer la permission de revenir à Nancy — et de terribles colères sans suite.

Au mois de mars, il est renvoyé de " Sainte-Geneviève ". Les raisons de son renvoi ? La paresse et la mauvaise conduite. On est à trois mois du concours de Saint-Cyr. Charles, qui est rentré à Nancy, travaille avec un précepteur que lui a donné son grand-père. Il met son point d'honneur à entrer à Saint-Cyr; il se présente en juin; il est reçu 82e sur 412 élèves admis.

Le 27 octobre, il quitte Nancy pour entrer à Saint-Cyr. Il vient d'avoir dix-huit ans. A Saint-Cyr, les jeunes officiers sont épris d'ambition et de gloire. On veut effacer la défaite de 1870. Dans la promotion de Foucauld, des noms qui deviendront illustres : Driant, Sarrail, Pétain; mais lui, Foucauld, n'a rien d'un cavalier fringant; il n'est célèbre dans l'école que par son embonpoint, qui l'a empêché de trouver, à l'habillement, une veste et un pantalon.

LA GRANDE VIE

Les deux années de Saint-Cyr sont des années d'indolence. Foucauld ne travaille guère. Non pas qu'il mène une vie de fête, tout au contraire, il a une existence solitaire, occupée à flâner paresseusement. Il s'ennuie. Sa vie lui paraît solitaire et pesante. Il n'a aucun souci de sa tenue. On le sent indifférent à la vie. En seconde année de Saint-Cyr, à dix-neuf ans, il continue de travailler en amateur. Le 1er février 1878, il est précipitamment appelé à Nancy : son grand-père agonise et mourra le 3 février. Cette nouvelle épreuve, Charles de Foucauld dira qu'elle fut un malheur; la tendresse qu'il avait pour son grand-père, qui était bon, l'avait empêché de tomber dans une débauche tapageuse, ou sordide. Ce dernier lien d'affection qui le retenait encore est maintenant brisé.

Au début, cette souffrance provoque un abattement profond, une sorte de torpeur qui entraîne un grand laisser-aller. Les motifs de punition de cette époque, ce ne sont pas des motifs d'indiscipline, mais des manques de tenue : " pantalon sale ", " cheveux trop longs ", tous les signes d'un véritable dégoût de vivre. Il ne travaille plus du tout : le 1er avril, il perd ses galons; le 19 août, il sort 333e sur 386, ce qui est une baisse très forte par rapport à l'année précédente.

Saint-Cyr est terminé. Charles de Foucauld va entrer, en novembre, à l'école de cavalerie de Saumur. Il en sort en octobre 1879. A quelle place ? la dernière; il est 87e sur 87 élèves.

Nommé sous-lieutenant au 4e Hussards à Sézanne, il s'ennuie affreusement et se fait muter à Pont-à-Mousson qui lui semble un peu moins insupportable. Il y installe une garçonnière; il en loue une autre à Paris, rue La Boétie, pour ses permissions.

Comment le jeune officier apparaît-il à son entourage ? Ses chefs le trouvent très jeune, manquant de fermeté et d'ardeur, de caractère mou; ils estiment qu'il n'est pas à la hauteur de ses fonctions. Et ses camarades ? Le duc de Fitz-James, qui le rencontre alors, raconte : " C'était un bon gros réjoui, et nous nous liâmes vite d'une amitié à laquelle sa mort seule mit fin. Du reste, comment ne pas aimer et estimer ce si bon camarade ? avec un tact parfait, une délicatesse exquise, Foucauld nous faisait profiter de sa bourse; parfois, jouant les consommations, s'il gagnait trop, je l'ai vu faire très adroitement exprès de perdre. Très gourmet, il aimait nous régaler, tantôt l'un, tantôt l'autre, par petits groupes. Il nous invitait parfois à déguster, dans son petit mais confortable logement, des sandwiches au foie gras, arrosés d'excellent cherry. Il avait un domestique, une charrette anglaise et un cheval. Il invitait toujours à monter à côté de lui, dans sa voiture, un camarade, mais ce n'était pas souvent le même. Il ne montrait son attelage ni au quartier, ni devant sa porte. Jamais, il n'éblouissait avec son luxe. "

La vie de plaisir et d'amusement qu'il avait menée à Saumur, il la continue, mais en plus grand. Toute la petite ville lorraine, militaire et pieuse, parle des excentricités du lieutenant de Foucauld, et de ses scandales. Il dilapide gaillardement sa fortune. Ses dépenses, qu'il est difficile d'évaluer, sont certainement énormes : c'est que ses revenus annuels sont de l'ordre de plusieurs millions de notre temps. Il donne de somptueuses fêtes nocturnes, et aussi quelques réceptions très intimes. Ne voit-on pas, certains soirs, débarquer de l'express de Paris, fringantes et parfumées, des demoiselles de petite vertu ? C'est le temps où Charles de Foucauld se lie avec une certaine Mimi, une demi-mondaine aussi spirituelle que légère.

Toujours aussi distingué, mais toujours aussi fermé, froid, Charles de Foucauld continue de faire la fête aussi follement, mais il est de plus en plus morne et mélancolique. En apparence, c'est un bon vivant, il se joue de l'existence, mais qu'y a-t-il au fond du cœur de cet homme, qui passe de plaisir en plaisir, les voulant toujours plus étourdissants ? Ce qu'il ressent au fond de son cœur, il ne l'avouerait à personne : " Un vide douloureux, une tristesse que je n'ai jamais éprouvée qu'alors; elle me revenait chaque soir, lorsque je me retrouvais seul dans mon appartement... Elle me tenait muet et accablé pendant ce qu'on appelle les fêtes : je les organisais, mais le moment venu, je les passais dans un mutisme, un dégoût, un ennui infinis... Cette inquiétude vague d'une conscience mauvaise, qui, tout endormie qu'elle est, n'est pas tout-à-fait morte. Je n'ai jamais senti cette tristesse, ce malaise, cette inquiétude qu'alors. "

Toute l'année 1880, l'année de ses vingt-deux ans, se passe ainsi de fête en fête, mais, brusquement, en décembre, un événement vient bouleverser la monotone vie de garnison : le 4e Hussards s'appellera désormais le 4e Chasseurs d'Afrique, et ira prendre ses quartiers à Sétif et à Bône. Pour Foucauld, c'est un voyage et une aventure de plus. Il quitte Pont-à-Mousson mais il ne quitte pas sa manière de vivre. A Sétif, c'est la vie de garnison qui recommence, une vie désœuvrée. Charles de Foucauld recommence à s'ennuyer.

Il n'est pas seul. Il a emmené avec lui Mimi; il l'a fait avec insouciance et légèreté; elle l'a accompagné sur le bateau, elle a débarqué avec lui sous le nom de vicomtesse de Foucauld. A terre, il n'a aucunement pris soin de dissiper l'équivoque. Au contraire, il affiche cette liaison.

Conseils, puis remontrances, enfin ordre de ses supérieurs : Foucauld ne veut rien entendre; il veut continuer de mener sa vie comme bon lui semble. Même si Mimi n'est pour lui qu'une insignifiante maîtresse, même s'il n'a rien de commun avec elle, même si elle ne peuple aucunement sa solitude, Foucauld ne peut admettre qu'on s'immisce dans ses affaires personnelles, son orgueil s'y refuse absolument; il prétend affronter toute société et gouverner seul sa vie. Il refuse donc de se soumettre, et préfère quitter l'armée. Il est mis en non-activité " pour indiscipline doublée d'inconduite notoire ". Le 20 mars 1881, il rentre en France avec Mimi; ils s'installent à Évian.

L'AFRIQUE

Charles de Foucauld a quitté l'Afrique. Or, la France, en cette année 1881, regarde tout spécialement vers le sud, vers l'Afrique. 1881 est l'année de l'établissement du protectorat français en Tunisie. C'est aussi l'année où le Gouvernement envoie des missions à travers le Sahara pour y reconnaître des tracés possibles de voie ferrée. La colonne Flatters, massacrée par les Touaregs, est l'une de ces missions. L'année précédente encore, avait eu lieu la conférence de Madrid sur le Maroc : on impose au chérif Moulay-Hassan de concéder un statut commercial aux nations européennes. Brazza avait exploré le Gabon en 1875 et l'Association internationale africaine avait été fondée à Bruxelles l'année suivante. La France interviendra à Madagascar en 1883.

La France vit en même temps d'autres événements à l'intérieur. 1880 a vu la montée au pouvoir d'une majorité républicaine. Les catholiques, eux, sont, dans l'ensemble, monarchistes, et rendent au prétendant royal un véritable culte; c'est ainsi qu'on trouve, à Lille, en 1880, un chef de bataillon légitimiste qui distribue aux hommes des " manuels du soldat ", édités par une maison catholique, et dont les quatre-vingt-quinze premières pages sont consacrées aux " devoirs envers Dieu ". Louis Veuillot, directeur du journal *l'Univers* et directeur de conscience de l'ensemble du clergé français depuis bientôt trente ans, est plus papiste que le pape et plus royaliste que le roi. Les prêtres " républicains " sont une très faible minorité.

Le 15 mars 1879, Jules Ferry a déposé deux projets de réforme de l'enseignement, dont l'un contient un article, l'article 7, qui retire la possibilité d'enseigner à toute une série de congrégations religieuses. Un an plus tard, le gouvernement va promulguer deux décrets sur les " congrégations non autorisées " : neuf mille religieux, cent mille religieuses sont frappés d'interdit. Indignation des catholiques, campagnes de toutes sortes. L'abbé Félix Klein rapporte dans ses *Souvenirs*, qu'élève de seconde au petit séminaire de Meaux, il rédige alors un appel qui se terminait par cette apostrophe : " Aux armes, fils de croisés ! Vive la Liberté et vive la Religion ! Vive le Roi et vive le Christ ! Mort aux écorcheurs ! Tue les républicains ! Aux armes ! aux Armes ! " De l'autre bord, on écrit des pamphlets comme *les Crimes de la Calotte*, ou des feuilletons comme *les Amours d'un Jésuite*. Et durant toute cette année 1889, on avait procédé à de nombreuses expulsions de religieux, particulièrement de jésuites. Une autre Loi, le 12 juillet 1880, a supprimé l'obligation du repos dominical.

Léon XIII, devenu pape en 1878, est en politique beaucoup moins absolu que son prédécesseur Pie IX. Il cherche à ménager, il prend garde de ne pas heurter.

En ces années, il y a une prolifération d'inventions et de découvertes : le téléphone électrique de Bell date de 1876, le phonographe d'Edison, de l'année suivante; en 1877 encore, Thomas et Gilchrist inventent le convertisseur. Michelson, en 1881, fait son expérience sur la vitesse de la lumière. C'est en 1879 que Pasteur découvre le principe de la vaccination, en 1881 qu'il expérimente le vaccin contre le charbon.

Pendant ce temps, à Évian, où la saison mondaine bat son plein, Foucauld se traîne avec Mimi; Évian c'est une façon de se venger de la vie, des humiliations. Foucauld cherche à s'y étourdir dans de nouveaux plaisirs, mais, plus triste que jamais, pris d'un dégoût tenace, il descend jusqu'au désespoir; un jour, il s'écrie : " Je suis un homme fini. "

Ces semaines de vie médiocre sont des semaines très dangereuses : le grand rêveur qu'est Charles de Foucauld, cet homme qui, dans son enfance, a été profondément déconcerté par la mort de ses parents, et qui est resté inadapté, cet homme ne va-t-il pas s'enfermer dans une éternelle adolescence molle, s'installant dans une expérience banale et inutile ?

Trois mois plus tard, en juin, Foucauld ouvre un journal. Il tombe sur une nouvelle qu'il dévore. Un titre : " Sud-Oranais, insurrection des Ouled sidi Cheikh. " En dessous : " Le 4e Chasseurs est jeté en plein combat. " Il lit d'un trait tout l'article.

Ses camarades se battent ! Avec une étonnante puissance de rupture qui est un trait de son caractère, il quitte sur le champ Évian, et la joyeuse vie facile; il se rend à Paris, obtient une audience au Ministère de la Guerre, demande sa réintégration dans l'armée : il acceptera les conditions qui lui seront imposées (Il offre même sa démission pour s'engager immédiatement aux spahis comme simple cavalier). On lui rend son grade; il rejoint aussitôt son régiment dans le Sud-Oranais. L'armée l'a tiré de la boue où il s'enfonçait.

Mais sera-t-il capable de s'adapter à l'existence du bled, cet homme paresseux, gourmand et sensuel, cet officier indépendant et orgueilleux ? Il fait plus que s'adapter, il est à la pointe du combat et de la difficulté; Laperrine a raconté son comportement : " Au milieu des dangers et des privations des colonnes expéditionnaires, ce lettré fêtard se révéla un soldat et un chef, supportant gaiement les plus dures épreuves payant constamment de sa personne, s'occupant avec dévouement de ses hommes, il faisait l'admiration des vieux mexicains du régiment, des connaisseurs.

Ils sont rassurés, ces chefs; ils sont étonnés, les anciens de la guerre du Mexique, devant ce sous-lieutenant audacieux et de plus, affable, franc, serviable, joyeux. Car c'est un fait que le sous-lieutenant de Foucauld est détendu et joyeux depuis qu'il a cessé de faire fête. Il demeure toujours aussi facétieux et sceptique; un de ceux qui ont vécu avec lui à Sétif, le général d'Amade, a raconté qu'un jour, dans une course, le cheval de Foucauld tombe; le vétérinaire, consulté, décide d'abattre le cheval. Foucauld consent mais il y met une condition : il prendra la parole au moment de l'enfouissement. Et voici en substance ce qu'il a dit : " Tu fus un bon cheval, un excellent cheval. Tu appartiens à la catégorie de ces chevaux qui vont droit au paradis. Je le regrette, car, ainsi, nous ne nous rencontrerons plus jamais. "

Peut-on parler de ce départ pour l'Afrique comme du commencement de sa conversion ? Il y avait dans ce geste, le désir d'aboutir à une grande œuvre d'ordre purement humain, un surgissement de volonté de puissance. Et dans quel but, sinon de se grandir, peut-être de s'oublier ? car il y a une évasion de la vie qui est possible dans l'action, tout autant que dans le rêve, une évasion peut-être plus dangereuse parce que plus subtile. Reste que ce départ, commandé avant tout par une recherche de soi, aura des conséquences imprévisibles, et formera dès lors une étape réelle de la conversion.

Quels sont donc les effets de cette première " plongée " africaine ? A partir de l'expédition du Sud-Oranais, Charles de Foucauld brise la solitude où il était enfermé : il entre en contact avec les autres.

D'abord, il se réhabilite auprès des siens; il souffrait beaucoup de l'estime médiocre où le tenait par exemple Mme Moitessier, sa tante, qui le trouvait lâche et sans volonté. Il avait une véritable admiration pour elle; elle était à ses yeux sa famille. Or Mme Moitessier, qui est une femme de tête, reconnaît le courage qu'il a fallu à Charles pour s'arracher à Évian. On lui dit l'ardeur de son neveu dans les combats d'Afrique. Charles de Foucauld se sent réuni, d'un lien d'adulte, avec celle qui représente à ses yeux la tradition familiale.

Il y a une deuxième découverte que fait le lieutenant Foucauld : celle de l'armée, celle de la fraternité d'armes. Dans le Sud-Oranais, Foucauld n'est plus enterré dans l'isolement des plaisirs : il est mêlé à des hommes dont il partage la vie. Il est à la tête — il aime être à la tête — d'une troupe d'hommes qui feraient n'importe quoi pour lui, parce qu'ils sentent qu'il les aime. Les témoignages des hommes qui ont servi sous ses ordres sont émouvants : ils montrent un Foucauld qui ne pense pas à lui-même, mais qui est au service des hommes qu'il commande, qui est tout spécialement au service des derniers de sa troupe, des simples soldats.

Il y a enfin un troisième lien qui se crée à travers cette expédition du Sud-Oranais : au cœur du combat, Foucauld rencontre non seulement des hommes qui sont ses frères d'armes, mais il rencontre des adversaires, il les affronte. Et voici que, peu à peu, dans ce contact de guerre, Foucauld en arrive à apprécier l'adversaire, et même à désirer le connaître.

Après l'expédition dans le Sud-Oranais, Foucauld est envoyé en garnison à Mascara. Mais comme il le dira plus tard : " Les Arabes avaient produit sur lui une profonde impression. " Et déjà, à Mascara, il se met à apprendre l'arabe. Bien sûr, il a été pris par le Sud, par le désert. Il garde une incessante nostalgie de l'Afrique, ce continent immense dont Lyautey parle dans son carnet personnel (Lyautey qui découvre l'Afrique dans ces mêmes années 1881-1882) : " L'Afrique elle-même, qu'en ai-je donc aimé, sinon une ivresse de deux ans, l'oubli, une ivresse pure celle-là, une griserie de soleil, de lumière, de plénitude artistique dans toute l'acception du mot. " Foucauld a entrevu, dans les marches vers le Sud, d'immenses espaces qui ouvrent à d'immenses rêves, un but indéfini qui l'attire et le subjugue : il y avait là de quoi apaiser sa soif d'être libéré de toute limite. Et même s'il s'agit, pour lui, d'un infini tout terrestre comment ne pas penser pourtant qu'il connut les mêmes impressions que Psichari : « Parce que je sais que de grandes choses se font par l'Afrique, je peux tout exiger d'elle, et je peux tout, par elle, exiger de moi. Parce qu'elle est la figuration de l'éternité, j'exige qu'elle me donne le vrai, le bien, le beau et rien moins... Sidia s'approcha de moi, et faisant un grand geste vers l'horizon, ému, transfiguré, il me dit : Dieu est grand. »

LIBÉRATION

En janvier 1882, Foucauld demande un congé à ses chefs ; il donne, comme raison de ce congé, l'idée qu'il a de faire un « voyage en Orient ». Il se heurte à un refus. Fin janvier, il démissionne alors de l'armée ; la démission sera acceptée en mars. Il vient s'installer à Alger pour se perfectionner en arabe et apprendre ce qui est nécessaire à la réalisation de son projet d'exploration : car il a décidé d'explorer, non plus l'Orient, mais ce Maroc où personne encore n'est entré.

Chez cet homme de vingt-trois ans, il y a un impérieux besoin de se grandir à ses propres yeux et aux yeux des autres. Il y a bien des moyens pour atteindre un tel but. Dans l'esprit de Foucauld, l'un des meilleurs paraît être une exploration dans un pays mystérieux et réputé comme dangereux : à ce point de vue de l'exaltation de soi, les combats, qui sont une entreprise collective, sont beaucoup moins intéressants qu'une exploration, qui est une aventure solitaire, où éclate l'héroïsme dans tout ce qu'il comporte d'initiative individuelle et de courage personnel. Et quelle jouissance de penser qu'on pénétrera dans le *bled es siba*, le pays de l'insoumission, et qu'on sera le premier à le faire !

Il part d'Alger le 30 juin 1883, avec la volonté d'aboutir coûte que coûte. En cours de route, il envoie le 23 août un mot à sa sœur qui est très inquiète ;

il lui promet " de faire tout ce qu'il pourra (..), pour revenir le plus tôt possible tout en accomplissant l'itinéraire *jusqu'au bout* ". Il lui écrira encore : " Quand on part en disant qu'on va faire une chose, il ne faut pas revenir sans l'avoir faite. " A son retour, après un an de courses terribles à travers le Maroc, quand il rencontrera son ami, le duc de Fitz-James, il lui dira ces quelques mots brefs : " Cela a été dur, mais très intéressant, et j'ai réussi. " C'est, en deux mots, définir sa ténacité et sa volonté d'efficacité.

A lire le récit du voyage, les notes prises au jour le jour, on s'aperçoit que le jeune explorateur connaît un immense épanouissement et qu'il se sent, au milieu des plus grandes difficultés, comme victorieux; il marche à pas de jeune dieu.

Présentant un rapport sur le voyage de Foucauld, et annonçant que le jeune explorateur recevrait la première médaille d'or de la Société de géographie, M. Duveyrier dira : " On ne sait ce qu'il faut le plus admirer, ou de ces résultats si beaux et si utiles, ou du dévouement, du courage, et de l'abnégation ascétique grâce auxquels ce jeune officier les a obtenus. " Il ajoutera que l'explorateur avait " sacrifié bien autre chose que ses aises, ayant fait et tenu jusqu'au bout bien plus qu'un vœu de pauvreté et de misère. " Or, Charles de Foucauld dira plus tard que c'est " pour son plaisir " qu'il avait enduré de telles privations et connu de tels mépris.

Voilà ce qu'a voulu faire Foucauld : se réaliser pleinement lui-même, tout seul. Ce projet, il l'a réussi : il est devenu d'un seul coup un jeune explorateur célèbre, que se disputent les salons; et cela flatte beaucoup l'orgueil familial de Mme Moitessier. Mais dans cette exploration marocaine, et c'est une chose qu'il ne voit pas, Foucauld a fait des découvertes beaucoup plus importantes que les seules découvertes géographiques. Il a beaucoup plus appris, il a beaucoup plus reçu qu'il ne le pense lui-même. Le monde qu'il a exploré est entré en lui, l'a pénétré de toutes parts. Venant conquérir, il a été conquis.

D'abord par les musulmans. A plusieurs reprises, dans son voyage, Foucauld a été efficacement protégé par des Marocains qui lui ont sauvé la vie. Ils savaient qui il était. Sans hésiter, ils lui ont porté secours. Sans eux, Foucauld aurait été assassiné non en 1916, mais en 1894. Sans s'en rendre bien compte, Foucauld découvre la grandeur du monde musulman, où l'on respecte l'ennemi, l'homme qui n'appartient ni à sa nation, ni à sa religion, ce monde musulman où l'on pratique une fraternité et une hospitalité réelles.

Dans ce monde musulman, Foucauld découvre plus encore. Il rencontre des hommes pour qui Dieu compte plus que tout. Il a vu des Arabes prosternés, de tout leur long, reconnaissant la mainmise de Dieu sur eux. Il a étudié l'arabe dans le Coran; il a lu l'enseignement du Prophète : " Que Dieu est l'Unique; à qui tout est soumis, que rien ne lui échappe, qu'il a droit à l'adoration. " Et il a vu des hommes vivre cet enseignement du Coran. Alors, par ce contact avec ces croyants, il commence à saisir que Dieu seul importe et que la vie d'un homme est très simple : elle doit consister à se vouer totalement au Très-Grand ; une existence n'est unifiée que par le don inconditionné à Dieu.

Ce témoignage des musulmans vient le brûler comme un fer rouge, le réveille de son engourdissement. Tout son être est saisi comme d'un immense tremblement devant la perspective d'un Dieu-Grand par qui toute la vie d'un homme trouve son sens. Quelques jours après son ordination, alors qu'il songe de nouveau à retourner au Maroc, il écrit à son cousin Henry de Castries, le 8 juillet 1901 : " Oui, vous avez raison, l'Islam a produit en moi un profond bouleversement. La vue de cette foi, de ces hommes vivant dans la continuelle présence de Dieu, m'a fait entrevoir quelque chose de plus grand et de plus vrai que les occupations mondaines... Je me suis mis à étudier l'Islam, puis la Bible, et la grâce de Dieu agissant, la foi de mon enfance s'est trouvée affermie et renouvelée. " Une semaine plus tard, il écrira encore à Henry de Castries : " L'islamisme est extrêmement séduisant : il m'a séduit à l'excès. » Cette séduction n'était pas une simple séduction romantique, une attirance venue des coutumes arabes; c'était une séduction religieuse : « L'islamisme me plaisait beaucoup avec sa simplicité, simplicité de dogmes, simplicité de hiérarchie, simplicité de morale. »

Oui, Charles de Foucauld désire sortir de l'inquiétude compliquée de ses années de jeunesse; et c'est pour cela que la simplicité de l'Islam est bien faite pour lui captiver l'esprit et le cœur. Ne sera-t-il pas émouvant de voir Foucauld, après sa conversion même, prier encore avec des passages du Coran ? En retrouvant Dieu, il rendait témoignage, fraternellement, à ceux qui avaient témoigné tout spécialement de Lui : les musulmans du Maroc.

En même temps qu'aux musulmans, Foucauld doit beaucoup aux Juifs qu'il a rencontrés dans son voyage marocain. Laperrine écrira, en parlant du Foucauld de cette époque : « Cette vie d'un an au milieu des croyants convaincus porta le dernier coup au scepticisme de Foucauld. Il admirait la force que tous ces Marocains puisaient dans leur foi, aussi bien ces musulmans fanatiques et fatalistes que ces Juifs inébranlablement attachés à leur religion malgré des siècles de persécution. » N'oublions pas que, pour faire cette exploration, Foucauld, d'ailleurs, a abandonné ses habits européens contre un équipement d'israélite : pendant un an, il aura la calotte rouge et le turban de soie noire; pendant un an, il sera le rabbin Joseph Aleman, né en Russie et chassé par les dernières persécutions (il est censé de venir de Jérusalem et voyager pieusement à l'aventure); pendant un an, Foucauld va se trouver mêlé aux communautés israélites ! Il fait sans cesse attention à se mettre dans la peau de son personnage, celui d'une race méprisée : les musulmans regardaient avec dégoût, en Afrique du Nord, ceux qui appartiennent à la race juive. Et Foucauld écrira que, sur tel chemin du Maroc, aucun musulman ne passait auprès de lui sans l'avoir salué de cette injure : « Que Dieu fasse brûler éternellement le père qui t'as engendré, juif ! »

Avant même qu'il entre au Maroc d'ailleurs, Foucauld avait déjà compris les conditions où se trouvaient les israélites. C'était à Tlemcen; déjà déguisé, Foucauld est assis par terre sur une place, il mange du pain et des olives. Passe une bande d'officiers, des Chasseurs d'Afrique. Foucauld les connaît presque tous: " Les cavaliers défilèrent distraits ou méprisants; l'un d'eux, avec un ricanement, fit remarquer à ses camarades que ce petit juif accroupi, en train de manger des olives, avait l'air d'un singe. Nul ne me reconnut. " Et il est certain qu'à Saint-Cyr et à Saumur, Foucauld avait rencontré, très souvent, un antisémitisme violent. Ainsi, dans son voyage, Foucauld connaît réellement ce qu'est l'appartenance à la race dans laquelle est né Jésus-Christ et il partage les opprobres et l'abjection de la race israélite.

Dans son voyage, des juifs lui sauvent aussi la vie; et quelques années avant sa mort, en 1912, Foucauld fera transmettre un message à David Morciano, un israélite de Debdou, le remerciant de l'avoir " sauvé de la mort et considéré comme un de ses fils ". Quelques jours avant la fin de son exploration, Foucauld connaîtra aussi ce qu'est l'hospitalité des hommes d'Israël: en faisant sa toilette, il se met à laver sa barbe. Effroi de son compagnon de chambre, car un vrai " juif " ne se lave jamais la barbe; l'explorateur se rappelle trop tard la coutume. Mais ceux qui sont là lui promettent de ne pas le trahir et personne ne manquera à ce devoir de l'hospitalité.

Surtout, Foucauld rencontre des israélites croyants. Lui-même est soi-disant rabbin. Son compagnon, Mardochée, l'emmène à la synagogue; et Foucauld racontera, dans la relation de son voyage, une prière à laquelle, entre autres, il a assisté : " La synagogue présente l'image de tous les temples juifs que je verrai au Maroc; c'est une salle rectangulaire, avec une sorte de pupitre au milieu et, dans le mur, un placard. Le pupitre sert à appuyer le Livre de la Loi, aux lectures publiques qu'on en fait deux fois par semaine; dans les communautés riches, il est une estrade et parfois avec un dais; dans les villages pauvres, il consiste en une pièce de bois horizontale soutenue par deux poteaux. Le placard contient un ou plusieurs exemplaires de la Loi, écrits sur parchemin et roulés sur des cylindres de bois (comme les volumes romains, avec cette différence qu'ils sont roulés sur deux cylindres au lieu d'un); ces doubles rouleaux ont cinquante centimètres de haut et sont couverts de trois ou quatre enveloppes superposées des plus riches étoffes. Telle est la synagogue; un banc appuyé au mur en fait le tour et la complète. A la fin du dîner, entrent les uns après les autres, trente ou quarante hommes; ils s'asseyent sur les bancs et causent à voix basse; ce sont les israélites du lieu, qui viennent faire en commun la prière du soir; à un signal, tous se dressent, se tournent vers l'Orient, et commencent leur prière bas ou à mi-voix; embarrassé, je les regarde pour faire comme eux. » Foucauld entre donc dans ce monde israélite où l'on prie, et même si c'est pour ne pas trahir son origine, le voilà qui les imite dans leur attitude de prière.

C'est ainsi que Foucauld, qui pénètre au Maroc, est entouré par une double fraternité humaine, celle de la communauté musulmane et celle de la communauté israélite. Son exploration lui fait découvrir des hommes qui se comportent en frères envers lui. Cette attitude fraternelle cheminera dans son cœur jusqu'à lui faire désirer de devenir lui-même, à son tour, un frère pour eux tous, musulmans et israélites.

C'est ainsi que Charles de Foucauld, incroyant, en quête d'exploration de terres humaines, a rencontré des hommes pour qui la Terre de Dieu comptait plus que tout. Leur attitude d'adoration va s'insérer dans son esprit jusqu'à lui faire rechercher passionnément ce Dieu-très-Grand qu'il a entrevu à travers eux.

Cette double transformation ne va pas s'accomplir aussitôt; le retour du Maroc s'accompagne, par contre coup, d'un nouvel accès, brutal, de fureur de vivre : après tant de dangers et de tensions, Foucauld veut éprouver le plaisir d'être victorieux; et son exploit l'a durci.

Son exploration à peine achevée, il se jette de nouveau dans la débauche : " En revenant du Maroc, je ne valais pas mieux que quelques années avant, et mon premier séjour à Alger n'avait été que plein de mal. "

C'est la bonté de sa cousine qui le sauvera de ce mal. Au contact de cette bonté, la personnalité raidie de Foucauld s'assouplit de façon inattendue.

UNE EXISTENCE SOLITAIRE

Foucauld arrive à Paris, le 17 juin 1884. Il se rend près de Bordeaux, dans un château de Mme Moitessier. Il y retrouve Mme de Bondy. Elle est extrêmement bienveillante envers lui, si bienveillante qu'il se reprend, dit-il, " à voir et à respecter le bien oublié depuis dix ans ". L'amitié de sa cousine est une amitié admirablement attentive. Charles de Foucauld baigne dans cette atmosphère : " Je suis arrivé ce matin à la campagne; c'est un séjour qui me plaît mille fois plus que celui de Paris, écrit-il; la solitude en compagnie de ceux qu'on aime le plus au monde, un pays charmant, tout eau, tout verdure, c'est plus qu'il n'en faut pour me trouver parfaitement heureux. "

" Parfaitement heureux " : il y a bien longtemps que Charles de Foucauld n'a plus parlé de bonheur, mais quel est le fond de son bonheur ? C'est un mélange de silence et d'amitié. Foucauld est, à ce moment — et il le demeurera toujours — un homme épris de solitude, mais d'une solitude peuplée de présences aimées et silencieuses.

Quelle différence entre le Foucauld, jeune officier à la tête légère et le Foucauld d'aujourd'hui, réfléchi, mesuré ! Il est en quête de paix et de stabilité. Il pense même à se marier. A Alger, il a rencontré la fille d'un commandant. C'est une jeune fille de vingt-trois ans; elle vient de se convertir du protestantisme au catholicisme. Mlle Titre dira plus tard que Foucauld lui avait donné l'impression d'une profonde maîtrise de soi; elle l'avait trouvé sérieux, sûr, comme quelqu'un de quarante-cinq ans : " Il causait très bien, sagement, sérieusement, ou tendrement, en se possédant toujours, sans emballement, avec une réflexion profonde. Avec cela, sans afféterie, il était parfait de tenue : jamais négligé, toujours à l'ordonnance, quoique civil à cette époque. " Mais Mme de Bondy, mise au courant, et craignant un coup de tête hâtif, déconseille le mariage. Foucauld reconnaîtra plus tard qu'elle avait eu raison.

Pendant plus d'un an, Charles de Foucauld va préparer la relation écrite de son voyage. Par souci de précision, avec une admirable conscience professionnelle, il fait même un nouveau voyage, dans le Sud algérien et tunisien, afin de pouvoir se rendre compte des points de ressemblance qu'ils pouvaient présenter avec le Sud marocain.

En février 1886, il est à Paris. Il loue un appartement — au 50 de la rue de Miromesnil. Il veut s'enfermer dans une vie de travail et préparer d'autres explorations. Il s'installe à l'arabe, sans lit, — il couche en burnous sur le tapis — et travaille en gandourah. Il habite à deux cents mètres de l'église Saint-Augustin et il est tout proche aussi de la rue d'Anjou où sont installés, en leur hôtel, Mme Moitessier et Marie de Bondy.

Au dehors, l'atmosphère est trouble; le général Boulanger est ministre de la Guerre; les relations franco-allemandes sont extrêmement tendues; on parle d'une guerre pour l'été. On s'émerveille d'une voiture Daimler capable de rouler à 20 kilomètres à l'heure. L'Exposition approche, et on est en train de construire la Tour Eiffel : certains catholiques s'insurgent violemment contre cette construction, ils voient là une nouvelle Tour de Babel, fruit de l'orgueil de l'homme ! A New York, on a inauguré la statue de Bartholdi : *La liberté éclairant le monde*; c'est Ferdinand de Lesseps qui conduisait la délégation française.

Lui vit dans le silence : " Une vie d'études sérieuses, une vie obscure, une existence solitaire. "

Dieu seul

1886-1901

“ PAR SON SILENCE, SA DOUCEUR, SA BONTÉ... ”

Quel est son état d'esprit, tandis qu'il commence à vivre, en février 1886, dans la solitude de son appartement de la rue de Miromesnil ?

Dans une prière à Dieu, se penchant quelques années plus tard sur son passé, il écrira : “ Mon cœur et mon esprit restaient loin de vous, mais je vivais pourtant dans une atmosphère moins viciée; ce n'était pas la lumière ni le bien, il s'en faut... mais ce n'était plus une fange aussi profonde, ni un mal aussi odieux... La place se déblayait peu à peu... l'eau du déluge couvrait encore la terre, mais elle baissait de plus en plus, et la pluie ne tombait plus... Vous aviez brisé les obstacles, assoupli l'âme, préparé la terre en brûlant les épines et les buissons. ”

Puisqu'il est en train de travailler le récit de son exploration, il revient sur toutes les rencontres qu'il a faites au Maroc. Va-t-il être tenté de se faire musulman ?

Charles de Foucauld juge que l'Islam n'est pas la vraie religion, car l'Islam n'est pas assez logique avec lui-même, car l'Islam ne vit pas intégralement cette parcelle de vérité qui est en lui, et même lui impose des limites : “ Je voyais clairement, dit-il à Henry de Castries, qu'il (l'Islam) était sans fondement divin et que là n'était pas la vérité. ” Pourquoi ? Parce que “ le fondement de l'amour, de l'adoration, c'est de se perdre, de s'abîmer en ce qu'on aime et de regarder tout le reste comme un néant : l'islamisme n'a pas assez de mépris pour les créatures pour pouvoir enseigner un amour de Dieu digne de Dieu : sans la chasteté et la pauvreté, l'amour et l'adoration restent très imparfaits; car, quand on aime passionnément, on se sépare de tout ce qui peut distraire, *ne fût-ce qu'une minute* de l'être aimé, et on se jette et on se perd totalement en Lui. "

Dieu continue de le préparer. Foucauld fera cette confidence, en parlant de février 1886 : " La chasteté me devint une douceur et un besoin du cœur "; et il ajoute : " C'était nécessaire pour préparer mon âme à la vérité : le démon est trop maître d'une âme qui n'est pas chaste pour y laisser entrer la vérité. "

Cette aspiration à la chasteté semble avoir été très aidée par le fait que Foucauld vivait au contact de sa famille. Cette famille, nous la connaissons : Mme Moitessier qui vit avec ses filles, Mme de Bondy et Mme de Flavigny, dans son hôtel de la rue d'Anjou — à quelques centaines de mètres de la rue de Miromesnil. Très intelligente, d'une volonté opiniâtre à la Foucauld — il faut admirer son port de tête dans le tableau d'Ingres qui la représente — Mme Moitessier avait réussi à organiser et à tenir magistralement le salon politique du neveu de son mari, Louis Buffet, qui avait été ministre à trente ans. Elle s'était réconciliée avec Charles de Foucauld : si le succès et la gloire de l'exploration au Maroc n'avaient pas été de peu de poids pour rétablir leurs relations, il y avait surtout, chez Mme Moitessier, beaucoup d'affection pour lui, une affection assez rude, mais profonde. Charles de Foucauld retrouve pour sa tante et sa cousine " l'admiration d'autrefois ", et il notera ce sentiment comme une grâce de Dieu dans le déroulement de sa conversion. C'est aussi une grâce que la façon dont il sera reçu par les siens : " Vous leur inspiriez de me recevoir comme l'enfant prodigue à qui on ne faisait même pas sentir qu'il eût jamais abandonné le toit paternel. Vous leur donniez pour moi la même bonté que j'eusse pu attendre si je n'avais pas failli... Je me serrai de plus en plus contre cette famille bien-aimée

J'y vivais dans un tel air de vertu que ma vie revenait à vue d'œil, c'était le printemps rendant la vie à la terre après l'hiver; c'est à ce doux soleil qu'avaient crû ce désir du bien, ce dégoût du mal, cette impossibilité de retomber dans certaines fautes, cette recherche de la vertu. »

A ce moment — en ce printemps 1886 — il a tendance à poursuivre un effort encore tout humain : il a « des goûts de vertu, de vertu païenne ». Il lit des philosophes païens, mais il en éprouve une vive déception : « Je n'y trouvai que le vide, le dégoût. »

C'est alors qu'il tombe sur quelques pages des *Élévations sur les mystères* de Bossuet, le livre que sa cousine lui avait offert le jour de sa première communion. S'il sent « la chaleur et la beauté » de ce livre, il est encore pourtant fort loin de la vérité : on voit comment il s'exprime : « Il m'a fait entrevoir que peut-être la religion chrétienne était vraie. » Et même, il veut se servir de ce livre d'une manière qui l'éloignerait plutôt de la vérité : il ne voit, en effet, dans ces pages de Bossuet, qu'un aliment à son projet d'idéal stoïcien : « Je trouverais peut-être là, sinon la vérité (je ne croyais pas que les hommes pussent la connaître) du moins des enseignements de vertu », il se met donc à « chercher des leçons d'une vertu toute païenne dans des livres chrétiens... » On voit qu'il en demeure au plan purement moral. Le fond de son problème, il ne le résout pas : il ne pense pas qu'il peut atteindre la vérité et connaître enfin qu'une religion est la vraie.

Cette recherche stoïcienne permet l'influence décisive, celle qui s'accomplit sur le plan, non plus seulement de la volonté, mais de l'intelligence et du cœur.

C'était déjà la bonté de Marie de Bondy qui l'avait attiré à un plus grand courage moral. C'est maintenant par la beauté de cette âme qu'il est attiré à « la vérité » : « Puisque cette âme est si intelligente, la religion qu'elle croit si fermement ne saurait être une folie comme je le pense. » Il dira de la même façon à Henry de Castries que, devant cette personne si intelligente et si chrétienne, il s'était dit " que peut-être cette religion n'était pas absurde. "

Marie de Bondy est ainsi le tout premier instrument de Dieu dans la conversion de Charles de Foucauld : " Si vous ne m'aviez pas converti, ramené à Jésus, appris petit à petit, comme mot à mot, tout ce qui est pieux et bon, en serais-je là aujourd'hui ? " écrira-t-il plus tard. Or, pour lui apprendre ce " mot à mot " de l'amour du Christ, elle ne fait que se taire, littéralement. Rappelant les " miséricordes " de Dieu aux derniers mois avant sa conversion, il écrira en novembre 1897 que Marie de Bondy avait travaillé avec Dieu, l'avait secondé dans ce cheminement. Comment ? " par son silence, sa douceur, sa bonté, sa perfection ; elle se laissait voir, elle était bonne et répandait son parfum attirant, mais elle n'agissait pas. " L'essentiel de *l'action* de Marie de Bondy sur son cousin consiste donc en une présence silencieuse.

En suivant cette "méthode", Mme de Bondy appliquait parfaitement les conseils habituels de son directeur l'abbé Huvelin. Celui-ci était, depuis 1875, vicaire à la paroisse Saint-Augustin, la paroisse des Moitessier ; Marie de Bondy était entrée dans son confessionnal " par hasard " — un jour de 1876 ; elle l'avait trouvé d'une grande perspicacité spirituelle et l'avait choisi comme directeur ; elle l'avait fait connaître aux siens et il était devenu le conseiller de la famille.

La vie de l'abbé Huvelin était elle-même, toute d'effacement et d'inefficacité apparente. Son apostolat consistait à témoigner, avec bonté et patience, beaucoup d'amitié aux âmes qu'il rencontrait ; n'avait-il pas coutume de dire : " Lorsqu'on veut convertir une âme, il ne faut pas la prêcher ; le meilleur moyen n'est pas de lui faire des sermons, c'est de lui témoigner qu'on l'aime. "

Une telle "méthode" vécue par une femme très intelligente, qui aurait pu tenter de convertir par des conversations et des arguments, vécue aussi par un prêtre qui, agrégé d'histoire et orateur de grande classe, aurait été capable d'utiliser d'immenses talents de persuasion, frappera beaucoup Charles de Foucauld; il ne manquera pas de la suivre lui aussi et de demander à ses disciples de sauver leurs frères en étant présents aux hommes et témoins silencieux, auprès d'eux, de l'amour de Jésus-Christ.

DIEU, SI VOUS EXISTEZ !...

Au cours du mois d'octobre 1886, Foucauld sent en lui une faim extraordinaire de Dieu et un profond besoin de s'adresser à Lui. Il entre dans des églises; des heures durant, il répète inlassablement une étrange prière (tout en éprouvant une immense fatigue) : " Mon Dieu, si vous existez, faites que je vous connaisse ! " Dès lors, pour Foucauld, Dieu n'est plus uniquement une vérité à apprendre, c'est quelqu'un qu'on cherche à rencontrer, quelqu'un qu'on voudrait connaître, quelqu'un à qui on demande de se faire connaître.

Foucauld attend une réponse de Dieu, mais en même temps, il ne reste pas passif : il veut interroger un " maître de religion ", un homme qui sait un peu qui est Dieu. Le voici donc en quête d'un initiateur de Dieu. Sa cousine lui parle de l'abbé Huvelin. Dans les derniers jours d'octobre, un matin, Foucauld entre dans l'église Saint-Augustin. L'abbé Huvelin est, comme d'habitude, à son confessionnal. Foucauld s'approche et dit qu'il ne vient pas se confesser, mais qu'il veut avoir des lumières sur Dieu et la religion. L'abbé Huvelin lui dit simplement : " Mettez-vous à genoux et confessez-vous. " Aussitôt après, il l'envoie communier.

La façon d'agir de l'abbé Huvelin a peut-être de quoi étonner : à cet homme qui vient lui dire qu'il n'a pas la foi, il conseille aussitôt, et vigoureusement, de se confesser. Mais on est presque certain que l'abbé Huvelin était au courant de la crise de Foucauld durant ces derniers jours d'octobre : ne l'avait-il pas vu passer de longues heures dans l'église ? et Mme de

Bondy n'avait-elle pas parlé à son directeur des questions que se posait son cousin ? Mais surtout, l'abbé Huvelin possède une intuition impressionnante des âmes — combien de ses contemporains en ont parlé ! — et il a discerné que Charles de Foucauld avait mené les ultimes combats et qu'il souhaitait maintenant, non plus discuter, mais adhérer. Par ailleurs, Foucauld avait assez de personnalité pour refuser net à l'abbé Huvelin si le geste de se confesser était allé à l'encontre de sa volonté profonde.

Conversion totale, inconditionnée. Foucauld croit : il reçoit de Dieu la Foi; et Foucauld, de toutes ses forces, veut répondre " oui " à Dieu qui s'est donné à lui. Celui qui, moins d'un an plus tôt, écrivait à son ami d'enfance Gabriel Tourdes : " Définitif, tu sais comment il faut entendre ce mot, nous sommes trop philosophes l'un et l'autre pour nous figurer qu'il y a au monde quelque chose de définitif, " cet homme fait à Dieu le don absolu de toute sa vie. C'est un changement radical : " Aussitôt que je crus qu'il y avait un Dieu, je compris que je ne pouvais faire autrement que de ne vivre que pour lui. "

Comment traduire, dans le concret de la vie, jour par jour, la conversion ? Comment se donner à Dieu ? Et surtout, comment Dieu veut-il que Charles de Foucauld se donne à Lui ? Ce sont ces ardentes interrogations qu'il répètera sans cesse, en quête qu'il est de l'exacte volonté de Dieu sur lui; c'est " la dure lutte de la vocation, aussi sévère que celle de la mort " qui commence pour lui. A Rome, dix ans plus tard, en décembre 1896, il écrira dans une méditation : " Voilà toujours ce " Que voulez-vous que je fasse ? " qui, depuis les dix ans que Vous m'avez ramené au bercail, que Vous m'avez converti, et surtout depuis huit ans, revient, si souvent, à mes lèvres ! "

Dans cette longue recherche, il sera aidé, pendant vingt-quatre ans, par celui qui l'a invité à se confesser.

Un ami, un père, tel sera l'abbé Huvelin pour le jeune converti et ce sont ces deux termes qu'il faut bien retenir pour juger de son influence exacte sur le cheminement spirituel de Charles de Foucauld. Si celui-ci, par volonté de don absolu et par tempérament, veut une direction qui enserre toutes les activités de sa vie, et le fasse obéir dans le moindre détail, l'abbé Huvelin, lui, ne répondra pas à ce désir absolu de son dirigé — il suffit de lire leur correspondance pour s'en convaincre : combien de fois tergiverse-t-il ? Combien de fois met-il simplement le dirigé en face des exigences de sa vocation sans lui apporter une réponse précise ? Quand il agit, ce n'est que pour user la volonté de puissance toujours renaissante chez Foucauld.

Mais, que veut surtout faire l'abbé Huvelin ? Insérer de plus en plus dans le cœur de son dirigé un amour simple et très ardent envers Jésus-Christ. Et quand Charles de Foucauld voudra définir ce qu'il a reçu de son directeur, c'est de cette greffe patiente de l'amour de Jésus réalisée en lui qu'il parlera : " L'amour de Notre-Seigneur que vous m'avez, autant que vous l'avez pu et avec tant de soin, mis dans le cœur. "

Dans les premiers mois qui suivent la conversion, le rôle de l'abbé Huvelin consiste surtout à aider Charles de Foucauld à voir plus clair dans sa situation, laquelle après douze ans d'anarchie, présente un aspect plutôt chaotique !

Il y a d'abord à redonner les éléments de la foi et à extirper ce que l'esprit du jeune converti recèle encore d'éléments étrangers à la révélation de Jésus-Christ. " Dans les commencements, dira-t-il, la foi eut bien des obstacles à vaincre; moi qui avais tant douté, je ne crus pas tout en un jour. " Deux grandes difficultés surtout : " Tantôt, les miracles de l'Évangile me paraissaient incroyables; tantôt je voulais entremêler des passages du Coran dans mes prières. " Ces obstacles ne semblent pas avoir duré bien longtemps : " La grâce divine et les conseils de mon confesseur dissipèrent ces nuages. "

Il y a aussi à trouver un ordre religieux. Car Foucauld veut être religieux, et religieux austère : c'est ainsi qu'il veut se donner totalement à Dieu. L'abbé

Huvelin l'invite d'abord à lire l'Évangile plutôt qu'à étudier longuement l'histoire et les règlements religieux : " Je ne savais quel ordre choisir : l'Évangile me montra que le premier commandement est d'aimer Dieu de tout son cœur et qu'il fallait tout enfermer dans l'amour. "

Ce que Charles de Foucauld veut faire désormais, c'est imiter Jésus. A la base de tout l'itinéraire spirituel de Charles de Foucauld, il y a Jésus qu'il veut imiter, qu'il veut aimer sans mesure. Après la rencontre de ses frères, voici que la grande découverte s'est faite pour lui : Jésus qu'il regarde, Jésus qu'il aime et avec qui il veut vivre en amitié absolue. Alors il se met à chercher avec passion, dans les Évangiles, Ses paroles et Ses actes, afin de s'y conformer concrètement, simplement, le plus exactement possible. Et toute sa vie, jusqu'à sa mort, sera maintenant, malgré les chemins inattendus, les contradictions apparentes, les obstacles, les échecs et les reculs, une unique et seule recherche continuelle et continue : JÉSUS.

Cette recherche d'une vie selon l'Évangile, d'une imitation exacte de Jésus-Christ dans l'existence quotidienne, cette recherche est un combat terrible. Les amis de Foucauld nous le montrent, à ce moment, tendu et comme douloureux; Charles de Foucauld est vraiment dans la nuit, il voudrait enfin savoir comment il peut imiter Jésus.

LA LUMIÈRE DES ÉVÉNEMENTS

Cette lumière sur sa vocation qu'il demande ardemment, Dieu va la lui donner, durant l'année 1888, l'année de ses trente ans, tout spécialement par trois événements qui, progressivement, expriment de façon de plus en plus précise à Charles de Foucauld où est pour lui la véritable imitation de Jésus.

Le premier de ces événements, c'est une phrase d'un sermon de l'abbé Huvelin : " Vous avez tellement pris la dernière place que jamais personne n'a pu vous la ravir. " Charles de Foucauld, jusque-là, a toujours cherché la première place d'abord. Et voici qu'il découvre que Jésus est celui qui a pris la dernière place, celui qui s'est fait le serviteur de tous, celui qui n'a rien conquis par force, mais qui s'est présenté comme le pauvre, le dernier des pauvres.

Le deuxième événement, c'est une visite à la trappe de Fontgombault, avec Marie de Bondy. Les bâtiments sont extrêmement pauvres; le style de vie des moines est misérable. Et voici qu'à un tournant, Charles de Foucauld rencontre un frère convers qui passe, vêtu très pauvrement. C'est pour lui une sorte de nouvelle révélation de Jésus. " Il y avait un frère dans un habit si sale, si rapiécé, que cette pauvreté l'avait séduit ", racontera Mme de Bondy. Cet exemple vivant, rencontré un jour au hasard d'une visite d'abbaye, lui fait voir comment il pourrait imiter l'extrême pauvreté de Jésus. Le frère convers de Fontgombault est un modèle concret dans la marche à la recherche de la dernière place.

Le troisième événement, c'est un pèlerinage en Terre Sainte, accompli entre fin novembre 1888 et début février 1889. C'est l'abbé Huvelin qui lui demande de faire ce pèlerinage; Foucauld n'y tient guère mais il obéit. Il part simplement, en pèlerin solitaire. Il sera quinze jours à Jérusalem et dans les environs; quinze jours en Galilée; puis de nouveau, quinze jours en Judée. Son itinéraire, nous le suivons par les fleurs, les brins d'herbe, les cailloux que le pèlerin a pieusement recueillis dans les divers lieux où le Christ est passé: manifestation de tendresse méticuleuse qui correspond si bien à son caractère.

Quelques semaines après son ordination, il évoquera ces semaines en Terre Sainte: " Vous savez le bien infini, incomparable, que m'a fait mon pèlerinage en Terre Sainte, il y a douze ans, quelle influence bénie il a eue sur ma vie. " Charles de Foucauld dépasse tout-à-fait le plan de la seule émotion fervente ressentie au contact des lieux que le Christ avait connus;

il découvre en Terre Sainte le visage très concret de Jésus.

C'est d'abord l'Enfant Jésus de Bethléem, l'Enfant très pauvre de la Crèche qui se présente à lui. Il arrive, pour Noël, à Bethléem et connaît là une joie extraordinaire. Il prie dans la grotte de la Nativité et se retrouve, de cœur, avec Marie et Joseph, dans l'adoration de l'Enfant-Dieu. Mais la joie de Noël fait bientôt place à la souffrance; le pèlerin, qui avait pourtant déjà parcouru Jérusalem, découvre soudain avec force, à son retour de Bethléem, dans les tout derniers jours de décembre, le mystère de la Croix : " Après avoir passé la Noël de 1888 à Bethléem, avoir entendu la Messe de minuit et reçu la Sainte Communion dans la grotte, au bout de deux ou trois jours, je suis retourné à Jérusalem. La douceur que j'avais éprouvée à prier dans cette grotte qui avait résonné des voix de Jésus, de Marie et de Joseph, et où j'étais si près d'eux, avait été indicible... Mais hélas ! après une heure de marche, le dôme du Saint-Sépulcre, le Calvaire, le mont des Oliviers se dressaient devant moi, il fallait, qu'on le veuille ou non, changer de pensées, et se retrouver au pied de la Croix. "

C'est dans le prolongement de cette compréhension de la Croix que Charles de Foucauld, quelques jours plus tard, le 10 janvier, prend conscience, dans la ville même de Nazareth, de ce qu'a été la vie cachée de Jésus, une vie monotone, commune. L'humilité de Jésus, qui l'avait tant frappé au Calvaire, est insérée avec force dans la condition quotidienne de Nazareth, et Charles de Foucauld se représente dès lors la vie cachée comme une vie extrêmement pauvre et dépouillée : " J'ai bien soif de mener enfin la vie que je cherche depuis sept ans, écrira-t-il en 1896, (la vie) que j'ai entrevue, devinée, en marchant dans les rues de Nazareth que foulèrent les pieds de Notre-Seigneur, pauvre artisan. "

Le pèlerinage en Terre Sainte est important; à partir de janvier 1889, Charles de Foucauld sait mieux comment il doit imiter Jésus : dans la pauvreté d'une vie toute simple, la vie de Nazareth. Et il commence à la pratiquer. Peu à peu, à travers l'expérience même, il découvrira que cette vie est bien différente de ce qu'il avait aperçu en 1889; peu à peu, surtout, il rencontrera, en le vivant, Jésus lui-même : " Jésus l'a dit : c'est sa première parole aux apôtres; sa première parole à tous ceux qui ont soif de le connaître : " Venez et voyez "; commencez par " venir ", en me suivant, en m'imitant, en pratiquant mes enseignements; et ensuite, vous " verrez ", vous jouirez de la lumière dans la même mesure que vous aurez pratiqué... " Venez et voyez "; j'ai vu tellement, par mon expérience, la vérité de ces mots. "

Imiter le plus exactement possible le " pauvre artisan " de Nazareth, voilà à quoi le presse, avec une force chaque jour plus irrésistible, son amour envers Jésus, un amour tendre et très absolu. A son retour de Terre Sainte, l'abbé Huvelin l'engage à se rendre à Solesmes pour y faire une retraite; Charles de Foucauld s'y rend avec une lettre d'introduction de son directeur : " Mon Très Révérend Père, le vicomte Charles de Foucauld, qui vous remettra ceci, est un ancien officier, intrépide voyageur dans le Maroc, fervent pèlerin en Terre Sainte, parfait gentilhomme, très bon chrétien, qui fait de la religion un amour. Depuis longtemps, je vois que ses goûts, son attrait le portent vers la vie monastique. Il a besoin de la vivre, il s'y exerce depuis des mois... Je lui ai conseillé de *la vivre* quelques jours à Solesmes, et je vous supplie, mon Révérend Père, de le mettre à même de la voir, d'en vivre au milieu de vous. Monsieur de Foucauld m'est connu depuis des années : il est absolument *sûr* et sa vocation me paraît des plus sérieuses, sinon pour Solesmes, au moins pour une famille monastique. Je désirerais un peu Solesmes. "

Dans cette retraite, Foucauld entend une parole qui demeurera gravée dans son cœur — il s'agit d'un mot que Dom Delatte, prieur de l'abbaye, lui dit en le quittant : " Se rappeler toujours deux choses dans les heures de tristesse : que Dieu m'aime, et que la vie d'ici-bas n'est pas éternelle. »

A Solesmes, on lui dit qu'il semblait davantage fait pour la Trappe. Il se rend donc à Soligny : cette vie de la Trappe l'attire et il lui semble qu'elle est bien la vie qui se rapproche le mieux de celle de Jésus de Nazareth. L'abbé Huvelin avait un grand ami à la trappe d'Aiguebelle : Dom Chautard. Or, Aiguebelle avait fondé, dans l'Ardèche, une petite abbaye, Notre-Dame-des-Neiges. C'était le monastère le plus haut de France, en un lieu aride, avec l'hiver qui dure parfois six mois de l'année; c'était un monastère très pauvre. Le directeur de Charles de Foucauld le savait et il a dû, en lui nommant Notre-Dame-des-Neiges, et en exposant les conditions de vie de ce monastère, répondre à ses désirs. Il y avait même davantage; Notre-Dame-des-Neiges possédait une promesse de pauvreté plus grande encore : les décrets d'expulsion du 29 mars 1879 avaient frappé l'abbaye et pour parer à l'éventualité d'exil, Notre-Dame-des-Neiges avait fondé, en Syrie, à Cheikhlé, près d'Akbès, un petit prieuré, extrêmement pauvre : Notre-Dame-du-Sacré-Cœur, que dirigeait, depuis avril 1882, Dom Polycarpe, l'ancien abbé de Notre-Dame-des-Neiges. L'abbé Huvelin connaissait la fondation que Notre-Dame-des-Neiges avait faite. Akbès correspondait exactement aux souhaits de Charles de Foucauld : quitter les siens pour toujours et aller, très loin, embrasser la plus grande pauvreté possible, imiter le plus exactement Jésus-pauvre. Le 20 octobre, il se rend à Notre-Dame-des-Neiges. Il y passe dix jours, à confronter son appel avec l'existence que mènent les moines de l'abbaye.

Au retour, il a comme une hésitation, une angoisse de dernière heure. Mme de Bondy, toujours aussi attentive, comprend, comme en octobre 1886, cette ultime inquiétude; elle lui conseille de faire une retraite à la villa Manrèse, à Clamart, près de Paris. Cette retraite, faite sous la direction d'un père jésuite, est décisive. Début décembre, il écrit à sa sœur :

“ Je suis revenu hier de Clamart, et j’y ai pris enfin, en grande sécurité et en grande paix, d’après le conseil formel, entier et sans réserve du Père qui m’a dirigé, la résolution à laquelle je pense depuis si longtemps : c’est celle d’entrer à la Trappe. C’est une chose arrêtée maintenant; j’y pense depuis longtemps; j’ai été dans quatre monastères; dans les quatre retraites, on m’a dit que Dieu m’appelait, et qu’Il m’appelait à la Trappe. Mon âme m’attire vers le même lieu, mon directeur est du même avis. ” Il ajoute : “ C’est une chose décidée et je vous l’annonce comme telle. J’entrerai dans le monastère de Notre-Dame-des-Neiges, où j’ai été il y a quelque temps... Quand ? on n’est pas encore fixé; j’ai diverses choses à régler; j’ai sutout à aller vous dire adieu. ”

Le 11 décembre, il se rend à Dijon chez Mme de Blic. Il passe à Nancy le 18 décembre, et rentre à Paris. Il fait alors don à sa sœur de tout ce qui lui appartient comme héritage.

En ces derniers mois de 1889, le désir de don total qui était né au moment de la conversion a donc pris une grande ampleur : il a recherché comment il pourrait faire à Dieu l’immolation la plus absolue et l’a enfin trouvé : “ Soif de Vous faire le plus grand sacrifice qu’il me fût possible de Vous faire, en quittant pour toujours ma famille qui faisait tout mon bonheur, et en allant bien loin d’elle vivre et mourir. ”

LE DÉSERT DE LA TRAPPE

C’est le 15 janvier qu’il fait cette offrande complète de lui-même.

Arrivé à Notre-Dame-des-Neiges, il écrit, le lendemain soir, à sa cousine, une lettre déchirante qui laisse transparaître sa sensibilité extrême. Ce sacrifice, il l’a pleinement voulu, mais quelle souffrance ! “ Mes yeux ne verront plus jamais les vôtres ”; “ Nous sommes séparés de si peu dans le passé, comment pouvons-nous l’être si complètement dans l’avenir...

C'est pourtant la vérité, je le sais, je le veux, et je ne puis le croire. " Et ce sursaut admirable, exprimé en quatre phrases brèves, un sursaut qui l'apparente, non pas aux stoïciens, mais à saint Paul se glorifiant de ses faiblesses, trouvant espérance dans sa misère. " Tirer la force de ma faiblesse, se servir pour Dieu de cette faiblesse même, Le remercier de cette douleur, la Lui offrir. "

Il faut retenir le " tirer la force de ma faiblesse " : c'est là un principe premier de vie spirituelle qui prendra chez lui une place de plus en plus considérable. A sa conversion, Charles de Foucauld avait reconnu la Grandeur de Dieu; en apprenant ensuite à mieux connaître Jésus, il avait compris que la seule réponse possible est un don total de soi au Père, comme Jésus, " pauvre ", enfant, inconnu, méprisé, mis à mort. L'acte du 15 janvier 1890 est dans la continuation de la recherche de Jésus; celui qui entre à Notre-Dame-des-Neiges le fait pour rendre à Dieu amour pour amour en imitant le plus réellement possible Jésus caché, crucifié, totalement donné.

Sa grande découverte spirituelle de septembre 1889 : " Notre Seigneur nous permet de souffrir de Ses peines " avait été agréée par Dieu, dans l'acte du 15 janvier 1890; en ce sacrifice, Dieu avait, si l'on peut dire, donné à Charles de Foucauld le visage de Jésus; et le nouveau trappiste peut dire que, depuis le 15 janvier 1890, son âme a contracté une véritable union avec le Christ crucifié. Quelle allégresse pour lui de penser qu'il s'agit " d'épousailles " ! Il invite Mme de Bondy à s'en réjouir.

S'unir au Crucifié, c'est vouloir, avec Lui, sauver tous les hommes, leur apprendre à aimer. Pour Charles de Foucauld, ce ne sont pas des mots : il va faire passer concrètement cette réalité dans sa vie : " J'aime Notre Seigneur Jésus, bien que d'un cœur qui voudrait aimer plus et mieux; mais enfin je l'aime, et je ne puis supporter de mener une vie autre que la sienne; une vie douce et honorée, quand la sienne a été la plus dure et la plus dédaignée qui fût jamais;

je ne veux pas traverser la vie en première classe pendant que Celui que j'aime l'a traversée dans la dernière. "

Cette intimité de tous les instants avec Jésus, suite du sacrifice du 15 janvier, amène en son âme la paix, une paix extraordinaire : " 1890, où j'ai reçu cette paix merveilleuse où il Lui a plu de me maintenir sans interruption. "

Cette paix s'étend, elle restera vivace malgré les épreuves très dures qu'il connaîtra entre l'entrée à la Trappe et son ordination. Et le 14 août 1901, il pourra confier à son ami de Castries : " Cette paix infinie, cette lumière radieuse, ce bonheur inaltérable dont je jouis depuis douze ans... "

En quoi consiste cette paix, d'où vient-elle ? elle naît de l'union d'amitié avec Jésus. Dès le 19 janvier, trois jours après son arrivée à la Trappe, il note : " Le Bon Dieu me fait trouver dans la solitude et le silence, une consolation sur laquelle je ne comptais pas. Je suis absolument constamment avec Lui et avec ceux que j'aime. "

Le Seigneur Jésus s'est donné à Lui : quelle merveilleuse rencontre ! Pour Charles de Foucauld, c'est une sorte de connaissance quasi expérimentale de la présence constante de Dieu en lui, qui le mène d'amour. Désormais, dans une grande simplicité de cœur, il commence à devenir de plus en plus " patient " de Dieu, captivé par l'Amour, captif de l'Amour. Cet état ne se traduit pas par des extases, il se vit à travers les réalités les plus ordinaires de l'existence quotidienne.

La Trappe, c'est une existence très rude. Silence continuel. Nourriture très frugale. Longues prières aux milieu de la nuit. Et Notre-Dame-des-Neiges, où Charles de Foucauld arrive le 16 janvier (au plus rude de l'hiver), est, ne l'oublions pas le monastère le plus haut de France, le plus froid.

Les jours s'écoulent, très simples : " De moi, j'ai peu de choses à te dire. Aucun bruit du dehors ne nous atteint : c'est la solitude et le silence avec le Bon Dieu. Le temps se partage en prière, lectures rapprochant de Dieu, travail manuel fait en imitation de Lui et en union avec Lui. Cela remplit tous les jours, sauf les dimanches et fêtes, où le travail cesse. Je pourrai vivre longtemps ainsi sans avoir à te parler beaucoup de moi ", écrit-il un mois après son arrivée, le 18 février, à sa sœur.

On lui donne à faire une série de travaux manuels, en lui recommandant, à lui, l'impatient, qui veut terminer tout de suite ce qu'il a entrepris, de travailler " posément, pour pouvoir méditer ". Il apprend à prier pendant son travail; il se sent uni à Jésus, qui a été ouvrier à Nazareth. Il ne souffre ni du froid ni de la faim. Il supporte aisément le jeûne et le travail manuel : " Le côté matériel de la vie ne m'a pas coûté l'ombre d'un sacrifice. "

Mais alors, s'il supporte bien l'existence terrible de la Trappe, cette nouvelle vie lui est-elle facile ? Charles de Foucauld ressent très douloureusement la séparation d'avec les siens. Bien sûr, Dieu lui donne la paix et la sérénité, mais celles-ci " n'ont pas réussi à combler le vide ". " Dieu sait que le jour où cet exil finira sera le bienvenu, car la force est dans mes paroles plus que dans mon cœur. "

Cette séparation va bientôt se faire plus complète : en juin, après six mois à Notre-Dame-des-Neiges, frère Marie-Albéric (c'est son nom de religieux) est envoyé sur sa demande dans une autre trappe, celle de Notre-Dame-du-Sacré-Cœur, en Syrie. Le 27 juin veille de l'embarquement, il écrit, de Marseille : " Je me vois sur le bateau qui m'emportera demain; il me semble que je sentirai toutes les lames qui, l'une après l'autre, m'éloigneront; il me semble, que ma seule ressource sera de penser que chacune est un pas vers la fin de la vie. "

Une autre chose qui le fait souffrir, c'est de devoir obéir. Il est indépendant, et sa personnalité, qui ne supporte aucune contrainte, souffre du cadre étroit de la vie monastique. Lui qui aime tant la liberté est lié par un ensemble de règles rigides. La veille de son entrée en communauté, il avait écrit à sa cousine :

" C'est la dernière lettre qui sera envoyée fermée. " Le lundi de la Pentecôte, le 26 mai 1890, il écrira que ses tentations sont " surtout des tentations contre l'obéissance d'esprit ". La veille du départ de Marseille, il laisse échapper un mot qui dit bien son désir d'être seul et libre : " De Marseille à Alexandrette, je serai seul, le Frère qui devait partir avec moi reste; je suis satisfait de cette solitude, je pourrai penser *sans contrainte.* " Charles de Foucauld part définitivement; il veut qu'il y ait entre lui et les siens des milliers de kilomètres de distance, il accomplit son projet de séparation totale d'avec sa famille : " C'est donc sous cet autre ciel que je vais finir mes jours. "

Cet autre ciel, c'est le ciel d'Asie : frère Marie-Albéric débarque, après douze jours de traversée, à Alexandrette, le 9 juillet. Il fait une chaleur torride : On est en plein été. Un père de la trappe de Notre-Dame du Sacré Cœur l'attend. Ils partent ensemble vers le lieu où frère Marie-Albéric veut s'enterrer à jamais. Pour la route, ils sont escortés de gendarmes turcs, puis de guerriers kurdes, car le pays est très peu sûr. Ils arrivent à Akbès le vendredi soir 11 juillet, après dix-huit heures de cheval pour effectuer les cent kilomètres qui séparent Alexandrette de la trappe d'Akbès.

Le monastère est situé dans une large vallée qui se trouve à six cents mètres d'altitude et qui est entourée de sommets sauvages. " Les montagnes sont entièrement boisées de grands pins parasols au-dessous desquels se dressent par place de grandes masses de rochers gris, percées de quelques cavernes : cela fourmille de perdrix, de daims; en hiver, les loups, les panthères, les ours, les sangliers, très nombreux dans le voisinage, s'y aventurent. " C'est le silence et le désert : " Nous jouissons pleinement de cette solitude qui nous est chère. "

Notre-Dame-des-Neiges était déjà un monastère pauvre en comparaison de certains autres grands monastères. Mais ici, à Akbès, c'est d'une pauvreté bien plus grande encore : " Le couvent, ou plutôt les baraques à murs de planches et d'osier et à toits de chaume qui nous abritent " : c'est ainsi que Charles de Foucauld nous décrit le monastère de Notre-Dame du Sacré-Cœur.

Le monastère était né à la suite d'un événement dramatique : " Il y a trente ans, explique frère Marie-Albéric, ce lieu était habité et la contrée, déserte à présent, était peuplée; à la suite d'insurrections, les Turcs en ont fait un désert; ils ne se doutaient pas que c'est à nous qu'ils préparaient la place. " Les trappistes de Notre-Dame-des-Neiges étaient arrivés huit ans plus tôt dans cette vallée dévastée. Ils avaient défriché; ils l'avaient fait avec l'aide de quelques Kurdes, qui étaient mi-brigands, mi-laboureurs. Un ensemble de baraques s'est construit peu à peu : surtout des bâtiments agricoles, étables et greniers. La trappe de Notre-Dame du Sacré Cœur ressemble plus à une ferme misérable établie au cœur d'une région abandonnée qu'à un monastère.

Pour Charles de Foucauld, cette vie le rapproche de Jésus de Nazareth. Il la décrit à sa sœur un an après son arrivée : " Tu me demandes des nouvelles de mon couvent, nos occupations : nous sommes une vingtaine de trappistes, novices compris. Nous sommes installés, tu le vois d'après les photographies, dans d'assez vastes baraquements. Il y a des bestiaux : bœufs, chèvres, chevreaux, ânes, tout ce qu'il faut pour un grand train de culture. Sous nos baraquements, logent aussi de quinze à vingt orphelins catholiques, entre cinq et vingt ans; il y a au moins dix ou quinze ouvriers laïques qui sont abrités par nous; enfin, les hôtes dont le nombre varie : tu sais que les moines sont essentiellement hospitaliers. Tu auras assez bien une idée de notre vie en lisant *les Moines d'Occident* de Montalembert. Cependant il y a une différence : les moines dont il parle étudiaient plus que nous, s'occupaient plus que nous de certains travaux, tels que la copie des manuscrits. Nous, notre grand travail, c'est le travail des champs : c'est la distinction entre l'ordre de saint Bernard, duquel nous sommes, et les anciens moines. Ainsi notre travail, ç'a été de vendanger, de nettoyer des champs; en hiver, de scier du bois; au printemps, de piocher la vigne; en été, de récolter le foin, de moissonner. Avant-hier a fini la moisson. C'est le travail des paysans, travail infiniment salutaire pour l'âme : tout en occupant le corps, il laisse à l'âme le pouvoir de prier et de méditer, puis ce travail, plus pénible qu'on ne pense quand on ne l'a jamais fait, donne une telle compassion pour les pauvres, une telle charité pour les ouvriers, les laboureurs ! On sent si bien le prix d'un morceau de pain, quand on voit par soi-même combien il coûte de peine pour le produire ! On a tant de pitié pour tous ceux qui travaillent quand on partage leurs travaux. »

Il continue en donnant à sa sœur le déroulement d'une de ses journées : « Tu veux que je te décrive un de nos jours : lever à deux heures du matin, on court à l'église, où on reste deux heures à réciter des psaumes à haute voix dans le chœur, puis, pendant une heure ou une heure et demie, on est libre, on lit, on prie, les prêtres disent leur messe. Vers cinq heures et demie, on retourne au chœur, on récite encore des psaumes, c'est l'office de Prime, et on entend la messe de communauté; de là, on va au Chapitre, on y dit quelques prières, le Supérieur commente un passage de la Règle, et si l'on a fait quelque faute, on s'en accuse à ce moment, en public, et on reçoit une pénitence (elles ne sont d'ordinaire pas dures, bien loin de là). Nouveau temps libre de trois quarts d'heure pour lire et prier; on dit encore au chœur un petit office, Tierce; puis, vers sept heures, commence le travail; le supérieur le distribue à chacun en sortant de Tierce; on y reste jusque vers onze heures, on dit alors Sexte et on va au Réfectoire à onze heures et demie. Après déjeuner (« dîner » en style monastique) on monte au dortoir où on dort jusqu'à une heure et demie. Office de None à une heure et demie. Intervalle de trois quarts d'heure pour les prières particulières ou la lecture. A deux heures et demie, Vêpres. Après Vêpres, travail jusqu'à six heures moins un quart, souper; un peu de temps libre; à sept heures un quart, lecture pour toute la Communauté au Chapitre; puis complies, chant du *Salve* et coucher. On se couche à huit heures. ”

A Akbès, frère Marie-Albéric continue son noviciat qu'il avait commencé à Notre-Dame-des-Neiges. Il le fait sous la direction d'un trappiste d'une très grande valeur spirituelle : Dom Polycarpe. C'est un ancien abbé de Notre-Dame-des-Neiges qui a voulu terminer sa vie dans le silence et l'oubli d'Akbès. Dom Polycarpe aimait tout particulièrement les petits enfants et les plus pauvres. Il choisissait les occupations les plus humbles. Après sa mort, frère Marie-Albéric sera chargé de faire une petite notice sur lui; il écrira : “ Lui si instruit, et qui aimait tant l'étude, avec quelles délices il se plongeait dans les humbles travaux manuels ! Quand il n'eut plus la force de bêcher la terre, il lava le linge; puis il fallut se contenter de le raccommoder. Comme c'était édifiant, quand on entrait pendant le temps du travail dans sa cellule, de le voir, l'aiguille à la main, rapiéçant des bas ! ” Frère Marie-Albéric dit de lui à l'abbé Huvelin : “ Je me trouve très bien sous sa direction... C'est une direction forte et nette... Il est d'une extrême, très délicate bonté. ”

En même temps que l'influence de Dom Polycarpe, frère Marie-Albéric reçoit, tout particulièrement à ce moment-là, l'influence de sainte Thérèse d'Avila, dont il parcourt les œuvres pendant les temps de lecture. Thérèse d'Avila, c'est une âme ardente, résolue à tout braver pour accomplir ce qu'elle a décidé, pour remplir la vocation reçue de Dieu. Charles de Foucauld reconnaît en elle une sœur. La devise des Foucauld “ Jamais arrière ” n'aurait-elle pas pu être aussi la devise de Thérèse d'Avila ? Tous deux sont des caractères d'une trempe exceptionnelle, qui se jettent sur les obstacles et qui les passent grâce à leur volonté inflexible. Ce sont des caractères qui se grandissent dans des combats et qui trouvent leur joie dans le danger, dans le risque, des caractères que mène une soif incessante d'absolu. Chez tous deux, il y a un même dynamisme extraordinaire qui les porte toujours plus avant. Et toute leur existence est axée sur les plus hautes réalisations possibles, parce qu'ils ont tous deux un sens très grand de Dieu, de l'honneur de Dieu.

L'un et l'autre n'avaient pas été tournés vers Dieu dès leur premier âge. Il y avait eu crise, entre le temps pieux de l'enfance pendant lequel Thérèse, enflammée par quelque lecture, voulait aller chercher le martyre, pendant lequel Charles de Foucauld aussi faisait une fervente première communion, et le temps du don total à Dieu. La mort de sa mère avait inscrit dans le cœur de Thérèse un besoin âprement ressenti d'affection; Charles de Foucauld avait connu la même épreuve. Leur caractère impétueux les prédisposait tous deux à d'immenses désirs; Thérèse, avec un art subtil et une coquetterie raffinée, avait aimé s'attirer les galants; Foucauld avait organisé des fêtes et ses plaisirs. Thérèse, avec envie, avait vu partir ses frères pour l'Amérique récemment découverte; Charles de Foucauld avait recherché les dangers de l'exploration du Maroc.

Mais ces explorateurs orgueilleux reçoivent un jour la grâce de reconnaître la Grandeur de Dieu. Leur goût de tout conquérir est transformé par cet appel nouveau, et il n'y a plus, alors, qu'un seul moyen de vivre : ne vivre que pour Lui. Devant Dieu-Transcendant, ces âmes exceptionnelles se découvrent faibles, misérables et cependant assurées des grâces qu'elles reçoivent de Dieu, s'appuyant sans cesse sur la Toute Puissance de Dieu, reconnaissant dans leur faiblesse un moyen dont Dieu pourra se servir. De par leur union à Dieu, elles vivront, de plus en plus, dans l'oubli d'elles-mêmes, et dans un immense amour. Charles de Foucauld placera en exergue de chacun des carnets qui formeront ses diaires, de 1908 à sa mort, le court poème de la sainte d'Avila, qui se termine par le " Dieu seul suffit ! " : ce vers exprime toute leur vie.

Frère Marie-Albéric recopie de nombreux passages de la vie et des écrits de Thérèse d'Avila. C'est bien cette expérience d'une sœur aînée qu'il admire, c'est bien cette vie elle-même qui lui apprend à prier et à vivre en union avec le Seigneur Jésus. A la manière de Thérèse d'Avila, il regarde Jésus, il regarde ce que le Bien-Aimé fait et ce qu'il dit. Il regarde avec un sens aussi vif du concret que Thérèse d'Avila, qui aime simplement Jésus et qui raconte ses rencontres avec Lui. Que sont-ils tous deux ? Des gens, non d'abstraction, mais d'expérience; non pas des intellectuels évadés de la vie, mais des tempéraments d'action. Comme elle, il veut répondre concrètement à l'amitié de Dieu qui nous aime le premier; comme elle, il veut se laisser envahir progressivement par l'amitié de Dieu; comme elle, il veut donner à Celui qui l'aime une réponse d'amour, jour par jour, avec une fidélité incessante.

La vie quotidienne de la trappe, frère Marie-Albéric la suit avec une profonde joie. Et ce qu'écrivait Thérèse d'Avila, il le prend à son compte : " Quand j'allais parfois balayer pendant le temps que j'avais coutume d'employer précédemment à mes plaisirs et à mes parures, je me rappelais que j'étais enfin libre de toutes ces vanités; une joie nouvelle inondait mon âme. J'en étais surprise moi-même et je ne pouvais comprendre d'où elle venait. "

C'est dans cet esprit de joie qu'il se défait peu à peu de tous les liens matériels qui le retiennent encore au monde. Le 24 octobre 1890, il expédie sa lettre de démission de la Société de géographie. Le 3 janvier 1891, il fait don à sa sœur de tout ce qu'il possède comme meubles et objets : " Je t'écris en particulier, aujourd'hui, pour te faire don de tout ce que contient mon appartement à Paris : c'est à toi désormais, fais-en ce qu'il te plaira; vends, donne, fais venir, enfin c'est à toi."

Quand on pense que Foucauld a vécu plusieurs années dans cet appartement de la rue de Miromesnil, quand on se souvient qu'il y a préparé sa " Reconnaissance au Maroc, " et qu'il a retrouvé Dieu dans ces lieux, on mesure quel don il fait.

Le 16 juillet, il envoie sa démission d'officier de réserve, et demande à passer, sans aucun grade, dans l'armée territoriale. " Le 15 janvier, j'ai quitté tout ce qui m'était un bien; il restait en arrière ces misérables embarras : le grade, la petite fortune, cela me fait plaisir de les jeter par la fenêtre. "

Le 2 février 1892, frère Marie-Albéric prononce ses vœux simples, et reçoit la tonsure. C'est un grand don réciproque d'amour entre Dieu et Charles de Foucauld : " Depuis hier, je suis tout-à-fait à Notre-Seigneur. Vers sept heures, j'ai prononcé mes vœux; vers onze heures, on m'a coupé quelques mèches de cheveux à l'église, puis on m'a rasé la tête en laissant la couronne. Et voici que je ne m'appartiens plus en quoi que ce soit. Je suis dans un état que je n'ai jamais éprouvé, si ce n'est à mon retour de Jérusalem... C'est un besoin de recueillement et de silence; d'être aux pieds du Bon Dieu et de Le regarder presque en silence; on sent, on voudrait rester indéfiniment à sentir, sans le dire même, que l'on est tout au Bon Dieu, qu'Il est tout à nous. Le " n'est-ce donc rien que d'être tout à Dieu ? " de sainte Thérèse fait les frais de l'oraison. "

" NOUS NE SOMMES PAS PAUVRES... "

Comment, après tout cela, ne pas être profondément étonné en lisant ce qu'il écrira le 15 août 1896 : " Je n'ai jamais, même dans les premiers jours, trouvé, à Notre-Dame-des-Neiges, mon idéal. "

Mais à la trappe d'Akbès, a-t-il trouvé une réponse à son attente de pauvreté ? Trois mois après son arrivée, il écrit à l'abbé Huvelin : " Vous espérez que j'ai assez de pauvreté ? Non, nous sommes pauvres pour des riches, mais pas pauvres comme l'était Notre-Seigneur, mais pas pauvres comme je l'étais au Maroc, pas pauvres comme saint François. " Comment va-t-il faire pour vivre la pauvreté qu'il désire ? Il a le projet de demander peu à peu des permissions qui lui feront mieux la pratiquer. Et pourtant ! Quand on pense qu'il écrira, à propos de Dom Polycarpe : “ Que d'années nous l'avons vu habiter une hutte, de quelques pieds carrés, dont on touchait de la main le toit de chaume, et qui ne recevait de jour que par une lucarne, sans autre fermeture qu'un morceau de percale, c'est ce qu'il y avait de plus pauvre et de plus petit, c'était ce qu'il préférait. Il avait vraiment épousé la pauvreté, cette inséparable compagne de Notre-Seigneur Jésus-Christ. ” Cela ne suffit-il donc pas à Charles de Foucauld ?

Mais il y a aussi une perspective à cause de laquelle il craint de ne pouvoir vivre la pauvreté : on songe à le faire devenir prêtre. Pour lui, faire des études, c'est s'éloigner de la dernière place, où il veut vivre. Pour lui, être prêtre, c'est gouverner, enseigner; or lui veut se cacher sous terre, n'avoir aucune place reconnue; être, socialement, le dernier, devenir de plus en plus le pauvre de Jésus. Or, à mesure que les mois passent, sa vie se transforme. On rogne sur le temps des travaux manuels : on lui fait faire trois heures d'études théologiques par jour, et il donne une leçon d'algèbre une fois par semaine. Et non seulement on prend sur les temps de travail, mais on lui fait commander des travaux : il est chargé d'organiser et de surveiller la construction d'un chemin, il a des ouvriers sous ses ordres ! C'est là le contraire de la dernière place; c'est un rôle non de serviteur, mais de maître. Il ne peut le supporter.

Comment faire ? Faut-il demeurer à la Trappe et tenter de faire évoluer l'Ordre par l'intérieur ? Va-t-il essayer de réaliser une réforme de la Trappe, et de l'amener davantage à la pauvreté ? Frère Marie-Albéric ne peut y songer : les trappistes viennent d'avoir, en octobre 1892, leur grand Chapitre général et les décisions prises à cette réunion ne vont pas absolument dans le sens des réformes qu'il souhaite.

Alors ? Frère Marie-Albéric voit un moyen : réaliser

lui-même une communauté, un nouvel " ordre " où serait menée cette vie de Nazareth.

Le 22 septembre 1893, il l'écrit à l'abbé Huvelin. Ce n'est pas par orgueil qu'il veut fonder lui-même une communauté de Nazareth; ce n'est pas son projet qu'il veut faire aboutir, mais le projet de Dieu. Il puise son espérance dans son désir passionné d'aimer Jésus et de Le faire aimer, mais surtout dans sa propre pauvreté et sa confiance en Jésus : " Quand je pense à la chose, je la trouve parfaite : suivre l'exemple et les conseils de Notre-Seigneur ne peut qu'être excellent... Au surplus, c'est ce que j'ai cherché : c'est uniquement pour le trouver que je suis venu à la Trappe; ce n'est pas une vocation nouvelle; si une réunion d'âmes avait existé il y a quelques années, c'est là, vous le savez, que j'aurais couru tout droit. Puisqu'elle n'existe pas, et qu'il n'existe rien qui en approche, ni rien qui la remplace, ne faut-il pas essayer de la former ? (...) Mais quand je regarde le sujet à qui cette pensée est venue, et venue si ardemment... le sujet, ce pécheur, cet être faible et misérable que vous connaissez, je ne vois pas en lui la matière dont Dieu se sert d'ordinaire pour faire de bonnes choses, il emploie de bons matériaux pour faire de bonnes œuvres... Il est vrai qu'après avoir commencé, si la pensée vient de Dieu, c'est Lui qui donnera l'accroissement, et il fera vite venir des âmes capables d'être les premières pierres de sa maison, âmes devant lesquelles je resterai tout naturellement dans le néant qui est ma place... Une autre chose me donne du courage pour entreprendre une œuvre si peu convenable à un pécheur et à ses misères, c'est que Notre-Seigneur a dit que, quand on avait beaucoup péché il fallait beaucoup aimer... "

Par quels moyens réaliser une telle vie, qui veut être celle de Jésus de Nazareth ?

En faisant ce que Notre Seigneur *a fait* : " Tous les exemples de sa vie cachée " :

— Il a travaillé de ses mains.

— Il n'a pas vécu de quêtes, ni d'offrandes, " ni

du travail d'ouvriers étrangers qu'il se contentait de diriger. »

En réalisant ce que Notre-Seigneur *a conseillé* : « Tous les conseils sortis de sa bouche. »

— n'avoir aucune propriété,

— s'interdire tout procès, toute réclamation,

— tout donner en aumône, tout partager, vivant au jour le jour absolument, en se privant le plus possible. »

NAZARETH

Il s'agit, comme Jésus à Nazareth, de se donner à un travail humble. Jésus, ce n'est pas d'abord un Rabbi qui avait voulu avoir accès aux grandes Ecoles de Jérusalem. Jésus, c'est un homme du commun, un homme qui appartient au petit peuple, un homme qui a vécu au milieu de tous, un charpentier. Charles de Foucauld, lui, a été, jusqu'à vingt-huit ans, non pas un artisan comme Jésus, mais un noble d'un très grand orgueil, un noble qui, par une façon de penser habituelle à sa classe et à son époque, voyait dans le travail manuel une déchéance : pour un aristocrate, travailler manuellement, c'était s'abaisser. Et quand, maintenant, il regarde Jésus dans sa vie de travail de Nazareth, il aperçoit surtout, dans cette condition ouvrière du Christ, une très grande preuve d'abaissement par amour; il désire alors, en esprit de profonde imitation, faire un peu ce qu'a fait le Fils de Dieu : participer vraiment à la vie quotidienne des gens de tous les jours. Il s'agit de choisir un travail humble, un travail qui soit une rencontre avec Dieu, qui s'est fait travailleur. Ou d'accepter le travail que les circonstances nous indiquent. C'est ainsi qu'après le gros travail des champs, à Akbès, frère Marie-Albéric connaîtra un autre travail : en novembre 1892, il a un gros accès de fièvre; on lui découvre un commencement de phtisie et on lui ordonne de se reposer. Le frère linger lui apprend à raccommoder et à repriser. Le

9 janvier 1893, frère Marie-Albéric écrit à sa cousine : " Je pense toujours à Notre-Seigneur, à la Sainte Vierge, et je vis heureux dans cette chère société. Quand je raccommode les vêtements des petits orphelins, je me dis combien je suis heureux de faire ce travail, si commun dans la maison de Nazareth. "

La toute première caractéristique de la communauté nouvelle qu'il veut établir, ce sera, à la suite de Jésus, travailleur de Nazareth, d'être une communauté de travailleurs. Les ouvriers doivent être, comme il dit, les premières pierres de sa maison, " de la maison de Jésus ". Il veut fonder une communauté composée d'abord de gens très simples, qui n'ont pas fait d'études, qui mènent une vie toute quotidienne, qui s'adonnent à un travail commun. Puisque tout le monde travaille dans cette communauté, il y a une égalité de fait entre tous. Se souvenant du frère convers de Fontgombault, ce frère convers à l'habit si rapiécé, il veut un monastère où n'habitent que des frères de ce genre. Il ne veut pas qu'il y ait, d'un côté, des moines qui se consacrent surtout aux études et, de l'autre, des moines affectés au travail manuel. C'est le travail humble de Nazareth qui est pour Foucauld le cœur du monastère qu'il veut fonder. C'est le travail qui doit former le centre de la communauté.

Il ne veut pas de cette coupure, qu'on a créée artificiellement, entre " manuels " et " intellectuels "; il ne veut pas que les catégories sociales des gens du monde soient de nouveau insérées à l'intérieur même d'un monastère, qui doit revivre la vie évangélique.

C'est la vie de Nazareth qui est pour lui le " prototype " de l'existence qu'il veut mener. S'il se réfère à saint Benoît, ce n'est qu'en passant, ce n'est que parce que les fondations monastiques de saint Benoît se rapprochent davantage de la vie de Nazareth que de la Trappe actuelle. Et s'il juge la Trappe où il est moine, c'est uniquement à cause du regard, intense et très concret, qu'il porte sur l'absolu de la vie de Nazareth, où Jésus a été travailleur.

Foucauld, nous le savons, est un homme qui va

jusqu'au bout, jusqu'au bout de ce qu'il a décidé, jusqu'au bout des conclusions logiques de ce qu'il a découvert. En regardant Jésus de Nazareth, en regardant comment doivent vivre de véritables disciples de l'artisan de Nazareth, il se dit aussitôt que la façon de prier doit être une façon acceptable par des pauvres, facile pour des pauvres. Comme il veut ouvrir sa communauté d'abord aux pauvres, Charles de Foucauld refuse les grandes observances et les exercices spirituels qui demandent une longue initiation intellectuelle. Il ne veut donc pas de la " liturgie compliquée de saint Benoît "; il repousse " l'office au chœur ", obstacle pour les étrangers. Ce qu'il veut, c'est beaucoup " de prières ", " longues oraisons ", " saintes Messes ". Ainsi, il ne s'agit pas d'un office important, mais d'une suite de prières extrêmement simples, rien que des choses simples à la portée des plus simples.

Quels sont-ils, ces pauvres, ces gens du commun qu'il veut appeler dans sa communauté pour leur faire vivre une vie totalement fraternelle et quotidienne? Il regarde autour de lui : ceux qu'il rencontre, ce sont des ouvriers agricoles, ce sont de jeunes orphelins. Un bon nombre d'entre eux sont catholiques; les autres sont musulmans. Ce qu'il souhaite, c'est que ces jeunes orphelins et ces ouvriers agricoles puissent entrer, s'ils le veulent, dans cette communauté et qu'ils s'y sentent profondément accueillis, vraiment à leur place.

Les membres de cette communauté seront des travailleurs; c'est pour eux qu'il veut une liturgie extrêmement simple; c'est pour eux qu'il dépasse la question des langues et l'habitude monastique du latin : " Notre liturgie ferme la porte de nos couvents aux Arabes, Turcs, Arméniens, etc. qui sont bons catholiques, mais ne savent pas un mot de nos langues. " Il sait qu'en Orient, on emploie les langues du pays comme langues liturgiques. Il ne comprend pas que, dans ce coin où l'on parle arabe, où l'on parle turc, où l'on parle arménien, on vienne implanter une liturgie en langue latine, une liturgie que les ouvriers et les orphelins qui entrent dans la chapelle d'Akbès ne peuvent absolument pas comprendre. Car c'est parmi ces ouvriers et ces orphelins qu'il espère trouver les premiers membres de la communauté qu'il veut fonder. Ces hommes et jeunes garçons, comment pourraient-ils devenir des trappistes traditionnels ? Ce n'est pas possible. Or, il regarde vers des gens de ces pays d'Orient que Dieu appelle à Le servir et à L'aimer uniquement. Comment leur permettre de vivre une existence entièrement donnée à Dieu ? La Trappe telle qu'elle est ne peut les accueillir. Il faut donc faire autre chose.

Mais ici, il faut essayer de bien comprendre le fond de sa pensée. Il est entré à la Trappe. Il est venu à Akbès. A-t-il vraiment compris la Trappe ? La Trappe, c'est un univers qui a sa réalité propre, un univers où l'on veut prier Dieu pour tous, mais sans être mêlé, aucunement, au monde. Est-ce que Charles de Foucauld, en venant à la Trappe, n'apportait pas, outre ce désir d'être totalement consacré à Dieu, un autre désir ? Trois jours après son arrivée à Akbès, le 14 juillet 1890, n'avait-il pas écrit à sa cousine : " J'espère que le bon Dieu bénira ce monastère, qui peut faire tant de bien au milieu d'une population musulmane mêlée d'un certain nombre de chrétiens schismatiques. " Ainsi, dès le début, il ne regarde pas la Trappe uniquement comme un lieu d'adoration silencieuse de Dieu, mais aussi comme une présence au milieu des hommes. Et son regard, s'il se tourne vers Dieu dans une admiration profonde, se tourne tout autant vers les pauvres d'Akbès à qui il veut en même temps se consacrer. Dès lors, son évolution ne peut que se réaliser sans cesse par un double courant : l'imitation de Jésus de Nazareth et l'insertion concrète au cœur de la vie des pauvres.

Puisqu'il veut établir un monastère au milieu même des hommes, Foucauld désire que ce monastère soit un signe vivant de Jésus pour les hommes qui ne croient pas en Lui.

Ces communautés d'hommes simples, est-ce qu'elles peuvent être témoins de l'Artisan de Nazareth, si elles sont riches et solidement installées, si elles ont de grands bâtiments et beaucoup de terres ? Peut-on manifester la pauvreté de Jésus quand on est dans un riche monastère ? Même si la trappe d'Akbès est composée de baraquements, cet ensemble de baraquements, et les hectares de terrain qui les entourent sont pour les habitants du pays un contre-témoignage. Il faut donc que les communautés soient restreintes, afin de ne faire étalage d'aucune puissance : " Les monastères nombreux prennent presque nécessairement une importance matérielle ennemie de l'abjection et de l'humilité ", écrit-il à Mme de Bondy le 4 octobre 1893. Les communautés ne peuvent être " du pays " que si elles sont toutes petites et ainsi très pauvres. L'humilité, ce n'est pas la seule humilité individuelle, c'est la condition sociale de l'homme qui n'a pas de grands recours et de nombreux appuis; un grand monastère représente une force qui est une assurance pour chacun des moines. Quel père de famille, qui vit misérablement à Akbès, connaît la même sécurité que le plus pauvre d'entre les moines d'Akbès ? Et on comprend le cri de frère Marie-Albéric quand, au début d'avril 1894, un événement lui fait se rendre compte plus fortement de la condition de vie des gens d'Akbès : " On m'a envoyé prier un peu près d'un pauvre ouvrier indigène catholique, mort dans le hameau voisin : quelle différence entre cette maison et nos habitations ! je soupire après Nazareth ! " Ce qu'il veut donc, c'est de petites communautés qui, comme il l'écrit à l'abbé Huvelin, renoncent " absolument à toute propriété, pas plus collective qu'individuelle "; des communautés " où l'on ne vive pas d'aumônes ", mais " uniquement du travail de nos propres mains. "

Ces petites communautés, il désire qu'elles se répandent *partout*. Et puisqu'elles sont toutes petites et faites pour les pauvres, il leur est facile d'essaimer d'une façon universelle. Mais où veut-il que ces petites communautés s'établissent d'abord? " Je voudrais tant voir de ces petits nids de vie fervente et laborieuse, reproduisant celle de Notre-Seigneur, s'établir sous sa protection, et sous la garde de Marie et de Joseph près de toutes ces missions d'Orient si isolées ", écrit-il à l'abbé Huvelin. Il avait fait le voyage de Jérusalem. A Akbès, il était proche de la Terre Sainte. Il retrouvait, dans ce coin de Turquie, le monde musulman qu'il avait connu au Maroc. Un grand désir, plus vivace que jamais, empoigne son cœur : témoigner de Jésus auprès de ceux qui ne le connaissent pas. Il veut rendre présents Jésus et la fraternité du Christ, non pas au milieu des chrétiens, mais au cœur des non-chrétiens : c'est là l'essentiel de sa vocation. Et il peut écrire à l'abbé Huvelin, dans cette même lettre du 22 septembre 1893 : " Cette communauté, ne faut-il pas essayer de la former... dans le désir de la voir s'étendre surtout dans les pays infidèles, musulmans et autres? " Cet homme qui a rencontré Jésus, et qui s'est donné totalement à Lui, veut, en même temps, se donner à l'autre extrême : à tous ceux qui ignorent le plus Jésus, à ceux qui sont les plus éloignés de Lui, à ceux qui sont, sans le savoir, à la dernière place. Il est possédé de la passion d'aller à la dernière place, celle de Jésus, pour rejoindre avec lui ceux qui sont à la dernière place, ceux qui sont " perdus ". Pour lui, l'amour envers le Christ et l'amour envers les non-chrétiens, c'est tout un. Là est sa vocation; là est la source de toutes ses découvertes, de toutes les inventions de son cœur, pour rejoindre, d'un même mouvement et d'un même dynamisme le Christ pauvre et ceux qui sont pauvres du Christ, ceux qui manquent du Christ, ceux qui manquent d'Amour.

Et c'est dans ce moment, où il exprime d'une façon concrète comment il veut vivre la fraternité évangélique telle que Jésus la lui indique, c'est à ce moment qu'il nous montre plus que jamais le cœur du Christ : les buts de la communauté telle qu'il veut la fonder, les actes précis dans lesquels il veut l'engager manifestent extraordinairement Jésus-Christ. En lisant sa lettre à l'abbé Huvelin, en voyant comment il veut traduire l'Évangile pour les non-chrétiens, on saisit par l'intérieur l'existence même du Christ, du Christ qui va d'abord vers les malades et non pas vers les bien-portants, qui va vers les brebis perdues, et non pas vers ceux qui se croient sauvés, qui va vers les plus pauvres, et non pas vers les voisins riches. Il veut imiter le Christ. Il ne se paie pas de mots : il l'imite effectivement. Il veut aller aux pauvres, aux plus éloignés de Dieu, aux non-chrétiens, être envoyé vers eux comme Jésus a été envoyé vers eux : en pauvre, qui partage vraiment toute la vie des pauvres, toute la vie de ceux qui manquent de Dieu et n'ont pas d'espérance, toute la vie de ceux qui sont dépendants. Ceux qui veulent vivre ainsi comme Jésus à vécu, en pauvre, ceux-là ne peuvent pas posséder collectivement, ceux-là doivent gagner leur vie par le travail de leurs mains, ceux-là doivent vivre en complète égalité fraternelle avec ceux qui les entourent.

ATTENTE

Voilà des projets révolutionnaires. Comment va-t-il essayer de les vivre ? Il demande conseil à son père spirituel.

De la même manière qu'il l'avait fait attendre trois ans avant de le laisser entrer à la Trappe, l'abbé Huvelin lui demande de nouveau d'attendre. 1894-1895-1896, ce sont trois années d'attente crucifiantes, parmi les plus dures de toute sa vie. Tout lui parle de Nazareth, c'est un appel lancinant en lui. Le 19 février 1896, il écrit à sa cousine : “ Mon âme est toujours dans le même état : ma soif de chercher hors de la Trappe la vie de Nazareth augmente de jour en jour : je suis en paix, mais je suis bien impatient que l'heure sonne de terminer ce temps d'attente et d'épreuve, et d'aller où m'appelle le bon Dieu. ” Et un mois plus tard : “ Ma soif d'échanger mon état religieux pour celui de simple familier, de simple journalier de quelque couvent, devient de plus en plus intense... ce sont les mêmes inspirations mais chaque jour plus fortes. »

Au mois de juin 1896, après avoir longuement tourné et retourné dans son esprit ses projets de fondation, il termine la compositon d'une *règle* pour la communauté qu'il souhaite établir. Il exprime très nettement la double et unique orientation que doivent suivre les « petits frères de Jésus » :

« 1°) Reproduire aussi fidèlement que possible la vie de Notre Seigneur Jésus-Christ à Nazareth, parce que le plus grand amour de Notre-Seigneur et la plus grande perfection se trouvent dans l'imitation de ce Maître bien-aimé;

» 2°) Mener cette vie en pays fidèles, musulmans ou autres, par amour pour Notre-Seigneur, dans l'espoir de donner notre sang pour son Nom; et par amour pour les hommes, dans l'espoir de faire du bien par notre présence, par notre prière, mais surtout par la présence du Saint Sacrement, à ces frères infortunés.

» Nous voulons nous attacher à reproduire la vie cachée de Notre-Seigneur, comme saint François d'Assise s'est attaché à reproduire sa vie publique.

» Notre vie est partagée entre la prière et le travail, la première ayant toujours le pas sur le deuxième.

» Petit, ignorant, illettré, souvent étranger aux langues européennes, nous ne pouvons songer à réciter le Saint Office. Nous le remplaçons par l'Adoration du Saint Sacrement exposé, l'oraison, la récitation du saint Rosaire. Nous prions matin et soir devant le Saint Sacrement exposé; le jour est consacré au travail. »

On retrouve dans cette *Règle* les principaux éléments de vie que Foucauld avait indiqués dans la lettre à l'abbé Huvelin, trois ans plus tôt.

Voici quelques passages de ce grand projet de fondation, qui sont des règles pratiques de vie :

« La conversion des hommes : chaque matin et chaque soir on fera une oraison d'une demi-heure, pour demander à Dieu le salut de tous les hommes, que Notre-Seigneur, Lui, demanda, avec tant d'ardeur, pendant toute Sa vie.

" Un des points fondamentaux de la Congrégation, c'est qu'à l'exemple de Notre-Seigneur de Nazareth elle doit vivre exclusivement de son travail manuel.

" Il est interdit de recevoir jamais aucun don, grand, ni petit, à quelque titre que ce soit, pas même des honoraires de messes, ni des offrandes pour des prières, ni des sommes destinées à être distribuées aux pauvres, rien, absolument rien, ni en espèces, ni en nature. Nous vivrons uniquement du produit de notre travail manuel. Afin de pratiquer la charité et la pauvreté, nous ne garderons jamais d'argent d'une semaine à l'autre. Le samedi, aussitôt qu'on recevra la paye de la semaine, on donnera aux pauvres tout ce qui reste de la semaine précédente. De même pour les provisions de bouche. On n'en gardera pas d'une semaine à l'autre.

" Comment devra être le travail ? Celui que pratique, dans le pays la classe la plus pauvre. " Ce travail devra " être facile à faire, de manière que tous, instruits et ignorants, forts et faibles, puissent l'exécuter ".

" Nous n'aurons aucune affaire... nous serons comme des ouvriers travaillant pour un patron.

" Un Nazareth se composera de dix à dix-huit frères... on recevra indistinctement les lettrés et les illettrés, les jeunes et les vieux, les prêtres et les laïcs.

" Il n'y aura pas de distinction de Pères et de Frères, ni de convers. Tous seront égaux, et tous seront appelés Frères.

" Le Supérieur s'appelle " Frère Serviteur "; il doit être instruit, mais il n'est pas nécessaire qu'il ait reçu aucun ordre.

" A l'exemple de Notre-Seigneur, nous nous établirons dans les villes, dans des villes de pays infidèles surtout, mais où il y ait des missionnaires, dans de petites villes comme Nazareth, dans les faubourgs, là où le terrain est moins cher et où habitent les pauvres.

" La maison sera bâtie comme les plus pauvres

du pays, ou en pierres grossières ou en planches, pisé, branches entrelacées, etc. comme les plus pauvres de la contrée enfin. C'est la seule Règle.

" Autour de la maison, il y aura un petit jardin... cette maison et ce petit enclos ne seront pas achetés mais loués.

" Si des Frères sont envoyés en voyage, ils voyageront comme les gens de la classe la plus pauvre; à pied dans tous les cas où les pauvres vont à pied; ils pourront se servir de voitures publiques, de chemins de fer et de bateaux dans la même mesure que les pauvres; ils prendront toujours des places de la dernière classe, celle où Notre-Seigneur ou la Très Sainte Vierge, et Saint Joseph auraient voyagé s'ils avaient eu à le faire.

" Les pauvres et les autres passeront toujours avant les Frères, et les malades Frères ou étrangers avant les bien-portants. "

Les derniers mots de la *Règle* disent : " Tous nos efforts tendront à avoir en nous et à montrer à tous la charité, la compassion, la tendresse, la bonté infinie de notre divin Maître. "

Dans cette règle de 1896, il y a mention, plusieurs fois, du martyre. Frère Marie-Albéric souhaite, en allant en pays infidèle, témoigner de Jésus jusqu'à la mort. Ce désir est d'autant plus fort en lui qu'une terrible persécution vient d'avoir lieu : les Turcs ont massacré, en 1895, près de cent quarante mille chrétiens arméniens. En mars 1896, la persécution atteint Akbès. Foucauld va-t-il mourir martyr au fond de la Turquie ? Le 24 juin 1896, quelques jours après avoir terminé sa *Règle* des " petits frères de Jésus ", il écrit : " Autour de nous, il y a eu des horreurs, une foule de massacres, d'incendies et de pillages. Beaucoup de chrétiens ont été réellement martyrs, car ils sont morts volontairement, sans se défendre, plutôt que de renier leur foi... Je vous écris, pour vous quêter ; non pour nous, à Dieu ne plaise, car je ne serai jamais assez pauvre, mais pour les victimes des persécutions... Dans la ville la plus proche d'ici, à Marrache, la garnison a tué quatre mille cinq cents chrétiens en deux jours. Nous, à Akbès, et tous les chrétiens à deux journées à la ronde, nous aurions dû périr. Je n'en ai pas été digne... Priez pour que je me convertisse, et que je ne sois plus repoussé une autre fois, malgré ma misère, de la porte du ciel qui s'était déjà entr'ouverte.

" Les Européens sont protégés par le gouvernement turc, de sorte que nous sommes en sûreté : on a même mis un poste de soldats à notre porte, pour empêcher qu'on nous fasse le moindre mal. C'est douloureux d'être si bien avec ceux qui égorgent nos frères, il vaudrait mieux souffrir avec eux que d'être protégés par leurs persécuteurs... C'est honteux pour l'Europe : d'un mot, elle aurait pu empêcher ces horreurs, et elle ne l'a pas fait. Il est vrai que le monde a si peu connu ce qui se passait ici, le gouvernement turc ayant acheté la presse, ayant donné des sommes énormes à certains journaux pour ne publier que les dépêches émanant de lui. Mais les gouvernements savent toute la vérité par les Ambassades et les Consulats... Je viens vous appeler à notre secours pour nous aider à soulager, à empêcher de périr de faim plusieurs milliers de chrétiens échappés au massacre et réfugiés dans nos montagnes : ils n'osent sortir de leur retraite de peur d'être massacrés, ils n'ont aucune ressource. "

Ainsi, Charles de Foucauld voudrait partager la vie de ceux qui sont persécutés, de ceux qui connaissent la misère de l'exode, de ceux qui sont poursuivis et traqués. Vraiment, sa vie lui paraît trop facile; ce n'est pas là l'exacte imitation de Jésus qu'il souhaite.

Et voici que la persécution contre les Arméniens, qui éveille chez lui le souhait du martyre, fait surgir violemment une autre pensée : le désir d'être prêtre : " Au plus fort de la persécution arménienne, j'aurais voulu être prêtre, savoir la langue des pauvres chrétiens persécutés, et pouvoir aller, de village en village, les encourager à mourir pour leur Dieu. " C'est donc au cœur de la plus grande persécution, c'est donc au milieu du plus grand désir de partager la vie des pauvres, la vie des pauvres qui sont persécutés, que Charles de Foucauld nous révèle pour la première fois qu'il regarde vers le sacerdoce. Le sacerdoce lui permettrait, se dit-il, de partager réellement la vie, les misères et les souffrances des gens de ce pays. Il voudrait être totalement inséré dans ce pays, connaître la langue des gens, participer à leurs persécutions, les aider à témoigner concrètement dans leur vie, dans leurs souffrances, dans leur mort, de Jésus-Christ persécuté, mort, donné à tous. Il voudrait être parmi ces chrétiens qui, par leur mort, témoignent, au cœur même d'un pays non-chrétien, de l'existence du Christ ressuscité.

L'abbé Huvelin, à qui il a envoyé sa règle, lui répond : « Votre règle est absolument impraticable. A la règle franciscaine, le pape hésitait à donner son approbation ; il la trouvait trop sévère, mais à ce règlement ! A vous dire vrai, il m'a effrayé ! Vivez à la porte d'une communauté, dans l'abjection que vous souhaitez, mais ne tracez pas de règle, je vous en supplie ! »

ROME

L'abbé Huvelin ne veut donc pas entendre parler de cela, mais il ne s'oppose plus à ce que Foucauld quitte la Trappe, pour vivre, seul, à la porte d'un monastère, et c'est ce que Foucauld retient surtout de la lettre. Il renouvelle aussitôt ses demandes auprès de Dom Polycarpe, auprès de l'abbé de Notre-Dame-des-Neiges. Ceux-ci écrivent à Dom Sébastien, supérieur général des trappistes à Rome. La réponse de Dom Sébastien arrive à Akbès le 10 septembre 1896 : elle demande que frère Marie-Albéric aille, près d'Alger, à la trappe de Staouëli. Là, le 12 octobre, Dom Louis de Gonzague lui apprend ce qui a été décidé à son sujet : il fera deux années d'études théologiques à Rome. Il obéit sans un mot. Il arrive à Rome le 30 octobre 1896. Il y a dix ans, jour pour jour, ce 30 octobre, qu'il s'est converti. Dans ces dix ans, combien d'événements ! Le départ pour le plus haut et le plus pauvre monastère de France ! L'éloignement, bien plus grand, vers le ciel d'Asie, vers la proximité de la Terre Sainte, vers les baraquements d'Akbès, vers le monde musulman et les persécutions. D'Asie, après six ans, on le renvoie vers l'Afrique, cette Afrique qu'il a quittée dix ans auparavant. Il est plongé un moment dans une autre trappe, Staouëli, mais ici, ce n'est plus la misère d'Akbès, c'est la richesse d'une grande colonie agricole en pleine prospérité. Et le voici à Rome, pour y faire des études de théologie qu'il ne souhaite absolument pas ! Pourtant, frère Marie-Albéric s'y rend avec confiance ; une grande paix l'envahit : " Vous sentez que mes désirs ne sont nullement changés, écrit-il le 2 octobre, ils sont plus fermes que jamais ; mais j'obéis avec simplicité, avec une extrême reconnaissance, avec confiance qu'à la suite de cette longue épreuve, la volonté de Dieu se manifestera bien clairement. " Ce qu'il recherche plus que jamais, c'est de mieux aimer, c'est de mieux se donner à Dieu ; il écrit à un jeune trappiste de Staouëli : " A la basilique Saint-Paul, de mon mieux, je vous ai recommandé, en même temps que moi, à cet apôtre qui a tant aimé Jésus, qui a tant travaillé pour lui, qui a tant souffert pour lui ! Puisse-t-il nous traîner à sa suite et nous apprendre à aimer ! " Il lui raconte aussi une visite qu'il a faite au Colisée : " Quelles flammes d'amour se sont élevées de là vers le ciel, que sommes nous à côté de ces âmes-là ? Et pourtant, nous avons des cœurs comme eux, Notre-Seigneur nous aime autant qu'eux, et nous pouvons, et nous devons autant L'aimer ! "

A trente-huit ans, au milieu d'une foule de jeunes clercs, il suit les cours du Collège romain ; trois cours par semaine, en latin : " Moi qui suis si loin du latin ! " " Vieux, ignorant, sans habitude du latin, j'ai grand peine à suivre les cours. " Il écrit à son jeune ami trappiste : " Nous ne sommes pas encore d'âge à travailler avec saint Joseph, nous apprenons encore à lire, avec Jésus petit enfant, mais, plus tard, le travail manuel, humble, ... reprendra sa place, sa grande place. "

Ces mois de Rome sont des mois d'épreuve. C'est dans de tels moments qu'on mesure l'authenticité de l'amour de Charles de Foucauld : lui qui aime tant la liberté, lui qui a une telle capacité de révolte et de refus, le voici qui offre à Dieu, simplement, sa liberté. Lui qui aurait pu présenter avec force son point de vue et réussir à l'imposer, le voici qui attend le bon vouloir de son supérieur. Dans ces mois de Rome, son visage se découvre en pleine lumière : c'est un homme qui se donne absolument à Dieu. Et quelle espérance ! il peut écrire en décembre, dans un cahier de méditations : " C'est au moment où Jacob est en route, pauvre, seul, où il couche sur la terre nue, dans le désert, pour prendre son repos après une longue route à pied, c'est au moment où il est dans cette douloureuse situation du voyageur isolé au milieu d'un long voyage en pays étranger et sauvage, sans gîte, c'est au moment où il se trouve dans cette triste condition que Dieu le comble de faveurs incomparables. " Jacob, c'est vraiment Charles de Foucauld qui est tout désorienté, qui attend ce que Dieu veut de lui, qui se demande en quel chemin Dieu souhaite qu'il aille. Dans cette nuit, Foucauld scrute, avec une passion plus vive que jamais, la volonté de Dieu. Pour la connaître, Foucauld sait le moyen qu'il doit employer : l'obéissance. Il écrira en décembre, à propos du sacrifice d'Abraham : " L'obéissance est la consommation de l'amour ! " et, quelques lignes plus loin : " Bon Pasteur, répondez-moi. Vous qui connaissez et aimez vos brebis, tournez vos regards vers celle-ci et dites-lui ce qu'il faut qu'elle fasse pour se donner à vous de la manière la plus complète. "

A Staouëli, on lui a parlé de deux ans de théologie. Début décembre, on lui apprend qu'il s'agira de trois années au lieu de deux. Le moment où il pourra mener vraiment la vie de Nazareth recule...

Noël approche, Noël qui a tenu tant de place déjà dans sa vie. Il y a un peu plus de dix ans, il se trouvait dans les églises à crier du plus profond de son cœur : " Mon Dieu, si vous existez, faites que je vous connaisse ! » Il voulait alors connaître Dieu, aujourd'hui il voudrait l'aimer, lui dire qu'il l'aime ; mais il se reconnaît si faible ! : « Mon Dieu, je suis impuissant, même à vous dire que je vous aime ! »

Le 15 janvier 1897, frère Marie-Albéric se trouve dans un moment très important de sa vie : « Cette fin du mois et le commencement du mois prochain sont graves pour moi : le 2 février, il y aura cinq ans que j'ai fait mes premiers vœux. Au terme des *Constitutions* je dois, à cette date, faire mes vœux solennels ou quitter l'Ordre... » En ce 15 janvier, frère Marie-Albéric est absolument ferme dans ses idées ; il est certain de sa vocation et certain qu'elle sera un jour admise. Nous sommes le vendredi 15 janvier 1897. Sept ans plus tôt, il quittait les siens pour entrer à la Trappe.

Or, dans cette semaine du 15 au 23 janvier 1897, frère Marie-Albéric va accomplir silencieusement, simplement, un acte d'amour extraordinaire, une étonnante mort à lui-même. Il expliquera, le dimanche 24 janvier, en quoi a consisté cet acte d'obéissance — et il nous donnera ainsi la description de ce qu'est réellement pour lui cette semaine du 15 au 23 janvier 1897 : « Avant que le Père général ait pris cette décision, j'avais promis au bon Dieu de faire tout ce que me dirait mon Père Révérendissime à la suite de l'examen de ma vocation auquel il allait se livrer, et tout ce que me dirait mon confesseur. De sorte que si l'on m'avait dit : « Vous recevrez les ordres », j'y aurais obéi avec joie, certain que j'aurais fait la volonté de Dieu... car, ne cherchant absolument que la volonté de Dieu, ayant des supérieurs qui, eux aussi, la cherchent uniquement, il était impossible que Dieu ne nous fît pas connaître Sa Volonté. »

Très positivement, il a donc envisagé — et dans la joie — les vœux solennels et le sacerdoce qu'on pouvait lui imposer, alors qu'il les désirait moins que jamais. Et s'il priait de toutes ses forces en cette semaine, ce n'était pas pour que ses supérieurs comprennent la vie de Nazareth et le laissent partir ; mais simplement pour que le Père général trouve la volonté du Seigneur.

Que s'est-il passé ? Le samedi 23 janvier au soir, Dom Sébastien lui a déclaré que la volonté de Dieu est qu'il suive cet attrait qui le pousse hors de la Trappe vers la vie de Nazareth. Mais cette décision, Dom Sébastien l'a prise sans que Charles de Foucauld la lui demande, sans qu'il parle de rien. Ainsi, au lieu de présenter ses projets et de les défendre, Charles de Foucauld, s'est tu. La décision lui est annoncée au moment où il s'y attend le moins : " Le bon Dieu... m'accorde ce que j'ai tant demandé, ce que je n'espérais pas obtenir avant deux ans et demi; et il me l'accorde de la façon dont Lui seul peut et sait accorder : avec une perfection qui dépasse toute espérance, toute idée humaine : non sur ma demande, mais sur l'initiative de mes supérieurs, non d'un supérieur quelconque, mais du Révérendissime Général. "

" Mon Dieu, que vous êtes bon !

" Puisque vous êtes mon Père, mon Dieu, combien je dois espérer en vous !

" Mais aussi, puisque vous êtes si bon pour moi, combien je dois être bon pour les autres !

" Puisque vous voulez être mon Père, combien je dois avoir pour tout homme, quel qu'il soit, quelque mauvais qu'il soit, les sentiments d'un tendre frère. "

Dom Sébastien invite frère Marie-Albéric à écrire à l'abbé Huvelin. Charles de Foucauld le fait aussitôt. Son désir est d'être domestique dans un couvent d'Orient : l'abbé Huvelin acquiesce à son désir : " Oui, comme vous, mon cher enfant, je vois l'Orient... Je juge Akbès bien impossible... Je préfère Capharnaüm ou Nazareth, ou tel couvent de franciscains — pas dans le couvent — à l'ombre seulement du couvent — demandant seulement les ressources spirituelles et vivant de la pauvreté... à la porte... "

Le 14 février, frère Marie-Albéric reçoit dispense de ses vœux simples. Le même jour, il contracte deux vœux entre les mains de son confesseur :

" 1° Vœu de chasteté perpétuelle.

" 2° Vœu de pauvreté perpétuelle, par laquelle je m'engage à ne jamais avoir ni en ma propriété, ni à mon usage, plus que ne peut avoir un pauvre ouvrier. »

« Ma nouvelle vie que je vais commencer sera beaucoup plus cachée, beaucoup plus solitaire que celle que je quitte. » Le mercredi 17 février, il s'embarque à Brindisi pour la Terre Sainte : « Toutes les portes se sont ouvertes pour cesser d'être religieux de cœur, et descendre au rang de familier et de valet. » Le 24 janvier, il avait écrit à son ami trappiste de Staouëli : « Dieu nous mène par des chemins si inattendus ! Comme j'ai été conduit, ballotté depuis six mois ! Staouëli, Rome, et maintenant l'inconnu ! »

La vie de Nazareth, c'est à Nazareth même qu'il va la mener.

DOMESTIQUE.

Voici Charles de Foucauld sur le bateau qui le mène vers la Terre Sainte. Il est guidé par les deux vœux de chasteté et de pauvreté, qu'il vient de faire, et qui le font participer réellement à la vie de Jésus. En même temps, le second vœu, celui de vivre la pauvreté du travailleur, ne le fait-il pas participer à la pauvreté des ouvriers d'aujourd'hui ?

Et l'obéissance ? Foucauld n'a pas fait ce vœu-là. Non parce qu'il ne veut plus obéir. Mais tout simplement parce qu'il n'a pas, dans sa nouvelle vie, de supérieur. Il a raison de dire que les portes sont ouvertes devant lui : ce ne sont pas des portes ouvertes vers la gloire, vers la richesse, vers une montée sociale, humaine ou même religieuse. Les portes lui sont ouvertes, oui, mais c'est pour descendre, pour devenir ouvrier, domestique. Il est seul sur sa route. Jésus de Nazareth est son chemin. Il commence la grande aventure de la pauvreté de Jésus de Nazareth, comme François d'Assise, avait entrepris l'aventure de la pauvreté de Jésus prêchant l'Évangile sur les routes.

Quand il débarque à Jaffa, le 24 février, Charles de Foucauld n'a plus l'habit de trappiste. Il a pris le costume de la pauvreté orientale : il ressemble à un mendiant de Palestine. Il porte une longue blouse à capuchon, rayée de blanc et bleu, un pantalon de cotonnade bleu. Sur la tête, une calotte blanche autour de laquelle il a enroulé une pièce d'étoffe en forme de turban. Des sandales aux pieds. C'est dans ce costume, qui est loin de l'uniforme de hussards et de l'habit de soirée, mais qui ressemble à l'habit de mendiant qu'il avait au Maroc, c'est dans ce costume qu'il refait le pèlerinage de 1888 : Aïn Karim, Bethléem, Jérusalem.

De Jérusalem où il demeure huit jours, Charles de Foucauld remonte donc — toujours à pied jusqu'en Galilée, à travers la Samarie. Il arrive à Nazareth le soir du 5 mars ; il loge à la Casa Nova. Il y apprend que le lendemain, fête de sainte Colette, il y a chez les clarisses messe solennelle. Il s'y rend dès l'aube et prie devant le Saint Sacrement ; à onze heures sonne le repas, et Charles de Foucauld invite la sœur tourière à s'y rendre : il restera pour adorer. La sœur n'ose refuser, mais le surveille, craignant qu'il ne vole l'ostensoir...

Sur le conseil des franciscains de Nazareth — qui n'ont pas de travail pour lui — il ira au Thabor : les pères franciscains du Thabor auront peut-être quelque chose à lui proposer. Il aurait mieux aimé demeurer à Nazareth et il quitte la ville à regret.

Là, sur la montage de la Transfiguration, il se confesse à un franciscain et s'ouvre à lui de sa vocation et de son désir d'un travail domestique.

Or, par un détour étonnant — on dirait que Dieu lui a fait d'abord renoncer à Nazareth pour ensuite l'y mettre Lui-même — le franciscain est l'aumônier des clarisses de Nazareth et il le renvoie dans la ville de la vie cachée ; mais en avertissant la mère abbesse. Celle-ci accepte de le prendre comme domestique, et il se met aussitôt au travail, dès le lendemain, 10 mars.

On lui a proposé une maison de jardinier ; il a préféré une petite cabane en planches où l'on range les outils ; on y installe une paillasse, une petite table et un tabouret : “ Je sers les messes, les bénédictions du Saint Sacrement ; je balaie, je fais les commissions ; je fais tout ce qu’on me dit de faire enfin. Le travail commence après la messe, à huit heures du matin, et finit à l’heure de la bénédiction du Saint Sacrement qui a lieu, en moyenne au moins tous les deux jours, à cinq heures du soir. Les dimanches et fêtes, je n’ai rien à faire et je puis prier toute la journée. ”

Il n’est plus frère Marie-Albéric. Il est simplement frère Charles. C’est l’homme de peine de la communauté des clarisses. Il est maçon, il est menuisier, il bêche le jardin. Il est sacristain. Sa vie s’écoule entre la prière et le travail, les deux buts de la vie de Nazareth qu’il veut mener. “ J’ai absolument ce que je rêvais depuis tant d’années, écrit-il à sa sœur, et on dirait que cette place m’attendait ; et en effet, elle m’attendait, car rien n’arrive par hasard et tout ce qui se fait a été préparé par Dieu : je suis serviteur, domestique, valet d’une pauvre communauté religieuse. ”

Ses journées passent ainsi, très douces, envahies d’une continuelle union d’âme avec Jésus, dans une grande joie. Ce n’est pas un travail extrêmement pénible qu’il accomplit : ce n’est pas la place la plus dure, mais c’est la condition la plus humble qu’il a voulu choisir. L’abbé Huvelin est heureux de ce mode de vie : il le juge comme la première vraie réalisation de la vocation de son dirigé ; il aime voir frère Charles imiter ainsi Jésus de Nazareth en étant “ humble, pauvre, obscur, comme il a voulu l’être, et inconnu. ”

Dans les journées et les nuits de frère Charles, une occupation prend une place beaucoup plus importante qu’elle n’en prenait à Akbès : la lecture et la méditation par écrit. Il fait un usage constant de la Bible, en un temps où les catholiques s’intéressaient très peu à elle. L’abbé Huvelin lui avait conseillé d’écrire ses méditations. Pourquoi ? parce que frère Charles avait beaucoup de peine à ce moment-là, à prier. Et c’est ainsi que frère Charles prie le soir, la nuit, devant le Saint Sacrement, en noircissant les pages de petits cahiers d'écolier, en écrivant des commentaires très humbles de l'Écriture Sainte.

A travers ces centaines de pages de méditations écrites, on lit en filigrane les événements concrets de la vie du domestique des clarisses, ses recherches d'un plus grand amour de Jésus, ses crises, ses joies d'âme, ou ses déserts, ses attentes de Jésus absent. Ces petits cahiers expriment si fortement, par la nudité simple du témoignage de celui qui les écrit, ces petits cahiers expriment l'Évangile, avec vérité, ils le font revivre. C'est bien l'extraordinaire de la vie de Charles de Foucauld que cette remontée simple à la source originelle de toute vie, de toutes nos pauvres vies : Jésus ressuscité venant vivre aujourd'hui la vie de Nazareth.

Au cours de toutes ses méditations, il y a, intense, un abandon extrême, comme Jésus, un abandon d'obéissance et d'amour entre les mains du Père; qu'on lise l'extraordinaire appel qu'il écrit dans une méditation sur la dernière prière de Jésus : " Mon Père, je remets mon esprit entre vos mains " : " C'est là la dernière prière de notre Maître, de notre Bien-Aimé... Puisse-t-elle être la nôtre... Et qu'elle soit non seulement celle de notre dernier instant, mais celle de tous nos instants : Mon Père, je me remets entre Vos mains ; mon père, je m'abandonne à Vous, je me confie à Vous; mon Père, faites de moi tout ce qu'il Vous plaira; quoi que Vous fassiez de moi, je Vous remercie; merci de tout, je suis prêt à tout; j'accepte tout; je Vous remercie de tout; pourvu que Votre volonté se fasse en moi, mon Dieu, pourvu que Votre volonté se fasse en toutes Vos créatures, en tous Vos enfants, en tous ceux que Votre Cœur aime, je ne désire rien d'autre, mon Dieu; je remets mon âme entre Vos mains; je Vous la donne, mon Dieu, avec tout l'amour de mon cœur, parce que je Vous aime, et que c'est un besoin d'amour de me donner, de me remettre en Vos mains sans mesure : je me remets entre Vos mains avec une infinie confiance, car Vous êtes mon Père. "

Que cherche frère Charles à travers une lecture incessante des Évangiles ? Nous le savons, il cherche ce que Jésus a fait : pour L'imiter, et ce que Jésus a dit; pour Le suivre.

Il veut L'imiter, Le suivre très concrètement : il écrit le 11 novembre 1897 : " Mon Seigneur Jésus, comme il sera vite pauvre celui qui, Vous aimant de tout son cœur, ne pourra plus souffrir d'être plus riche que son Bien-Aimé... (...). Mon Dieu, je ne sais s'il est possible à certaines âmes de Vous voir pauvre et de rester volontiers riches, de se voir tellement plus grandes que leur Maître, que leur Bien-Aimé, et de ne pas vouloir Vous ressembler en tout, autant qu'il dépend d'elles et surtout en vos abaissements; je veux bien qu'elles Vous aiment, mon Dieu et cependant, je crois qu'il manque quelque chose à leur amour, et en tout cas, moi, je ne puis concevoir l'amour sans un *besoin*, un *besoin impérieux* de conformité, de ressemblance et surtout de partage de toutes les peines, de toutes les difficultés, de toutes les duretés de la vie. "

Cette vie d'intimité avec Jésus, il ne faudrait pas croire qu'elle l'isole des autres. Dans sa cabane, frère Charles ne se trouve pas à l'intérieur de la clôture des clarisses, mais à l'extérieur. Il se trouve entre le monastère et le village de Nazareth. Il est voisin d'une communauté religieuse, mais il est tout proche aussi des gens de Nazareth. Ce Jésus qu'il contemple, ce Jésus dont il se pénètre, il veut le porter, à travers sa vie même, à tous les hommes; il affirme fortement cette mission qu'il a reçue de Jésus : " Tu es chargé de crier l'Évangile sur les toits, non par ta parole, mais par ta vie. "

Un jour, environ un an après son arrivée à Nazareth, il médite un passage de l'Évangile : le passage où l'on voit Marie, qui attend la naissance de l'Enfant Jésus, se rendre auprès de sa cousine Élisabeth pour l'aider. Frères Charles voit dans ce mystère de la Visitation, le fait que Jésus est, dès avant sa naissance, " sauveur ", et qu'il pousse sa mère pour travailler au salut de tous avec lui. Quand Jésus se donne à un être, c'est pour que celui-ci le donne à son tour aux autres. Il fait parler Jésus : " Travaillez à la sanctification du monde, travaillez-y comme ma mère, sans paroles, en silence. Allez vous établir au milieu de ceux qui m'ignorent ; portez-moi parmi eux en y établissant un autel, un tabernacle, et portez-y l'Évangile, en le prêchant d'exemple, non en l'annonçant, mais en le vivant. »

Ceux qui ont une vocation de Nazareth, il faut qu'ils portent l'Évangile à tous. Il faut, comme Marie, se mettre en marche ; quelqu'un qui a Jésus en soi ne peut pas ne pas le porter aux autres. Et quelqu'un qui a Jésus en soi ne peut pas ne pas aider les autres, ne pas courir au secours des autres, comme Marie qui s'en va aider sa cousine Élisabeth. Vivre Nazareth, c'est s'implanter au milieu des hommes qui ignorent l'amour de Jésus, et se mettre simplement à leur service, comme un domestique.

En 1898, ce thème de la Visitation revient souvent. Frère Charles répète constamment, dans ses méditations « Sauver », « allumer sans cesse le feu de l'amour ». Il n'y a pas de limite à la prédication que nous devons faire de l'Évangile d'amour : « Notre cœur, comme celui de Jésus, doit embrasser tous les hommes ; notre fin sur la terre, comme celle de l'Église, comme celle de Jésus, c'est la glorification de Dieu par le perfectionnement de tous les hommes. »

Voilà son désir : aimer, avec le cœur de Jésus, comme Jésus, tous les hommes ; aller vers les plus délaissés : « Occupons-nous plus des pécheurs, occupons-nous plus des pauvres. » « Soyons *pauvres ouvriers* comme Lui, comme Marie, Joseph, les Apôtres, les bergers. »

LA CONDITION COMMUNE DE NAZARETH

C'est dans cette perspective aussi qu'il se laisse faire par tous, humblement, simplement, au gré de sa vie quotidienne de domestique. Les gamins de Nazareth se moquent de frère Charles ; ils le poursuivent à coups de pierres, et lui ne dit rien. Ou encore, une autre fois, frère Charles est dans la cour des clarisses :

il trie des lentilles. Deux religieux, pèlerins français, passent et l'aperçoivent ; ils remarquent tout haut son occupation de ménagère ; lui rougit. Le jour de Noël, il sert à table le prédicateur des clarisses. Le repas terminé, le prédicateur, plein de bonnes intentions, se lève, fait asseoir le domestique à sa place, et lui sert ses restes. Un jour, les clarisses demandent à leur domestique de tuer un chacal qui ravageait le poulailler. Elles ont demandé à leur voisin, Karam, de prêter son fusil. Le fils de Karam vient expliquer à Foucauld comment tirer un coup de fusil. L'ancien officier écoute silencieusement, et le remercie de ses conseils. Le soir, il fait le guet. Il demeure toute la nuit à attendre, récitant son Rosaire, fusil sur les genoux. Le lendemain matin, on s'aperçoit que le chacal a fait une fois de plus des ravages dans le poulailler ; tout le monde rit du domestique si malhabile.

Ce sont là de petits faits. Mais dans ce village de Nazareth, Jésus n'a-t-il pas vécu la même existence cachée, toute semblable à celle des autres hommes de Nazareth ? N'a-t-il pas appris ici à raboter des planches ? N'a-t-il pas ici appris à vivre humblement la condition humaine, dans tout ce qu'elle a de quotidien, d'insignifiant ? Et Charles de Foucauld, à la poursuite de la dernière place, ne mène pas la vie extraordinaire d'un vagabond comme Benoît Labre. Il demeure à Nazareth, attaché comme domestique à un couvent, incognito, n'ayant aucunement une existence étonnante ou « originale ». Mais n'est-ce pas là, justement, une manière toute nouvelle de vivre l'Évangile ?

Trois mois après son arrivée à Nazareth, le 6 juin, le jour de la Pentecôte, il avait écrit : « Pense que tu dois mourir martyr, dépouillé de tout, étendu à terre, nu, méconnaissable, couvert de sang et de blessures, violemment et douloureusement tué... et désire que ce soit aujourd'hui... Pour que je te fasse cette grâce infinie, sois fidèle à veiller et à porter la Croix... Considère que c'est à cette mort que doit aboutir toute ta vie. » Cette mort qu'il connaîtra dans un peu moins de vingt ans, Charles de Foucauld la vit déjà maintenant dans cette vie " enterrée " à Nazareth, dans ce " trou " de Nazareth.

Le 16 janvier 1898, il écrit à son directeur. Huit ans plus tôt, il arrivait à la Trappe : " Demain huit ans que je suis entré en communauté, ce sont de grands souvenirs... que de voyages ! que de changements depuis ! " Il est heureux à Nazareth. Pas tout à fait pourtant. Il voudrait — et il y pense sans cesse dans ce village de Nazareth — il voudrait être " ouvrier évangélique ", c'est-à-dire travailler à faire comprendre l'Évangile à tous les hommes. Il voudrait " travailler au service de Dieu le plus possible ". Il est tellement heureux de connaître Jésus et son Évangile qu'il voudrait de toutes ses forces, communiquer ce bonheur à d'autres. Plus que jamais, son cœur s'ouvre au monde entier : " Je dois aller dans l'univers entier par mes prières qui doivent embrasser tous les hommes. " Il n'y a pas de limite à l'amour : " Notre cœur, comme celui de Jésus, doit embrasser tous les hommes. "

Le 7 juillet, Foucauld part pour Jérusalem. L'abbesse de Nazareth l'envoie porter une lettre à l'abbesse des clarisses de Jérusalem. En fait, c'est une bonne occasion pour mère Élisabeth de juger celui dont les clarisses de Nazareth lui ont dit tant de bien. Pendant les quatre jours où il demeure à Jérusalem, mère Élisabeth va le questionner, le scruter. Ce qu'elle conclut ? Ce domestique est vraiment un saint. Or Mère Élisabeth est une femme de tête : elle a déjà fondé trois monastères. Elle se met à avoir des vues bien précises sur l'avenir du domestique de Nazareth : elle voudrait qu'il reste à Jérusalem, qu'il ait, comme il le souhaite, des compagnons. Lui ne veut rien faire sans son directeur : il écrit à l'abbé Huvelin; et le 11 septembre, dès qu'il a reçu la réponse positive, il part de nouveau pour Jérusalem. Mère Élisabeth l'envoie à Akbès : il y a, à Akbès, un jeune homme qui a pensé mener la même vie que lui : Pierre ne sera-t-il pas le premier compagnon de vie de celui qui veut fonder les *Ermites du Sacré-Cœur* ? Voyage à Akbès, mais déception, Pierre ne veut pas quitter sa mère et refuse de le suivre. Frère

Charles revient à Jérusalem, il y mène une même vie de domestique : " Le couvent est à deux kilomètres de la ville; ma maisonnette en planches vertes est adossée au mur de clôture : elle a trois côtés en planches, le quatrième est formé des grosses pierres de la clôture... De ma porte, je vois Gethsémani, le mont des Oliviers, le Cénacle, le Calvaire, et notre cher Béthanie. " Il pense qu'il est à Jérusalem pour " au moins un an ".

Mère Élisabeth est très tenace : elle est d'accord avec frère Charles pour ses projets de fondation ; elle voudrait aussi qu'il devienne prêtre ; et elle lie les deux choses : s'il est prêtre, il pourra plus facilement avoir des compagnons. Le cœur du domestique éclate d'allégresse : son projet semble prendre forme, et il décrit de nouveau la " fraternité " qu'il désire. C'est une fraternité très simple ; il ne veut pas de l'esprit " trop formaliste et trop étroit " des trappistes ; il veut une vie très " simple ", quelque chose qui soit " très déchargé " de la multitude des prières vocales ; il veut " plus de pauvreté, de travail ", " un grand dégagement des cérémonies extérieures... pour donner beaucoup à l'oraison et à la vie intérieure, et en même temps, pratiquer la charité envers le prochain en toutes les occasions que fournit le bon Dieu ". Il écrit à l'abbé Huvelin son idéal : " Ce que je rêve, en secret, sans me l'avouer à moi-même, sans me le permettre et chassant ce rêve, qui revient sans cesse, que je vous dis à vous parce qu'il faut que vous sachiez les derniers fonds de mon âme, ce que je rêve involontairement, c'est quelque chose de très simple, et de très peu nombreux, ressemblant à ces premières communautés très simples des premiers temps de l'Église... " Ces premières communautés de l'Église, comment étaient-elles ? Les Actes des Apôtres nous le disent : " La communauté des croyants n'avait qu'un cœur et qu'une âme. Nul ne disait sien ce qui lui appartenait, mais entre eux, tout était commun. Avec beaucoup de puissance, les apôtres rendaient témoignage à la résurrection du Seigneur Jésus et ils jouissaient tous d'une grande faveur. Aussi, parmi eux, nul n'était dans le besoin ; car tous ceux qui possédaient des terres ou des maisons, les vendaient et apportaient le prix de la vente et le déposait aux pieds des apôtres. On distribuait alors à chacun suivant ses besoins. " Et les non-chrétiens, les voyant, se disaient entre eux : " Voyez comme ils s'aiment. "

Après quatre mois et demi à Jérusalem, Foucauld rentre à Nazareth où il demeure un peu plus d'un an.

En 1899, il écrit une nouvelle règle pour la congrégation qu'il veut fonder. C'est toujours le même but : mener la vie de Nazareth au milieu des non-chrétiens. La grande règle, c'est la règle de " voir en tout humain une âme à sauver et de se dévouer au salut des âmes comme le Bien-Aimé ". Les ermites du Sacré-Cœur, le nom de " Sauveur " résume leur vie comme il exprime la Sienne. Ils doivent être " Sauveurs " par la présence du Saint Sacrement et l'oblation du Saint Sacrifice, par l'imitation des vertus de Jésus, par la pénitence et la prière, par la bienfaisance et la charité; la charité doit rayonner des fraternités comme elle rayonne du cœur de Jésus. "

Toute la vie des *ermites* du Sacré-Cœur s'exprime en un double et unique rythme, le temps de l'intimité profonde avec Jésus, et le temps où l'on va porter aux autres le mystère de Jésus. Le premier temps, c'est le regard vers Jésus dans l'Eucharistie, cœur du " Petit Nazareth "; le second temps, c'est la manifestation de Jésus aux hommes, manifestation qui se fait par l'accueil et l'amitié.

Pour l'instant, la vie de frère Charles consiste avant tout dans une incessante adoration eucharistique, dans une vie longuement cachée et perdue en Jésus. Comme le grain qui meurt en terre, il est enfoui dans une condition commune, à cause de Jésus de Nazareth, à cause de l'Eucharistie. Est-ce que son projet va aboutir ? Est-ce que de ce profond enfouissement, vont surgir et éclore des fraternités nouvelles ? Frère Charles est totalement confiant en Dieu : " Ma vie se poursuit absolument la même, profondément et de plus en plus ensevelie et silencieuse. " Il écrit cela en février 1900. Et, un mois plus tard, à l'abbé Huvelin : " J'attends;

Dieu même m'a conduit ici ; par votre bouche, il m'y a maintenu ; par sa propre action, il m'y a fait revenir je Le laisse diriger ma vie ; lorsqu'Il voudra que je parte — si toutefois Il le veut — ce qui ne me paraît pas certain — Il me le montrera clairement par votre voix, cher père, ou par les événements... » En ce mois de mars 1900, il y a trois ans qu'il est arrivé à Nazareth.

« PRÊTRE-ERMITE. »

Les événements, d'un seul coup, vont se précipiter. En mars 1900, on lui dit que le lieu présumé du Mont-des-Béatitudes, qui se trouve aux mains des Turcs, est à vendre ; c'est une occasion unique. Il écrit aussitôt à l'abbé Huvelin, à sa cousine, à son beau-frère. Il parle de son projet et demande de l'argent. Ce projet du Mont-des-Béatitudes prend de plus en plus forme : il se dit qu'il pourra, là, être prêtre-ermite, qu'il y vivra seul et pourra mener une vie sacerdotale extrêmement pauvre : « J'y serai dans un profond dénuement, au milieu des difficultés de tous genres, portant vraiment la Croix de Jésus et partageant sa pauvreté. » Il demande à l'abbé Huvelin d'obtenir de l'archevêque de Paris qu'il soit ordonné prêtre comme « ermite-missionnaire ». Avec une grande joie et une grande espérance, il regarde Dieu et sa propre misère ; le 26 avril 1900, il conclut, comme dix ans plus tôt, au soir de son entrée à la Trappe : « Dieu fait servir les vents contraires pour nous conduire au port. » « Les obstacles sont la marque que la chose plaît à Dieu. » Et encore cette phrase d'une étonnante densité spirituelle, une phrase très paulinienne : « La faiblesse des moyens humains est une cause de force. »

Ce qu'il veut, c'est porter Jésus, c'est-à-dire porter partout l'amour de Jésus : la multiplicité des projets indique la passion avec laquelle cet homme veut exprimer d'une façon exacte, tel qu'il est, là où il est, l'amour universel du Christ. C'est alors qu'il prend pour devise : « Jesus Caritas », un cœur surmonté d'une croix,

“ Jésus Sauveur par la Croix ”, Jésus qui aime tous les hommes et se donne d’amour à tous.

Le 8 août, il s’embarque à Jaffa pour Marseille. Mère Élisabeth l’a poussé à aller voir son directeur. Pour le décider, elle l’a chargé d’une mission de confiance à Rome (pour un projet de fondation de clarisses qu’elle désirait y établir). Il arrive à Paris le 18 août, Paris qu’il a quitté depuis dix ans, Paris qui est le Paris de 1900, de la “ belle époque ”. Il va voir aussitôt l’abbé Huvelin. Celui-ci l’invite à accepter le sacerdoce; en allant à Rome, frère Charles passera par Notre-Dame-des-Neiges, et demandera de pouvoir s’y préparer à l’ordination. Après celle-ci, il repartira aussitôt en Terre Sainte, pour y être prêtre-ermite.

Après son voyage à Rome, frère Charles revient donc à Notre-Dame-des-Neiges. Il vit dans une petite cellule qui donne sur la chapelle. De là, sans être vu de la Communauté, il peut assister à tous les offices.

En décembre 1900, il se prépare au sous-diaconat. Dans sa retraite, il écrit qu’il veut fonder “ les ermites du Sacré-Cœur ” en Terre Sainte d’abord, puisque c’est le pays de Jésus... à Béthanie, parce que c’est un des plus saints des lieux saints, et le plus abandonné... puis, s’il plaît à Dieu, dans l’Afrique saharienne, où tant et tant d’âmes sont sans évangélisateurs. ”

Au mois de mars, c’est la retraite du diaconat. Il médite beaucoup à ce moment l’Évangile de saint Jean, et tout particulièrement un verset du chapitre douzième : “ Si le grain de blé ne tombe en terre et ne meurt, il reste seul; s’il meurt, il porte beaucoup de fruits. ”

Au cœur du monde

1901-1916

JUSQU'A LA DERNIÈRE BOUCHÉE DE PAIN

Le dimanche 9 juin 1901, Charles de Foucauld est ordonné prêtre, dans la chapelle du Grand Séminaire de Viviers, par un évêque qui avait été missionnaire en Iran, Mgr Montety. Le soir même, il regagnait la trappe de Notre-Dame-des-Neiges, avec Dom Martin qui l'avait accompagné. Ils arrivent vers minuit ; frère Charles demeure en adoration devant le Saint-Sacrement durant toute la nuit jusqu'à sa première messe. Son cœur est envahi d'une immense allégresse.

Pendant les mois de Notre-Dame-des-Neiges et surtout au moment de l'ordination, une profonde évolution s'accomplit en Charles de Foucauld. C'est une rupture radicale, une rupture comparable à la grande rupture qu'avait été la conversion. C'est une mutation brusque par rapport à son proche passé et à ses idées antérieures.

Son proche passé, c'est cette suite de quinze années monastiques. Ses idées actuelles, c'est le projet d'une première présence en Terre Sainte, puis d'une seconde au Sahara. Très rapidement, Charles de Foucauld va abandonner l'idée de s'implanter en Palestine ; et abandonner, en même temps, l'idée d'être ermite. Ce qu'il veut maintenant, c'est aller là où les hommes sont les plus abandonnés. Dans une lettre du 23 juin, quinze jours après son ordination, voici ce qu'il écrit : « Mener cette vie de « Nazareth » , non pas en Terre Sainte, tant aimée, mais parmi les hommes les plus malades, les plus délaissés. » « Le divin Banquet dont je devenais le ministre, il fallait le présenter, non aux parents, aux voisins riches, mais aux boiteux, aux aveugles, aux pauvres, c'est-à-dire aux âmes manquant de prêtres. "

Voici donc qu'au moment de son ordination, Charles de Foucauld se sent plus spécialement appelé par les hommes qui sont les plus éloignés de l'Évangile. Au moment de sa conversion, il avait été appelé par Dieu et il avait répondu en se donnant totalement à Lui. Au moment de son ordination, il est happé par les non-chrétiens, et il veut leur répondre de tout son amour. Il y a ainsi en Charles de Foucauld deux extrêmes : l'amour absolu de Dieu et l'amour absolu des hommes les plus éloignés de Dieu; ces deux extrêmes se rejoignent. Désormais, à partir de l'ordination sacerdotale, Charles de Foucauld se donne, d'un seul amour, aux deux extrêmes : à Dieu et aux hommes les plus " pauvres " de Dieu.

Les non-chrétiens adressent un immense appel à Charles de Foucauld; et leur cri d'appel traverse la vie de cet homme comme un éclair fulgurant. Cet éclair illumine le passé de Charles de Foucauld. Les non-chrétiens, ce sont, pour lui, les hommes qu'il a rencontrés avant sa conversion, ce sont les musulmans, c'est-à-dire les " croyants " qu'il a rencontrés tandis qu'il était lui-même un incroyant : " Dans ma jeunesse, j'avais parcouru l'Algérie, et le Maroc. Au Maroc, grand comme la France, avec dix millions d'habitants, pas un seul prêtre à l'intérieur... Aucun peuple ne me semblait plus abandonné que ceux-ci. " Pendant les semaines qui entourent son sacerdoce, Charles de Foucauld recherche dans son passé d'homme, dans son passé d'incroyant, pour trouver le lieu de son sacerdoce, pour découvrir l'adaptation concrète de sa nouvelle condition.

Quand Charles de Foucauld a décidé quelque chose, il veut mener son projet le plus rapidement et le plus totalement possible. Les décisions qu'il a prises pendant la retraite d'ordination, il les réalise aussitôt. Quel est le " premier confident de son désir d'aller au Sahara " ? Henry de Castries.

Henry de Castries est, comme Foucauld, un ancien de Saint-Cyr, mais un peu plus âgé que lui. En 1873, Castries avait été envoyé en Afrique. Comme Foucauld, il avait mené joyeuse vie dans sa première garnison de Chambéry, et sa famille l'avait fait orienter vers l'Afrique. Castries s'était épris de ce monde si nouveau pour lui ; il s'était mis à étudier la langue arabe, il s'était intéressé aux mœurs et aux coutumes du pays ; il avait étudié la Loi coranique. Il s'était passionné de plus en plus pour les choses d'Afrique. Chargé de créer un petit poste à Aflou, il y avait offert à chacun l'hospitalité la plus large. Au cours des conversations, il interrogeait longuement les voyageurs de passage, il leur demandait les routes qu'ils avaient suivies, il reportait les itinéraires ainsi obtenus sur des cartes qu'il avait préparées : c'est ainsi qu'il peut faire paraître, en 1880, une carte de la région du Sud-Oranais et des abords du Maroc. Et quand Charles de Foucauld rentrera du Maroc, après son exploration, il dira, dans un compte-rendu : “ Par bonheur, j'avais l'excellent travail de M. le capitaine de Castries ; il m'a permis de me conduire avec la plus grande précision dans toute la portion du bassin de Drar que j'ai parcourue. Jamais on ne vit gens plus ébahis que les Draouas quand je leur lisais, village par village, le chemin par lequel je voulais passer. ” En 1881, quand Foucauld était revenu combattre avec ses camarades, le capitaine de Castries n'avait pas voulu le rencontrer. Mais après l'exploration au Maroc, dont Castries pouvait mieux que personne apprécier la valeur, Foucauld avait reconquis l'estime du géographe. Bientôt Foucauld, pour rendre hommage à Castries, lui fera don du manuscrit de sa *Reconnaissance au Maroc*. Mais Foucauld ne parlera pas à Castries de sa conversion ; et il ne lui dira pas non plus son entrée en religion. Charles de Foucauld, le 23 juin 1901, commence donc la lettre qu'il écrit à Castries : “ Le silence du cloître n'est pas celui de l'oubli... plus d'une fois, durant les douze ans de cette bénie solitude, j'ai pensé à vous et prié pour vous. ” Pourquoi Foucauld renoue-t-il des relations avec

Castries ? C'est parce que Castries est le meilleur géographe de la région, le meilleur connaisseur de ce Sud-Oranais et de ce Maroc qui ont captivé une première fois Charles de Foucauld, et qui attirent de nouveau son cœur. Mais maintenant c'est pour y porter l'Évangile de l'Amour.

Charles de Foucauld fait part à Castries de son projet : " C'est pour le bon Dieu que je garde le silence ; c'est aussi pour Lui que je le romps aujourd'hui... Nous sommes quelques moines qui ne pouvons réciter notre *Pater* sans penser avec douleur à ce vaste Maroc où tant d'âmes vivent sans " sanctifier Dieu, faire partie de Son royaume, accomplir Sa volonté, ni connaître le pain divin de la Sainte Eucharistie ", et sachant qu'il faut aimer ces pauvres âmes comme nous-mêmes, nous voudrions faire, avec l'aide de Dieu, tout ce qui dépend de notre petitesse pour porter vers elles la lumière du Christ. Dans ce but, pour faire en faveur de ces malheureux ce que nous voudrions qu'on fît pour nous si nous étions à leur place ; nous voudrions fonder sur la frontière marocaine, non pas une trappe, non pas un grand et riche monastère, non pas une exploitation agricole, mais une sorte d'humble petit ermitage, où quelques pauvres moines pourraient vivre de quelques fruits et d'un peu d'orge récoltés de leurs mains, dans une étroite clôture, la pénitence et l'Adoration du Saint-Sacrement, ne sortant pas de leur clos, ne prêchant pas, mais donnant l'hospitalité à tout venant, bon ou mauvais, ami ou ennemi, musulman ou chrétien... C'est l'évangélisation, non par la parole, mais par la présence du Très-Saint-Sacrement, l'offrande du divin Sacrifice, la prière, la pénitence, la pratique des vertus évangéliques, la charité — une charité fraternelle et universelle, partageant jusqu'à la dernière bouchée de pain avec tout pauvre, tout hôte, tout inconnu se présentant, et recevant tout humain comme un frère bien-aimé... " Dans la même lettre, quelques lignes plus loin, il précise son projet : " On donnerait une humble hospitalité aux voyageurs aux caravanes, et aussi à nos soldats. " Pour réaliser l'évangélisation de ces pays, qu'il a explorés et qu'il connaît bien, Charles de Foucauld voit, comme premier moyen, l'hospitalité.

L'hospitalité, Charles de Foucauld sait qu'elle est une grande réalité humaine. Dans beaucoup de langues, c'est la même racine qui désigne l'hôte et l'ennemi ; car l'étranger, c'est-à-dire celui qui n'appartient pas à la race, ou au clan, peut être considéré de deux manières : comme l'ennemi ou comme l'hôte. Foucauld sait que l'on franchit un pas décisif le jour où l'étranger, d'ennemi devient hôte, c'est-à-dire le jour où la fraternité humaine est créée, le jour où dans l'étranger on reconnaît l'hôte, et où l'étranger se trouve revêtu par là d'une dignité singulière au lieu d'être voué à la malédiction. Ce jour-là, on peut dire qu'il y a quelque chose de changé dans le monde. L'étranger, au seuil de l'histoire humaine, c'est Caïn : « Je serai errant et fugitif sur la terre, et quiconque me rencontrera me tuera. » Le fugitif, l'errant, l'étranger, si on le rencontre, on le tue. Mais le renversement de la situation, c'est le jour où, au contraire, on l'accueille comme un hôte et comme un envoyé de Dieu.

Charles de Foucauld connaît l'hospitalité du monde sémite et plus particulièrement du monde arabe. Il connaît la coutume : l'étranger qui a touché le seuil de la tente devient un hôte sacré, fût-il un ennemi personnel. Entrer en communion de foyer, et plus encore en communion de nourriture, fait qu'un homme devient par là même sacré ; et tout acte de violence ou de mépris à son égard apparaîtrait comme extrêmement grave. La ville de Sodome reçoit le châtiment de Dieu parce qu'elle est coupable d'avoir manqué à l'hospitalité. Abraham, lui, avait au contraire reçu les trois étrangers qui lui avaient demandé l'hospitalité. Charles de Foucauld a compris, depuis sa conversion, que l'hôte, c'est d'abord Jésus-Christ : « J'étais étranger, et vous m'avez accueilli. » Il a compris, au plus intime de son cœur, que Jésus s'est identifié à jamais avec l'hôte : il est l'étranger qui est venu dans le monde, et qui frappe à la porte des maisons : « Voici que je viens à la porte, et que je frappe. Si quelqu'un entend ma voix et m'ouvre la porte, j'entrerai chez lui, je souperai avec lui et lui avec moi. » Il a saisi qu'il y avait un mystérieux renversement de l'hospitalité. En réalité, dans l'hospitalité, celui qui est le plus comblé, ce n'est pas l'étranger qui vient, mais c'est celui qui le reçoit. Recevoir l'étranger, c'est une grâce. Et peut-être Charles de Foucauld se souvient-il de ce qui est dit dans la règle de saint Benoît : il y est prescrit expressément de recevoir l'hôte comme Jésus-Christ lui-même.

Mais c'est dans le monde arabe qu'il a vu de plus près comment des hommes vivent concrètement l'hospitalité. Dans la réponse qu'il lui donne, Castries emploie un mot que le jeune prêtre relève aussitôt et dans lequel il retrouve exactement son projet : « Vous avez parfaitement compris ce que je voudrais : établir une zaouïa. » Ce mot « zaouïa » fait revivre à la mémoire de Foucauld, plus vivement, son exploration marocaine. Dans ce voyage, près de vingt ans plus tôt, il a été accueilli dans les communautés israélites, il a été, aussi et surtout, accueilli dans les communautés musulmanes, les « zaouïas ». Ces dernières communautés l'ont particulièrement frappé : ce sont de petits centres d'hospitalité, fondés par des confréries religieuses ; on y donne asile et protection aux voyageurs, aux pèlerins, aux mendiants, à tout passant, au « tout venant ».

Les « zaouïas » ne sont pas des perfections : elles pratiquent et propagent — souvent largement — l'esclavage : le père de Foucauld dira dans une lettre de Béni-Abbès, le 15 janvier 1902, au même Henry de Castries : « Beaucoup d'esclaves ; il y en a relativement peu dans le ksour, dont la population est laborieuse, mais ils abondent chez les nomades, par suite de la paresse et de l'orgueil de ceux-ci ; pour les mêmes raisons, ils abondent dans les zaouïas. » Par ailleurs, la protection des zaouïas n'est pas toujours sûre ni gratuite. Charles de Foucauld l'avait expérimenté lui-même dans les derniers jours de décembre 1883, quand la zaouïa de Mrimima avait exigé de lui une bonne somme d'argent en échange du droit d'asile.

Cependant, Foucauld se rappelle ces centres d'hospitalité ; il comprend quelles possibilités elles pouvaient ouvrir à un témoignage ; et il se souvient de la faveur dont jouissent les zaouïas dans le monde de l'Afrique du Nord. Alors, quand il songe à établir un monastère en terre d'Islam, il l'imagine, non pas à la manière occidentale : d'immenses monastères, mais à la manière même du pays où il veut s'insérer. Charles de Foucauld ne veut pas aller implanter une réalité occidentale dans ce monde tout autre. Il respecte ces pays arabes. Son inspiration évangélique, son respect du monde vers lequel il veut aller, l'amènent à être profondément " révolutionnaire " et à s'adapter exactement à ce pays. Il veut donc réaliser un centre religieux semblable à ces petits centres religieux de l'Islam. Il veut fonder un " monastère-zaouïa ", un " Nazareth " qui soit à la fois un ermitage et un centre d'hospitalité.

Quel est donc le projet profond du cœur de Charles de Foucauld ? Il veut faire pour ceux qu'il a rencontrés au Maroc ce qu'ils ont fait pour lui ; ils l'ont aidé à découvrir Dieu et lui ont offert l'hospitalité. Il revient vers eux : il veut à son tour leur donner Dieu et du pain ; il veut être au milieu d'eux en permanent de la prière pour eux tous, et un frère accueillant à tous. La fondation qu'il veut établir en terre d'Islam, ce n'est pas uniquement un monastère clos, ce n'est pas uniquement non plus un " centre d'accueil ", il veut réaliser un lieu qui rassemble en lui-même, harmonieusement, la charité envers Dieu, et la charité " fraternelle et universelle " ; il veut réunir, dans sa vie, concrètement, l'amour envers Dieu et envers tous les hommes. Il veut " faire rayonner l'Évangile, la Vérité, la Charité, Jésus ". Après une longue étape de quinze ans de rencontres contemplatives avec le Cœur du Christ, il ne s'agit pas pour Foucauld d'abandonner son passé et de se jeter dans une simple fraternité humaine, de mettre sa foi comme de côté pour mieux vivre la fraternité humaine : il désire, d'un seul tenant, vivre le double pôle de la charité. La zaouïa qu'il veut donner à tous, il veut l'envahir d'un sens absolu de Dieu et la libérer de tout esclavage ; il veut en faire ce quelque chose d'unique qui n'est pas seulement la juxtaposition, mais l'entremêlement indissoluble de la consécration totale de soi-même à Dieu et de la consécration totale de soi-même à tous les hommes. La zaouïa que Foucauld veut fonder est, comme il le dit très exactement, " une zaouïa de prière et d'hospitalité ".

Charles de Foucauld prend l'Évangile de l'Amour à la lettre. Dès lors, s'il écrit à Henry de Castries, s'il écrit au meilleur connaisseur de la région, c'est pour réaliser le mieux possible la mise en œuvre, en terre d'Islam, de l'Évangile de l'Amour. Il veut employer les meilleurs moyens humains pour vivre, réellement, la charité du Christ.

LE POINT LE MIEUX PLACÉ.

Il avait réalisé, jadis, pour son plaisir, une exploration au Maroc ; et il s'y était préparé rigoureusement, d'une manière tout-à-fait scientifique. Se pourrait-il, maintenant, qu'il se permette de préparer d'une manière désinvolte l'implantation réelle et fraternelle de l'Évangile au Maroc ? Il emploie donc les mêmes méthodes précises, la même exactitude dans les enquêtes qu'il avait utilisée pour la première exploration. A quarante-deux ans, cet homme vient de parvenir au second versant de sa vie, cet homme, qui est fixé en Dieu, veut, dans un même amour, se vouer tout entier à la fraternité des hommes : c'est avec la même ardeur qui l'avait poussé à sa première exploration, qu'il va rechercher comment se donner à ceux qu'il a rencontrés jadis.

C'est donc par des méthodes précises, scientifiques et non par des rêveries de jeune abbé romantique, que Charles de Foucauld veut réaliser ce que l'abbé Huvelin lui-même appelle " sa mission " : porter l'Évangile de l'amour aux plus abandonnés, aux plus éloignés de Dieu, aux plus malheureux. La preuve ? Les termes qu'il emploie en écrivant à Castries sont des termes techniques : " Quel point choisir pour tenter cette petite fondation — le plus favorable au bien des âmes... un point où on puisse entrer en relation avec les Marocains... le point le mieux placé pour faire coin, brèche, et pénétrer plus tard, de proche en proche, le côté par lequel le Maroc est le plus abordable à l'Évangélisation... Je crois que c'est le Sud... il me semble donc qu'il faudrait se placer en quelque point d'eau *solitaire* entre Aïn-Sefra et le Touat.

Castries n'envoie pas seulement des renseignements géographiques; il lui envoie aussi un livre sur l'*Islam* qu'il a publié cinq ans plus tôt, en 1887. C'est à propos de ce livre que Charles de Foucauld racontera à son ami sa conversion. Il félicite d'abord Castries d'avoir donné dans son livre, à la fois des exemples de martyres chrétiens et de martyres musulmans : " Les exemples que vous ressuscitez, exemples sacrés de nos martyrs, Euloge, Flora, Isaac Bérard et leurs compagnons, exemples de musulmans qui ont souvent si admirablement pratiqué la vertu, Chikhech-Chârâui, Omar II, Mahomet, luttant et souffrant pour le Dieu unique, n'ayant qu'une maison bâtie de ses mains, et quelques chamelles, et tous ces premiers musulmans, plus vertueux que les chrétiens qu'ils combattaient. "

Mais la lecture du livre de Castries l'amène à exprimer avec une extrême netteté le fond de son âme, la démarche d'amour extrême qui forme le dynamisme de sa vie : la volonté de don absolu à Dieu et à tous les hommes.

Avec les renseignements que lui fournit Castries, Charles de Foucauld est bientôt en mesure de présenter à son directeur l'ensemble de ses plans. L'abbé Huvelin écrit au vicaire apostolique du Sahara et du Soudan et au supérieur des pères blancs, Mgr Livinhac. Il leur présente Charles de Foucauld : " L'instrument dur pour un rude labeur... Fermeté, désir d'aller jusqu'au bout dans l'amour et dans le don, d'en tirer toutes les conséquences. "

Les autorités ecclésiastiques donnent à Charles de

Foucauld la permission de venir s'établir en Afrique. Aussitôt, sans même avoir revu les siens, il quitte la France. Le 10 septembre, il débarque à Alger; Mgr Guérin, l'évêque du Sahara, l'attend sur le quai. Il lui permet, non seulement de s'établir au Sahara, mais aussi d'avoir des compagnons. Charles de Foucauld avait écrit à Mme de Bondy, le 7 septembre 1901, quel était son désir : " Aller dans le sud de la province d'Oran, sur la frontière du Maroc, dans une des garnisons françaises n'ayant pas de prêtre, vivre en moine, silencieux et cloîtré, sans titre d'aumonier, ni de curé, mais moine, priant et administrant les sacrements. Le but est double :

" 1°) Empêcher que nos soldats ne meurent sans sacrement en des lieux où la fièvre tue en grand nombre et où il n'y a aucun prêtre ;

" 2°) et *surtout* faire le bien qu'on puisse faire actuellement aux populations musulmanes si nombreuses et si délaissées, en apportant au milieu d'elles Jésus dans le Très-Saint-Sacrement, comme la Très Sainte Vierge sanctifia Jean-Baptiste en apportant auprès de lui Jésus. "

Cette région du Sahara, proche du Maroc, est toute entière commandée par l'armée qui est en train d'en faire la colonisation. Dès son arrivée à Alger, Charles de Foucauld est donc de nouveau mis en contact avec l'armée. S'il se retire, entre le 20 septembre et le 14 octobre 1901 (en attendant les autorisations militaires) à la trappe de Staouëli où il est passé cinq ans plus tôt, tandis qu'il rentrait d'Akbès, ce séjour de trois semaines n'est pourtant qu'une solitude relative : pendant ce temps-là en effet, de tous côtés, lui arrivent des lettres qui le renouent avec son passé. Et même un sous-officier de spahis, arrivant directement de Béni-Abbès, lui rend visite le 24 septembre : il vient de passer deux ans dans cette région de Béni-Abbès et apporte les renseignements les plus complets.

Castries l'a recommandé à son ami, le général Cauchemez, qui a sous son autorité la région de Aïn-Sefra. Un ami de Foucauld, le commandant Lacroix, chef du service des Affaires indigènes auprès du Gouvernement général de l'Algérie, obtient tous les passeports et papiers désirables. Ainsi est-il relié fortement à son passé et s'appuie-t-il sur lui. Son passé ? C'est ce temps d'orgueil — celui de l'expédition de Boumama et celui de l'exploration au Maroc — ce passé lui ouvre les portes du sud du Sahara, d'un monde non-chrétien ! S'il n'avait pas derrière lui ces états d'officier et d'explorateur, il n'aurait pas pu aller vers le Sahara. Il serait demeuré en Algérie et la suite de sa vie eût été extrêmement différente. Pendant ce temps, la nouvelle a couru à Alger, et partout, c'est une traînée de poudre : " Foucauld revient ! il veut s'installer près du Maroc ! comment ? en tant que prêtre, moine, curé ! "

Le 15 octobre 1901, Charles de Foucauld, arrivé de Staouëli, quitte Alger par le train. D'Oran, il part pour Aïn-Sefra, où il est reçu, en grand apparat, par le général Cauchemez : celui-ci va faciliter on ne peut plus son voyage vers Béni-Abbès, qui est le lieu qui a été finalement choisi. On lui donne une escorte : " Je voulais voyager à pied, en pauvre moine ; j'ai dû accepter un cheval et une escorte. On a peur pour moi (" on ", ce sont les officiers de tous grades), dans tous les postes, une bonté qui me touche et me remplit de reconnaissance envers Dieu. " A Taghit, une oasis entre Aïn-Sefra et Béni-Abbès, le capitaine de Susbielle, commandant du poste, vient au-devant de lui, à la tête de ses troupes indigènes, de son maghzen ; il a dit à ses hommes : " Vous allez voir un marabout français ; il vient vivre parmi vous dans le mépris des richesses et dans la prière. " Les cavaliers mettent pied à terre et viennent baiser le bas de la gandourah de Charles de Foucauld. Et quand il arrive à l'oasis de Béni-Abbès, le 28 octobre, Foucauld reçoit le meilleur accueil du capitaine Regnault, chef de poste : ils vont devenir amis intimes.

Le 1er novembre, deux jours après son arrivée, il écrit stupéfait, à l'abbé Huvelin : « Il y a un bien immense à faire, tant aux soldats qu'aux musulmans. »

Béni-Abbès est la principale oasis de la Saoura. Cette région de la Saoura est un chapelet d'oasis sahariennes aux confins du Sud-Marocain, au sud de Colomb-Béchar. La population de la Saoura est composée en majeure partie de haratins, noirs islamiques qui vivent pauvrement de dattes et de mil, sous la menace constante de pillards marocains venant de l'Ouest, récolter les moissons et prendre des esclaves.

A l'ouest de Béni-Abbès, s'étend un sombre désert de pierres, une hamada. A l'est, un désert de sable. Béni-Abbès se trouve entre deux. C'est un ksar de cent trente familles. Charles de Foucauld écrit à Henry de Castries : « Le ksar est au milieu d'une forêt compacte de six mille palmiers. » « L'oasis... est très belle par l'harmonie exceptionnelle de sa forme, le bon entretien des jardins, son air de prospérité... et au-delà de ce paisible et frais tableau, on a les horizons presque immenses de la hamada se perdant dans ce beau ciel du Sahara qui fait penser à l'infini et à Dieu — qui-est-plus-grand — « Allah Akbar. » La population est très douce ; après avoir beaucoup redouté l'arrivée des Français, elle en paraît satisfaite, et reconnaît que, pour la première fois depuis un temps immémorial, elle peut faire ses récoltes. » « J'ai trouvé à portée de la redoute et de l'oasis, et pourtant dans un lieu solitaire, un petit vallon désert, mais arrosable (l'eau est assez abondante à Béni-Abbès) que je vais, avec l'aide de Dieu, transformer en jardin, et sur le flanc duquel la garnison et le bureau arabe se sont mis, avec une charité et une grâce dont je suis profondément reconnaissant et touché, à me construire, en briques sèches, et avec des troncs de palmiers, une chapelle, trois cellules et une chambre d'hôtes. »

Un mois après son arrivée, le 30 novembre, les travaux sont terminés et Charles de Foucauld s'installe dans sa nouvelle demeure. La chapelle, c'est quatre troncs de palmiers qui portent un toit de nattes et de branchages — cela suffira, il ne pleut jamais. Entre les murs de crépis, règne une obscurité de catacombes. Plus tard, Charles de Foucauld décorera son humble chapelle. Lyautey, qui y viendra quelques années plus tard, racontera : " Dimanche, à sept heures, mes officiers et moi, nous assistions à la messe dans l'ermitage. Une masure, cet ermitage : sa chapelle, un misérable couloir à colonnes, couvert en roseaux ! pour autel, une planche ! pour décoration, un panneau de calicot, avec une image du Christ, des flambeaux en fer-blanc ! nous avions les pieds dans le sable. Eh bien ! je n'ai jamais vu dite la messe comme la disait le père de Foucauld. Je me croyais dans la Thébaïde. C'est une des plus grandes impressions de ma vie. " Dans cette chapelle, il y a un grand Sacré-Cœur qu'il a dessiné lui-même ; il le décrit : " Le Sacré-Cœur étendant ses bras pour embrasser, serrer, appeler tous les hommes, et se donner à tous, et leur offrant son Cœur. "

Quant à lui, il n'a pas de demeure. Il couche à même le sol, dans la sacristie : un minuscule réduit. Il vit de bouillies de dattes, de galettes d'orge écrasée. " Cela me coûte sept francs par mois. "

Frère Charles, et nous l'appellerons désormais du nom même avec lequel les musulmans l'appellent — frère Charles mène un vie très simple : " Dans les populations où je suis, on peut faire beaucoup de bien, elles sont douces, paisibles, pauvres. La bonté et la charité peuvent y faire bénir Jésus. " Comme le grand Christ de sa chapelle, il ouvre ses bras tout grands. Dans une lettre du 8 décembre, il explique : " Ma vie se partage entre la prière ; puis (ce qui prend beaucoup de temps), recevoir les visites, quelques officiers, beaucoup de soldats, beaucoup d'Arabes, beaucoup de pauvres à qui je donne de l'orge et des dattes dans la mesure du possible. "

Dès le 29 novembre, il pouvait écrire à son ami Castries : " Les constructions s'appellent la *khaoua*, " la fraternité ", car khaouia Carlo est le frère universel.

Priez Dieu pour que je sois vraiment le frère de toutes les âmes de ce pays. Chez les militaires de tous les grades, j'ai trouvé l'accueil le plus affectueux ; les indigènes aussi m'ont parfaitement accueilli ; j'entre en relation autant que je le peux avec eux. »

Le 7 janvier 1902, il écrit à sa cousine : « Je veux habituer tous les habitants, chrétiens, musulmans, juifs et idôlatres, à me regarder comme leur frère, le frère universel. Ils commencent à appeler la maison « la fraternité » (la khaoua en arabe) et cela m'est doux. » Le 19 janvier, c'est pour lui une grande fête : « J'ai une grande joie : pour la première fois, des voyageurs pauvres reçoivent l'hospitalité sous l'humble toit de la « fraternité du Sacré-Cœur ». Les indigènes commencent à l'appeler la khaoua, et à savoir que les pauvres y ont un frère — non seulement les pauvres, mais tous les hommes. »

Et voici son premier Noël à Béni-Abbès. Il expose à Mgr Guérin son évêque, ce qu'est la « fraternité » : « A quatre cents mètres du camp et huit cents mètres du ksar, assez solitaire pour être recueillie, assez à portée pour que les chrétiens puissent aller à la chapelle, les musulmans demander l'aumône ou d'autres secours... Non seulement la garnison, mais les indigènes, sédentaires berbères et nomades arabes, ont fait le meilleur accueil au pauvre moine. Une chapelle a été construite, et depuis le 2 décembre, le Très-Saint-Sacrement est en permanence dans le tabernacle ; la garnison est d'environ huit cents hommes, dont deux cents français ; ceux-ci sont assez fervents pour qu'à Noël, le Très Saint-Sacrement ait pu être exposé toute la journée devant des adorateurs toujours assez nombreux; il le sera, de même, s'il plaît à Dieu, le premier janvier. Chaque soir, un certain nombre de soldats viennent à la chapelle faire leur prière du soir... Les indigènes viennent à toute heure demander l'aumône, d'autres viennent faire des visites amicales. Dieu s'est plu à leur rendre le chemin de la chapelle familier. »

Frère Charles est heureux d'avoir été si bien accueilli, aussi bien de la part des soldats que des indigènes. Mais, surtout, c'est lui qui accueille. Il tient les bras grands ouverts. Il prend part à la vie de tous. Il accueille les problèmes du capitaine Regnault et des officiers, il accueille en même temps les problèmes des habitants de Béni-Abbès. Il ouvre les bras à chacun et reçoit chacun en ami. Il est pour tous celui dont le cœur, grand ouvert, parle de Dieu Amour.

Frère Charles, dans son ermitage de Béni-Abbès, est installé à un carrefour. Il se trouve plongé dans la conquête coloniale et ne se retire pourtant pas dans sa tour d'ivoire : tout au contraire, il va bien au-delà de la colonisation : il veut fraterniser totalement avec tous. Il s'insère dans cette population pauvre de Béni-Abbès qui connaissait jadis les pillards, qui connaît aujourd'hui l'armée. Il s'insère dans ce milieu de l'armée dans lequel il fut autrefois un membre actif dans l'œuvre de la colonisation. Le Cœur du Christ, tel qu'il le comprend, tel qu'il le vit, ce n'est pas un amour sentimental et facile, ce n'est pas une image pieuse, c'est la réalisation concrète de la fraternité universelle.

En cette aube du XXe siècle, frère Charles, de tout son amour mystique et réaliste envers Jésus, de tout son amour envers tous les hommes, se laisse lier, se laisse écarteler par des êtres, par des classes, par des races, par des peuples qui ne se connaissent pas, qui se haïssent, ou s'affrontent. Sa politique est la politique de l'amour, il veut être le Frère universel, c'est-à-dire qu'il veut être le lien d'amour entre tous, le lien de paix entre tous. Cette passion de l'amour et de la paix lui ouvre le cœur. Cette passion d'amour et de paix lui ouvre les bras. Comme le Christ en croix, il ira jusqu'au bout de l'amour, il en vivra toutes les exigences, toutes les conséquences.

« JE NE VEUX PAS ÊTRE MAUVAIS PASTEUR »

Dès son arrivée à Béni-Abbès, frère Charles y découvre une réalité monstrueuse : l'esclavage. Comment peut-il encore y exister, puisque les Français s'y trouvent ? N'ont-ils pas affranchi les esclaves quand ils ont pénétré en Algérie ? Mais ici, au Sahara, pour ne pas heurter les chefs locaux, on laisse faire ; et non seulement on laisse faire, mais on a confirmé le statu quo. Frère Charles écrit à Mme de Bondy le 8 janvier 1902 : " Ici, hélas, l'esclavage fleurit comme il y a deux mille ans, au grand jour, sous les yeux et avec la permission du gouvernement français. " Même écho, trois jours plus tard, dans une lettre à un père blanc : " Ici, l'esclavage fleurit sans nulle entrave, à découvert : les autorités françaises, en entrant dans le pays, ont déclaré hautement qu'il restait en vigueur... les esclaves sont en grand nombre. "

La question de l'esclavage, c'est, à Béni-Abbès, la question primordiale pour frère Charles : " C'est actuellement la plus urgente et la plus importante ", dit-il le 19 janvier. Le 15, il avait écrit à Henry de Castries : " La plus grande plaie de ce pays, est l'esclavage. "

Frère Charles, aussitôt, va se consacrer de toutes ses forces à la lutte contre cette oppression. Il fait d'abord un examen précis de la question. Il compare la situation des esclaves telle qu'il l'a connue au Maroc : situation relativement bénigne, avec celle des esclaves qu'il rencontre aujourd'hui, qu'il accueille chaque jour, et sans doute cet accueil fraternel ouvre-t-il le cœur de ceux qui viennent à la " fraternité " ; les conversations deviennent plus vraies, et frère Charles découvre alors l'exacte vérité.

Cette réalité est une réalité terrible. En traits sobres et nets, frère Charles décrit à Mgr Guérin, le 19 janvier, la condition inhumaine des esclaves : " Leurs maîtres après avoir exigé d'eux le travail dont ils ont besoin, ne les nourrissent ni ne les vêtent, ni ne les abritent, mais les laissent rôder oisifs, en leur disant de se procurer le nécessaire comme ils pourront. Les esclaves ne peuvent rien posséder, donc jamais se racheter : leur misère matérielle est extrême, leur misère morale plus grande encore : à peu près sans religion, ils vivent dans la haine et le désespoir. "

Nouvelle lettre, le 2 février, à Mgr Guérin : " Cette question des esclaves est ici d'une grande gravité "; frère Charles donne à son évêque les raisons profondes, tout à la fois humaines et spirituelles, de sa volonté de tout faire pour les rendre libres. Et il ajoute que c'est sur eux qu'il espère fonder la première communauté chrétienne : " Je crois qu'à la longue, à force de bonté et de patience, on pourra former les premières chrétientés de ce pays comme le furent en grande partie les premières de Rome : par les esclaves : " Je vous bénis, mon Père, de ce que vous avez montré aux petits ce que vous avez laissé ignorer aux savants et aux prudents ! "

Bref, frère Charles voit dans cette lutte contre l'esclavage le premier travail humain et missionnaire, qu'il doit accomplir à Béni-Abbès; il est en même temps réaliste, et prévoit les oppositions et les obstacles : " Cette question me semble la première par sa nécessité, à cause de l'abandon extrême de ces pauvres âmes et du nombre énorme des esclaves... la première par l'espérance qu'elle donne... la première par ses difficultés, car il faut y attendre des contradictions de tous les côtés et des déceptions très grandes (contradictions et difficultés avec les autorités françaises, avec les arabes-maîtres; déceptions parmi ces pauvres gens). "

Frère Charles ne se contente pas de voir sa situation avec lucidité, ni d'avertir des supérieurs ecclésiastiques : il s'est mis concrètement à la tâche : " Pour les esclaves, écrit-il (toujours dans la même lettre), j'ai une petite chambre où je les réunis et où ils trouvent gîte, accueil, pain quotidien, amitié. " Il ajoute que cette chambre est terminée depuis le 15 janvier et que, depuis lors, il a eu des esclaves " toutes les nuits à la fraternité ". Et encore : " Je vois parfois vingt esclaves par jour. " Il termine sa lettre à Mgr Guérin par une demande pressante de conseil sur cette question et un nouveau cri : " Ayez la bonté de me donner une ligne de conduite pour les esclaves. Jusqu'à nouvel ordre, voici ce que je fais : loin de leur prêcher la fuite ni la révolte, je leur prêche la patience et de rester où ils sont, leur disant qu'avec le temps, Dieu leur donnera le soulagement et la liberté ; qu'il les soulagera d'autant plus vite qu'ils le serviront mieux ; qu'ils cherchent " Dieu et la justice et que tout le reste leur sera donné par surcroît " ; mais en même temps, je ne cache pas à mes amis français que cet esclavage est une injustice, une immoralité monstrueuse et qu'il est de leur devoir de faire leur possible pour le supprimer... A Madagascar, le général Galliéni a, d'un trait de plume, en un jour, supprimé l'esclavage, alors que certains Malgaches possédaient huit cents esclaves et qu'il se tenait des marchés d'esclaves nombreux : les officiers, ici et dans les postes voisins (Taghit, etc.) sont tous unanimes à désirer l'abolition de l'esclavage, l'affranchissement, mais il faudrait que l'ordre leur soit donné de haut : car c'est *par ordre* du général Risbourg, ordre confirmé par le colonel Billet, que l'esclavage est maintenu : ils ont déclaré hautement, en entrant dans le pays, qu'il ne serait rien changé à l'état des esclaves. Bien plus, un officier des Bureaux arabes, auprès de qui un pauvre esclave des marabouts de Kerzaz s'était réfugié a été forcé, *par ordre formel* du général Risbourg, de le rendre à ses marabouts qui l'avaient réclamé au général : avec de tels précédents, les Bureaux arabes, malgré leurs désirs d'affranchissement et de justice, n'osent agir sans ordre...

" Je remets la chose entre vos mains, remettez-la, si vous le voulez, entre les mains de Mgr Livinhac. S'il y a lieu de faire des démarches, de faire faire des interpellations à la Chambre ou au Sénat par des députés ou sénateurs catholiques, Mgr Livinhac et vous me ferez faire ce qu'il faudra. D'un côté, nous ne sommes pas chargés de gouverner, mais de l'autre, nous sommes chargés " d'aimer le prochain comme nous-mêmes" de " faire pour les autres ce que nous voudrions qu'on fît pour nous ", et par conséquent de prendre les moyens nécessaires pour soulager ces infortunés : " Ce que nous faisons pour eux, nous le faisons pour Jésus, ce que nous négligeons de faire pour eux, c'est pour Jésus que nous négligeons de le faire. " D'ailleurs nous n'avons pas le droit d'être des chiens muets et des sentinelles muettes : il nous faut crier quand nous voyons le mal et dire hautement : *Non licet* et *Vae vobis hypocritae* (ce n'est pas permis, malheur à vous, hypocrites !)

" Dirigez-moi... dites-moi ce que j'ai à faire dans cette question des esclaves. Il me semble qu'il ne faut jamais prendre notre parti du mal, mais le combattre de toutes nos forces. "

Frère Charles continue à crier la vérité. Le 7 février 1902, il écrit à Dom Martin, abbé de Notre-Dame-des-Neiges : " En les soulageant dans la mesure du possible, il me semble que le devoir n'est pas fini et qu'il faut dire — ou faire dire — par qui de droit : *Non licet... Vae vobis hypocritae.* Vous qui mettez sur les timbres et partout : " Liberté, Égalité, Fraternité. Droits de l'homme ", et qui rivez les fers aux esclaves, qui condamnez aux galères ceux qui falsifient vos billets de banque et qui permettez de voler des enfants à leurs parents et de les vendre publiquement, qui punissez le vol d'un poulet et permettez celui d'un homme (en effet, presque tous les esclaves de ces régions sont des enfants nés libres, enlevés violemment par suprise à leurs parents) ! Puis, il faut " aimer le prochain comme soi-même " et faire pour ces pauvres âmes " ce que nous voudrions qu'on fît pour nous ; empêcher qu'aucun de ceux que Dieu nous a confiés ne se perde " — et il nous confie toutes les âmes de notre territoire... Il ne faut pas nous mêler du gouvernement temporel — nul n'en est plus convaincu que moi — mais il faut " aimer la justice et haïr l'iniquité " ; et quand le gouvernement temporel commet une grave injustice contre ceux dont nous sommes, dans une certaine mesure, chargés (je suis le seul prêtre de la Préfecture, à 300 km à la ronde), il faut le lui dire, car c'est nous qui représentons sur terre la justice et la vérité, et nous n'avons pas le droit d'être " des sentinelles endormies ", des " chiens muets ", des " pasteurs indifférents ". Je me demande en un mot (nous sommes pleinement d'accord pour la conduite à tenir vis-à-vis des esclaves), s'il n'y a pas à élever la voix, directement ou indirectement, pour faire connaître en France cette injustice et ce vol sanctionné de l'esclavage en nos régions et dire ou faire dire : " Voilà ce qui se passe "... J'ai prévenu le préfet apostolique c'est peut-être assez. Loin de moi de désirer parler et écrire, mais je ne veux pas trahir mes enfants, et ne pas faire pour Jésus, vivant en ses membres, ce dont Il a besoin ; c'est Jésus qui est dans cette douloureuse condition : " Ce que vous faites à un de ces petits, vous me le faites. " Je ne veux pas être mauvais pasteur, ni chien muet ; j'ai peur de sacrifier Jésus à mon repos et à mon très grand goût pour la tranquillité et à ma lâcheté et timidité naturelles. "

Le 8 février, à Mgr Livinhac : " Je tiens à vous dire que l'esclavage est, dans la vallée de la Saoura, aussi lamentable que possible. Les esclaves sont très nombreux et très maltraités et le gouvernement français a déclaré hautement que l'esclavage n'était pas aboli, mais maintenu. "

Le même jour, au père Voillard, il expose la situation longuement dans les mêmes termes.

Mgr Guérin lui dit qu'il est " très désireux d'avoir vu sur place ". " Je sens le besoin d'avoir pu étudier plus à fond cette question. "

Frère Charles répond aussitôt : " Pour cette grave question des esclaves, j'ai bien grand désir que vous voyiez ce pays, car, quelque mécontentement que cela excite, et quelque obscurcie que soit la notion de justice sur ce point, même parmi de très bonnes âmes, il me semble difficile que vous n'agissiez pas. Cela aura des inconvénients mais " il vaut mieux obéir à Dieu que plaire aux hommes. "

Le 15 juin : " J'aurais tant besoin de causer avec vous : de la question des esclaves surtout (question qui presse à mes yeux) ! Je vous supplie de ne pas passer l'été sans venir ici. "

Mais Mgr Guérin part pour la France afin d'y trouver de l'argent pour sa " mission ". Frère Charles continue d'agir. Il écrit à Henry de Castries ; il insiste auprès de lui sur l'effet que produit sur les esprits la connivence de certaines autorités françaises de cette région avec l'esclavagisme : " En le permettant, le soutenant même nous nous faisons *mépriser* — fruit naturel de l'injustice. Les indigènes savent que nous le réprouvons, que nous ne l'admettons pas chez nous, que nous l'interdisons en Algérie ; aussi en voyant que nous nous y prêtons chez eux, ils disent : " Ils n'osent pas, ils ont peur de nous ", et ils nous *méprisent* ; ils ont raison ; il est juste de mépriser ceux qui agissent sciemment injustement et qui, par crainte humaine, agissent contre leur conscience. Aucune puissance humaine n'a le droit de river les fers de ces malheureux que Dieu a créés aussi libres que nous ; en permettant à leurs prétendus maîtres de les garder de force, de leur faire la chasse quand ils s'évadent, en les leur vendant quand ils viennent se réfugier aux pieds des autorités françaises, espérant en vain y trouver protection et justice, on leur vole le plus indéniable des biens... Que les indigènes nous méprisent pour nous prêter, par peur, à cette infamie, c'est justice. "

Henry de Castries répond à l'attente de frère Charles en lui offrant de saisir Denys Cochin de la question :

" Un de mes amis, écrit alors frère Charles à Mgr Guérin (le 28 juin), m'a proposé de mettre (cette question) entre les mains du baron Cochin, anti-esclavagiste fervent, et défenseur à la Chambre de ces questions. Je n'ai pas accepté pour le moment, voulant, devant, tout laisser entre vos mains... Mais ne pourriez-vous pas profiter de votre séjour en France pour voir M. Cochin : peut-être le connaissez-vous ; à défaut d'autres, ma cousine de Flavigny pourra certainement vous mettre en relations avec lui. " Et frère Charles donne à Mgr Guérin la vraie méthode pour présenter, travailler et résoudre le problème : " Entrer en longs détails sur les mauvais traitements subis par les esclaves de la Saoura et des Oasis me semble mal aborder la question... Ils sont mal traités, c'est vrai, mais qu'ils le soient bien ou mal, le grand mal, la grande injustice, c'est qu'ils soient esclaves. "

Frère Charles s'attaque au nœud du problème : la loi même qui permet l'esclavage : en l'occurence, la déclaration du général Risbourg : " Elle est le " Code noir " dans la Saoura et fait Loi. " Il le redit : " C'est elle qui permet à un maître de garder " de force " tout esclave, c'est elle qui empêche les officiers des Bureaux arabes de protéger les esclaves qui se présentent à eux. "

Cette loi, poursuit frère Charles, est d'autant plus injuste qu'elle couvre et approuve, non seulement le fait de l'esclavage, mais un véritable gangstérisme et le vol d'enfants : " L'esclavage ici est d'autant plus injuste — il l'est toujours : nous sommes tous fils d'Adam ! et " fais à autrui ce que tu veux qu'on te fasse " — mais outre cette injustice énorme et monstrueuse qui est toujours au fond de l'esclavage, il y en a ici, une, particulière : très peu d'esclaves sont fils d'esclaves : presque tous sont des enfants volés, volés soit au Soudan, soit au Touat, à cinq, dix, quinze ans... quelques cavaliers partent d'ici (ils ne le font plus, cela, depuis l'occupation française, mais ils gardent les fruits de leurs vols précédents), vont au Touat, s'embusquent près d'un village, et quand femmes et enfants sortent pour aller au bois, tombent sur eux, les emmènent et les vendent au retour : voilà l'origine de la plupart des esclaves de la Saoura... C'est non seulement l'esclavage, c'est le vol des enfants, le rapt de toutes personnes que sanctionne ici l'autorité française. "

Va-t-on objecter que l'esclavage est indispensable, à la Saoura, pour des motifs économiques ? Frère Charles balaie cette fausse raison : " On dit : les esclaves sont nécessaires dans ce pays... on en a besoin pour la culture... sans eux, les oasis périraient — C'est très inexact... Beaucoup d'oasis, et les plus prospères, n'ont aucun ou quasi aucun esclave... Ceux qui ont énormément d'esclaves, ce sont les nomades et les marabouts : les uns et les autres *ne travaillent jamais*, passent leur vie entière dans l'oisiveté et se soulèveront contre nous à la première occasion : en libérant leurs esclaves, on les fera travailler un peu, ce qui les améliorera dans la même proportion. "

Mais frère Charles ne se base pas d'abord sur une raison d'opportunisme; il répète le cœur de la question : " Cela n'eût-il aucun de ces *réels* avantages, et cela aurait-il tous les *faux* inconvénients mis en avant, il faudrait encore libérer les esclaves, parce que cela est juste. "

A son retour de France, Mgr Guérin se rend à Maison-Carrée. Le jeune évêque veut prendre conseil auprès d'un homme de grande expérience, Mgr Livinhac, supérieur général des pères blancs. Ce dernier, qui a d'ailleurs toute l'estime de frère Charles, conseille le silence. Mgr Guérin fait part à frère Charles de cet avis : on ne peut " nullement songer à une dénonciation officielle des actes qui se passent en ces contrées ". Frère Charles lui répond le 30 septembre : " J'obéirai ponctuellement à la ligne de conduite que vous me tracez "; il ajoute cependant : " Ces raisons ne me laissent pas — soit dit une dernière fois — sans regretter que les représentants de Jésus se contentent de défendre " à l'oreille et non sur les toits " une cause qui est celle de la justice et de la charité... "

Frère Charles a voulu alerter les pouvoirs publics et il a désiré mener une offensive en plein jour. Puisque l'heure ne semble pas venue encore de mener une action d'ensemble, puisque les esprits ne sont pas mûrs, il va continuer à œuvrer, comme il peut, jour après jour, contre l'esclavage. Frère Charles est vraiment un homme seul; on ne l'écoute pas, on étouffe sa voix. Il poursuit sa tâche sans se décourager. L'argent avec lequel il vit si pauvrement, il l'utilise aussi pour racheter des esclaves, un par un. Dès le 9 janvier 1902, il avait pu annoncer à sa cousine qu'il avait pu rendre la liberté à l'un d'eux. Mais ces rachats lui ont fait " trouver " le fond de " sa bourse " — il n'a plus d'argent pour payer le terrain de sa fraternité — il a vu aussitôt que ces libérations une par une ne pouvaient résoudre le problème d'ensemble et il a demandé, dès janvier à sa cousine, comme il le fera ensuite auprès de tous ceux qu'il connaît bien, de mener une campagne d'information qui aboutirait à une loi : " Chaque jour, on m'offre d'autres esclaves à acheter : cela me fend l'âme d'être obligé de les laisser à leurs maîtres : tâchez de faire savoir à quel point l'esclavage règne ici, autorisé, admis par les autorités françaises, il faudrait ou un acte du Gouvernement détruisant d'un seul coup cette iniquité ou des personnes charitables fournissant les moyens de racheter les esclaves les plus malheureux, le premier serait le mieux, car c'est une abomination. »

Mais, comme le premier moyen, celui qu'il préférait, le plus vrai, le plus radical, a échoué, il poursuit donc et intensifie le second. Il écrit le 4 juillet : « J'ai eu la joie de racheter et de libérer un esclave; provisoirement, il reste chez moi, à titre d'hôte, travaillant au jardin, il semble avoir vingt-cinq ans. » Quelques jours plus tard, c'est un petit noir de trois ans. Le 3 septembre : « un esclave que je tâche de racheter pour le rendre à ses enfants : jeune père de famille, ayant des petits enfants au Tafilalet (Maroc) à 25 km d'ici, il a été volé il y a deux ans (les hommes se volent comme le bétail) et vendu ici... Les jours lui paraissent des siècles, et il soupire après sa femme et ses enfants; je vais tâcher de le racheter, et je le garderai comme un hôte à la fraternité jusqu'à ce que je puisse l'envoyer en sûreté auprès des siens... Ce n'est pas une âme à qui j'espère faire connaître le bien-aimé Jésus, mais c'est l'obéissance à la parole de Jésus : « Faites ce que vous voudriez qu'on vous fît. »... Ce me sera une joie quand je pourrai rendre ce pauvre homme à ses enfants. » Il réussit à le libérer le 14 septembre. Le même jour aussi, un jeune homme de quinze ans, Paul Embarek qui, lui aussi, ne sera jamais catéchisé, Paul qui sera seul témoin, à Tamanrasset, de la mort de frère Charles.

Le 27 février, un autre Paul, comme en témoigne ce billet émouvant : « Je soussigné déclare avoir acheté de Mohammed et de Rziq, fils tous deux d'Ombarek bou Rziq (tribu des Tenemma — ouad Saoura) le nommé Paul Bonita, à qui j'ai donné la liberté pour l'amour de Notre-Seigneur Jésus-Christ. A lui, gloire dans tous les siècles. Donné à Béni-Abbès (oued

Saoura), le 27 février 1903. Frère Charles de Jésus. »

Le 15 décembre 1904 — est-ce l'action de frère Charles qui a abouti ? — il pourra écrire à Henry de Castries : « D'un commun accord, les chefs d'annexe des oasis ont pris des mesures pour la suppression de l'esclavage : non en un jour, ce ne serait pas sage : mais progressivement, de telle sorte qu'à brève échéance, il n'y aura plus d'esclaves ; déjà, au sens ancien du mot, il n'en existe plus : la vente des esclaves est absolument interdite ; les esclaves actuels ne peuvent plus changer de maître ; s'ils ne sont pas bien traités, le chef d'annexe les affranchit... C'est un grand pas, un grand bien...

» Doucement, progressivement, le reste se fera avec l'aide de Dieu. Priez, prions bien cher ami, pour que, délivrées de l'esclavage des hommes, tant d'âmes, toutes les âmes de ce pays, s'affranchissent aussi de l'esclavage plus cruel et plus funeste, du mal, du vice, de l'erreur, de tout ce qui les sépare du bon et du vrai, de tout ce qui les sépare de Dieu ici-bas... »

Frère Charles a ouvert les bras tout grands ; il accueille sans cesse. La prière elle-même — le temps de la prière — en est diminué : « Je suis tellement surchargé d'occupations extérieures que je n'ai pas un instant pour lire, ni beaucoup pour méditer. Les pauvres soldats viennent toujours à moi. Les esclaves remplissent la petite maisonnette que l'on a pu leur construire, les voyageurs viennent tout droit à la « fraternité », les pauvres abondent... Tous les jours, des hôtes à souper, coucher, déjeuner ; cela n'a jamais été vide, il y en a jusqu'à onze dans une nuit ; sans compter un vieil infirme à poste fixe ; j'ai entre soixante et cent visites par jour. » Il se met donc à bâtir : non pour recevoir des compagnons, mais pour pouvoir accueillir un plus grand nombre d'hôtes.

Il est débordé — et il y a vraiment de quoi être débordé, même quand on a la capacité d'action d'un Charles de Foucauld. A Mgr Guérin, il donne, le 4 février 1902, le programme d'une de ses journées : " Rencontre de 20 esclaves; accueil de 30 ou 40 voyageurs; distribution de remèdes à 10 ou 15 personnes, d'aumônes à plus de 75 mendiants. " Et il ajoute : " Je vois quelquefois jusqu'à 60 enfants, en un seul jour. " " La " fraternité ", très silencieuse la nuit, et de 10 heures à 3 heures de l'après-midi (moment où beaucoup dorment et les autres ne sortent pas) est une ruche de 5 heures à 9 heures du matin, et de 4 heures à 8 heures du soir. "

Au mois d'août 1902, il écrit à sa cousine qu'il ne cesse de voir du monde " de 4 heures et demie du matin à 8 heures et demie du soir " et qu'il doit donc célébrer la messe avant le jour, mais malgré cette précaution, il est constamment dérangé pendant son action de grâces. Une des principales résolutions de sa retraite, en juin 1902, un an après son ordination, est celle-ci : " *Ordre et Activité* " de manière à économiser le temps et à pouvoir garder une vie très contemplative tout en me faisant tout à tous, de manière à donner à tous Jésus. "

Ainsi, le " Nazareth " de frère Charles n'est pas du tout la maison où l'on vit complètement à l'écart des hommes, dans un unique " seul à seul " avec Jésus; c'est en même temps lieu de prière et lieu où tous les hommes peuvent trouver un ami, un frère; c'est une mission toute simple, où chacun peut rencontrer Jésus. Cette " zaouïa de prière et d'hospitalité ", chacun peut y entrer et y participer à la vie de frère Charles.

Celui-ci accueille tous ceux qui se présentent, sans distinction. Il partage son repas avec chacun. Mais en même temps, il respecte les goûts de ses hôtes, il comprend que les habitudes sont différentes : " Il faut absolument avoir des locaux séparés pour les hommes libres et les esclaves : ils ne font pas bon ménage ensemble, et on n'a pas les mêmes choses à dire aux uns et aux autres. " Dans la même lettre du 4 février 1902, — à Mgr Guérin — il parle des infirmes et des vieillards abandonnés, il souffre de ne pouvoir recevoir que " ceux qui s'entendent avec les autres, faute de locaux séparés ". " Les voyageurs pauvres trouvent aussi à la " fraternité " un humble asile et un pauvre repas, avec bon accueil et quelques paroles pour les porter au bien et à Jésus : mais le local est étroit, la vertu du moine et son savoir-faire sont moindres encore : plus de vertu, d'intelligence, de ressources permettrait de faire bien plus de bien. "

Quelle différence entre cette vie et celle qu'il menait, il y a un an seulement ! Quelle différence entre la petite cellule monastique de Notre-Dame-des-Neiges où il se préparait au sacerdoce et la " fraternité " de Béni-Abbès ! Frère Charles s'est jeté dans l'aventure; il s'est offert, sans rien retenir de ses manières anciennes de voir, à l'accueil incessant de tous. Il regarde comme des frères tous ceux qui demeurent à Béni-Abbès; mais d'abord, et surtout, il souhaite de toutes les forces de son amour pour Jésus et de tout son amour pour les autres, il souhaite que chacun voie en lui un véritable frère.

Ce qu'il désire tout particulièrement, c'est que les esclaves viennent vers lui comme à un frère qui les attend, les comprend, les accueille en frère; il veut leur partager son pain, son toit, sa vie. N'est-il pas étonnant de voir frère Charles, dès son arrivée à Béni-Abbès, aller aussitôt, comme guidé par un sens évangélique très sûr, aller à la recherche des brebis les plus perdues : les esclaves. Les esclaves et aussi les enfants.

A Béni-Abbès, il s'est placé entre la garnison française et le village arabe; c'est qu'il veut établir un lien de paix entre les deux. Mais c'est aussi et surtout qu'il veut accueillir en sa " fraternité ", au cœur de son amitié et de la tendresse du Christ, les plus abandonnés, ceux que le village et la garnison rejettent, ceux qui n'ont pas de famille, ni de patrie, ceux qui sont dans la nuit de la solitude et du désespoir, ceux à qui la liberté a été retirée. C'est à eux, les plus pauvres, les plus déshérités, qu'il ouvre d'abord ses bras tout grands.

L'ARMÉE ROMAINE

Mais frère Charles ne met aucune limite à son amour, il ne rejette personne, il reçoit chacun. Il écrira, le

14 juillet 1903, à un père blanc : " Tout en évangélisant les pauvres, ne pas négliger les riches. Notre-Seigneur ne les négligeait pas; saint Paul, son imitateur, non plus... leur amélioration est un bien pour les pauvres, à cause de leur influence. Leur sincérité est moins douteuse, il y a moins à craindre qu'ils ne soient des " chrétiens de soupe " n'écoutant les vérités chrétiennes que par intérêt matériel. "

Frère Charles ouvre aussi sa maison à tous les soldats et officiers de la garnison. Il pense tout particulièrement aux plus démunis parmi les soldats : ceux qui sont malades; il voudrait que l'on construise un hôpital militaire à Béni-Abbès : " Ce serait non seulement un hôpital pour la garnison qu'il faudrait, mais un sanatorium pour les autres garnisons de la région; car Béni-Abbès est admirablement sain ", écrit-il à Mgr Guérin.

La " fraternité ", il la voit comme " le centre des soldats et des officiers, comme le lieu de conversation des mulsumans et des juifs ". Il écrit encore à Mgr Guérin ce qu'il désire faire pour les soldats : " Se faire aimer d'eux, les instruire, leur rendre service, les réunir aux heures de liberté — le dimanche et en semaine — pour causer familièrement... faire qu'ils prennent l'habitude de regarder notre maison comme la leur. "

Frère Charles est aussi très fréquemment en contact avec les officiers. Comment se propose-t-il d'agir envers eux ? " Être très aimable pour eux, devenir si possible l'ami, le confident de chacun, les instruire en leur prêtant des livres de choix, les porter insensiblement à Jésus. "

Le chef de poste de Béni-Abbès, le capitaine Regnault, devient très vite un ami de frère Charles. Il vient souvent le voir, presque tous les jours. La *Khaoua* est ainsi un centre d'attraction pour l'ensemble des officiers et pour le capitaine Regnault.

Frère Charles, qui partage sans cesse la vie des officiers et des soldats, voit bien exactement leurs qualités et ne se fait aucune illusion sur leurs défauts. S'il aime beaucoup " le bon capitaine Regnault ", s'il se félicite de son action, " une action de paix ", réalisée " à force de bonté et de courage ", il aperçoit les conséquences lamentables de la présence de certains soldats : " Un des gros défauts de notre occupation du Sud est l'emploi, dans certains postes (tels Béni-Abbès, Taghit, Igli, etc.) des compagnies du bataillon d'Afrique... Pendant que les officiers du Bureau arabe s'efforcent, par la bonté, la justice, le bien, de se faire estimer des indigènes, ces malheureux *joyeux*, pratiquant ouvertement tous les vices, se rendent les plus misérables des hommes, et font mépriser les Français et la France. On devrait les confiner au Khreider, à Mecheria et autres postes semblables, loin de toute population indigène, et les cacher de façon que nul ne les voie... " Tel est le tableau qu'il fera, le 13 juillet 1903, à Henry de Castries.

Frère Charles de Jésus, qui entretenait tellement de relations avec la garnison française, avait-il dans la pensée d'être missionnaire en suivant tranquillement la pénétration de l'armée et en baptisant ceux qui auraient été conquis ? Frère Charles est très loyal et très réaliste : s'il est un ancien officier, s'il est profondément français par toutes les fibres de son être, s'il connaît parfaitement la région, il n'est pas pour autant domestique de l'armée. Il est le serviteur des pauvres, il est le frère des pauvres. A qui compare-t-il l'armée française qui se trouve à Béni-Abbès ? A l'armée romaine qui occupait la Palestine au moment où est né Jésus. Il écrit, le 8 avril 1903, à Mgr Guérin : " Faire absolument tout pour l'extension du règne de Jésus et de Son Évangile, extension que celle de la France procurera bon gré, mal gré; quand Auguste faisait faire un recensement, il ne savait pas que c'était pour conduire Marie et Joseph à Bethléem. " Il ne voit dans cette présence et cette avancée des armées françaises qu'une possibilité et qu'une occasion, absolument relatives, de la " naissance de Jésus, de l'annonce de Son Évangile en ces contrées " : " Les événement humains ne nous touchent que par la gloire qu'ils peuvent rapporter au CŒUR de notre Époux, par le salut, la sanctification des âmes qu'ils peuvent préparer, favoriser ", écrit-il le 18 mai 1903 à sa cousine.

Il y a, dans les premiers mois de 1902, des pillages et des razzias dont les Marocains se rendent sans cesse responsables. Il condamne ces méfaits, dont souffrent d'abord les pauvres haratins. Il veut que l'armée protège les pauvres : c'est, selon lui, son seul rôle; et quand il demande une répression, c'est pour défendre les pauvres contre les entreprises de ces malfaiteurs.

En mars 1902, le capitaine Regnault fait une expédition vers le sud-ouest : " Une exploration très intéressante vient d'être faite par le capitaine Regnault, chef de l'annexe de Béni-Abbès, celle de Tabelbalet... Avec cinquante mekhaznia (soldats indigènes), il est allé rapidement — pacifiquement, en ami, — visiter cette oasis. Les chefs des ksours qui la composent l'ont reçu *très* pacifiquement, lui disant : " Bledna bledek " (que notre pays soit ton pays); les Beraber, informés de sa course, n'ont pas essayé de s'y opposer. Ce lieu dont l'importance saute aux yeux, à la première vue sur la carte, par sa position, entre le Dra, le Tafilalet, la Saoura et le Touat en a encore bien plus qu'on ne pourrait le croire. " Et dans cette lettre à Henry de Castries, après avoir détaillé l'intérêt que présente Tabelbalet, frère Charles écrit — et nous sommes tout étonnés de voir le moine de Béni-Abbès aussi entreprenant : " Lieu favorable à la défense, la largeur de la vallée, de la plaine permettant de voir de loin et de tirer de loin; position unique pour surveiller les routes de la Saoura, du Gourara et du Touat et les mettre à l'abri des harkas (troupes de partisans); position unique pour menacer, à l'occasion, le Tafilalet et le Dra; position unique pour nous mettre en rapports pacifiques avec les Draoua et les tribus de l'extrême ouest; facilités de ravaillement, tout fait de ce Tabelbalet le chef-lieu indiqué de l'annexe de la Saoura. Je souhaite vivement qu'à la suite de cette remarquable exploration, qui a eu lieu en mars dernier, et dont je pense vous intéresser en vous en informant tout de suite, on établisse à Tabelbalet le centre de l'annexe. Si vous désirez plus de renseignements, le capitaine Regnault vous donnera tous ceux que vous demanderez. ”

Cette expédition vers le sud-ouest, il est bien évident que c'est frère Charles qui a incité le capitaine Regnault à la réaliser. Un peu plus à l'ouest, c'est le Dra, c'est Mrimima, c'est Tisint : des lieux que Charles de Foucauld a jadis explorés, des lieux vers lesquels se portent plus que jamais ses regards et ses désirs.

La preuve ? Dans cette même lettre du 13 avril à Henry de Castries, frère Charles écrit : “ Je viens vous demander un cadeau, cher ami, pouvez-vous m'envoyer votre travail sur le Dra ? Pardonnez mon indiscrétion. Depuis des mois, on tâche de se le procurer ici sans y parvenir. Je vous remercie d'avance de tout cœur. ” Donc, depuis son arrivée à Béni-Abbès, frère Charles n'a pas cessé — tout au contraire — de penser au Maroc. Béni-Abbès n'est pour lui qu'une base de départ vers le Maroc.

Frère Charles est très impatient. Le 16 juin, il écrit à H. de Castries qu'il n'a pas encore reçu sa notice sur le Dra. Par Castries, il se met même en rapport avec un explorateur anglais, auteur de plusieurs ouvrages sur le Maroc : Meakin. Henry de Castries lui avait dit qu'il était en train d'écrire une histoire du Maroc; alors, dans cette lettre de juin 1902, frère Charles exprime, d'une façon fort précise, ses souhaits : “ Comme vous avez bien fait d'entreprendre l'histoire du Maroc ! Nul aussi bien que vous ne peut accomplir cette œuvre immense... quel travail !... Un point m'intéresse extrêmement dans cette histoire : qu'à été le christianisme au Maroc ? Quelles ont été ses limites vers le sud, à l'époque romaine ? Et, à cette même époque, jusqu'à quel point a-t-il pénétré les populations des montagnes... puis quelle a été son agonie à la période musulmane ?... Plus tard, quand les pères de la Merci et autres religieux ont parcouru le Maroc pour soulager et racheter les esclaves chrétiens, jusqu'où ont-ils été, quelle a été leur œuvre, leur influence ? Quel a été le christianisme au Maroc durant ces siècles où les esclaves européens étaient nombreux ?... Voilà bien des points d'interrogation : la seule histoire du christianisme au Maroc donnerait matière à de longues recherches... Les gens du pays, au sud de l'Atlas, parlent tous de l'occupation chrétienne avant l'arrivée des musulmans; j'ai trouvé même un manuscrit israélite (langue arabe et caractères hébreux) consacrant plusieurs pages à ce sujet et l'affirmant pour tout le cours supérieur du Dra, jusqu'à Dabaïa... On m'a parlé aussi de " pierres écrites " des chrétiens à peu de kilomètres au sud du Dra, en plein sud de Tisint. Mais tout cela est mêlé de tant de légendes, de tant de fables... Mardochée, mon compagnon, assurait que son père, originaire de Mhamid el Rozlan, y avait lu des inscriptions tombales israélites antérieures à la destruction de Jérusalem par Titus... Ici, dans la Saoura, entre Béni-Abbès et Kerzaz, trois ksours en ruines, portent le nom de ksour en Maçara; les fouilles faites par le capitaine Regnault n'ont amené aucune découverte. " Frère Charles conclut : " Sa grâce est assez puissante pour éclairer tous les hommes, ce qui est impossible aux humains est possible à Dieu; il a commandé à ses disciples d'aller à tous les hommes : " Allez par toute la terre, prêcher l'évangile à toute créature "; et saint Paul ajoute : " La charité espère tout "... J'espère donc de tout mon cœur pour ces musulmans, pour ces Arabes, pour ces infidèles de toutes races ".

C'est donc frère Charles qui a invité le capitaine Regnault à pousser vers l'ouest, et qui prend bien soin de signaler l'expédition à Castries, et aussi au commandant Lacroix (qui peut beaucoup à Alger) : " Je tiens à te signaler l'extrême importance de l'exploration de Tabelbalet faite heureusement par le capitaine Regnault ". Si le motif qui paraît l'inspirer est " le bien du pays qui nous est cher à tous deux ", on voit, dans sa lettre à Henry de Castries, que c'est avant tout l'évangélisation du Maroc qui l'intéresse. Le 22 janvier 1903, il va plus loin : il demande au commandant Lacroix de donner toute permission pour entrer au Maroc : “ Je voudrais que tu lui donnes (au capitaine Regnault) et fasses donner une fois pour toutes au Bureau arabe de Béni-Abbès, les instructions nécessaires pour que, si je voulais un jour faire une pointe discrète au Maroc, on m'en facilite les moyens. ”

Ainsi, frère Charles, s'il donne au capitaine Regnault des indications stratégiques, demande la possibilité, non pas de pénétrer au Maroc dans les fourgons de l'armée, mais de pouvoir être le premier à pénétrer au Maroc, tout seul, désarmé, en disciple de Jésus, et non plus en explorateur ou à la suite de l'armée.

Au mois d'août, le capitaine Regnault part en congé. Il ne reviendra que pour Noël 1902, et frère Charles écrit à Castries le 5 décembre : “ En son absence, les officiers du Bureau arabe, très peu nombreux, n'ont fait aucune reconnaissance. ” Il y a eu l'expédition de mars vers l'ouest. Mais un autre événement fait que frère Charles regarde de plus en plus vers le Maroc : c'est l'extension de Béni-Abbès qui devient de plus en plus un carrefour de caravanes. Le 16 décembre, il écrit à Castries : “ Je tiens à vous dire d'avance que, de ce Sahara, que vous avez tant étudié, de ce Maroc presque — car nous en sommes à la porte — dont vous vous occupez tant, on priera de tout cœur pour vous la nuit de Noël et le jour de l'an... Béni-Abbès augmente d'importance à vue d'œil : c'est plaisir à le voir... Chaque jour, les caravanes, les voyageurs du Maroc y arrivent plus nombreux, attirés par le bon accueil qu'ils reçoivent, la sécurité et les bénéfices. Les Bérabers commencent à venir commercer ici, nous ravitaillent d'orge et de moutons. Leurs craintes étaient grandes au début; de jour en jour, ils prennent confiance. Espérons qu'un jour, la frontière tombera totalement et que le Magreb sera à la France et surtout à Jésus.... ”

Dans la même lettre, il parle encore du Maroc : “ Quelle nuit intense et quel voile de deuil sur le Maroc entier, sans prêtre et sans Tabernacle, où la nuit de Noël s'écoulera sans une messe et sans qu'un cœur prie Jésus. Profondément ému, je prie pour lui ! " Même écho dans une série de lettres à Mgr Guérin en novembre et décembre 1902 : il ne cesse de parler du Maroc. " Le jour de Noël et les deux jours suivants j'ai eu la visite de deux Marocains du Tafilalet ; j'en ai béni Dieu. Prions pour ce pauvre Maroc ! " N'est-ce pas Jésus qui, en ce jour de Noël, lui a fait signe d'aller vers le Maroc ?

En attendant, il se prépare, plus que jamais. Le regard vers les masses musulmanes du Maroc l'invite à aimer encore plus Jésus, à ne vivre que pour lui : " Pour dire de bonnes choses sur les musulmans, il faudrait en avoir converti, et je ne l'ai point fait... l'histoire de saint Pierre Claver montre bien... que pour les convertir, ce qu'il faut, c'est se convertir soi-même et être saint. " Il avait encore écrit à Mgr Guérin, quelques semaines plus tôt, le 30 septembre : " Tout ce qui m'arrive — c'est là le fond de mon âme, m'apporte toujours les deux mêmes choses, me chante toujours les deux mêmes chants, les deux mêmes antiennes si j'ose dire : la première, c'est Joie, car il y a en tout quelque gloire pour Jésus, quelque glorification de Son Nom, quelque augmentation d'union avec Lui... la seconde, c'est : *Sanctifie-toi, convertis-toi ! conversion !* tout me dit de me convertir, tout me chante la nécessité de me sanctifier, tout me répète et me crie que, si quelque bien que je désire ne se fait pas, c'est ma seule faute, ma très grande faute, et qu'il faut me hâter de me convertir. "

A la mi-janvier 1903, le capitaine Regnault est mandé par télégramme à Alger avec le commandant Laperrine. Il part immédiatement. Il rencontre, à Alger, Mgr Guérin, et, le 15 février, ce dernier écrit à frère Charles : " Il me paraît évident que le bon Dieu, par tout votre passé, militaire, explorateur et religieux, vous a destiné à une mission pour la frontière du Maroc et le Maroc même : vous commencez actuellement cette œuvre — vous aurez à la continuer — et je ne doute pas que d'ici quelques années, les circonstances ne se prêtent pour vous donner plus d'accès en cette région. » Dans sa lettre, Mgr Guérin apprend à frère Charles que Laperrine et Regnault ont été appelés à Alger pour « réaliser tout un programme d'actions diverses sur le Sahara central ». Pour Mgr Guérin, comme pour l'ensemble des missionnaires de cette époque, il n'y avait aucun doute : « L'Évangile a tout intérêt à ce que ces contrées soient réellement pénétrées, et le plus tôt possible. »

Pendant l'absence du capitaine Regnault, les « tribus marocaines... font razzia sur razzia à nos dépens »: Frère Charles, qui l'écrit à Mgr Guérin, s'en inquiète. Mais, en même temps, sans crainte du danger, souhaite de nouveau aller vers le Maroc et en demande maintenant la permission à Mgr Guérin, le 9 mars. Le 20 mars, il écrit à un père blanc : « La Saoura n'a de remarquable, d'important, que sa proximité du Maroc. »

Autour de Pâques, frère Charles va écrire un projet de mission au Maroc. Il veut établir une commission qui s'efforcerait « d'attirer au Maroc » de nombreux établissements de prêtres, religieux et religieuses. Et il écrit : « Ce que je crois pouvoir faire de meilleur pour la conversion du Maroc, c'est d'organiser une petite légion de religieux voués à la fois à la contemplation et à la bienfaisance, vivant très pauvrement du travail manuel, dont la règle simple se résumerait en trois mots : Adoration perpétuelle du Saint-Sacrement exposé, imitation de la vie cachée de Jésus à Nazareth, vie dans les pays de mission. Cette petite mission serait une troupe d'avant-garde, propre à se lancer sur le champ de ce Maroc. « Ce qu'il veut comme ouvriers évangéliques, ce sont des prêtres-apôtres », « prêts à mourir avec et pour Jésus, à manquer de tout avec et pour Jésus ». Dans ce « projet de mission au Maroc », qui était probablement destiné à plusieurs supérieurs de congrégations religieuses, frère Charles écrit : « Dès mon arrivée, j'ai noué des relations avec les indigènes et surtout avec les Marocains. Quotidiennement, beaucoup d'indigènes viennent à la fraternité du Sacré-Cœur et, dans le nombre, il y a des Marocains. »

Et, dans ce projet, on lit d'abord clairement que frère Charles ne pense pas pouvoir pénétrer au Maroc avec les seuls militaires français; c'est avec les gens du pays eux-mêmes qu'il veut aller dans leur pays. Il veut, en frère pauvre et humble, les accompagner, se faire admettre d'eux, les respectant de tout cœur : « J'espère pouvoir, dans un avenir prochain, aller avec quelques Marocains dans leur pays. Je voudrais y aller d'abord pour quelques jours, puis quelques semaines, puis pour quelques mois, et y acheter une petite propriété, où se formerait une nouvelle « fraternité du Sacré-Cœur ». On irait ainsi de proche en proche. L'aumône, l'hospitalité, le rachat et la libération des esclaves, et bien plus, des offrandes de la divine Victime, concilieront les cœurs et ouvriront les voies à la prédication ouverte. L'heure de la prédication ouverte sonnera d'autant plus vite que cette avant-garde silencieuse sera plus fervente et plus nombreuse. Je suis seul, et cela m'embarrasse pour la petite pointe que j'espère faire au Maroc dans quelques semaines, car il serait bien utile d'avoir un compagnon d'élite pour assister ma misère afin d'éviter toute inconvenance ou profanation. Cela devrait tenter bien des âmes, car c'est presque la gloire qui leur est offerte, les dangers étant grands. Malgré mon désir d'avoir des compagnons, j'aime mieux rester seul que d'en avoir qui ne soient vraiment appelés par Jésus et vrais disciples de son Cœur. »

C'est toujours l'évangélisation par l'amour et l'hospitalité. Le 30 mars, il écrit à sa cousine : « Pour en revenir au Maroc, vous sentez que, si je suis venu me mettre ici, à Béni-Abbès, *sur sa frontière*, c'est dans l'arrière-pensée de faire mon possible pour y faire pénétrer l'Évangile, non en cessant d'être moins silencieux et contemplatif, ce qui est ma vocation; non en allant prêcher comme les premiers saints disciples de saint François, ce qui n'est pas ma vocation et ne me paraît pas le moyen de faire connaître et aimer

Jésus; mais en m'efforçant, après avoir fondé une colonie monastique de pauvres religieux adorateurs du Très-Saint-Sacrement à Béni-Abbès, d'en fonder d'autres, de proche en proche, au Maroc; préparant de loin cela par les relations entretenues ici avec les Marocains, les disposant à m'accepter chez eux, en leur donnant fraternellement l'hospitalité. »

Au fond, c'est frère Charles qui demande l'aumône : il demande humblement d'être accepté au Maroc; il donne l'hospitalité, mais c'est lui qui au fond, demande l'hospitalité.

Ce projet de frère Charles, on ne l'écoute guère, tant du côté civil que militaire : « Je suis toujours seul », écrit-il le 15 avril à Mme de Bondy, « plusieurs voudraient se joindre à moi, mais il y a des difficultés, dont la principale est l'interdiction, par les autorités civiles et militaires, à tout Européen, de circuler dans ces régions à cause de l'insécurité. »

Il ne fait aucune conversion; mais son projet n'est pas de convertir pour convertir, mais de faire connaître à tous que Jésus est Amour et que tous les hommes sont frères. Frère Charles vit une intense espérance.

Le 3 mars 1902, il écrit à son beau-frère :

« Il est vrai que les conversions de musulmans sont rares, mais il est certain aussi que eux, comme les autres, sont appelés à l'Évangile et ont devoir et possibilité de l'embrasser; il est certain aussi que l'Église doit prêcher « par tout l'univers à toute créature » la religion de Jésus, par conséquent, il n'y a qu'à faire effort sur effort, ajouter nos travaux à ceux de nos devanciers; quel sera le succès ? c'est le secret de Dieu. Mais, quant au devoir, il est clair et évident... Il ne faut pas oublier que, d'une part, les ouvriers évangéliques font quelquefois plus de bien après leur mort que durant leur vie; et, de l'autre, qu'ils en font exactement dans la mesure de leur sainteté; si les musulmans ne se convertissent pas davantage, c'est peut-être que nous, missionnaires, sommes trop tièdes, trop peu fervents, trop peu hommes de prière, de sacrifice, de détachement... »

MÉTHODES MISSIONNAIRES

Le 31 mai 1903, pour la grande fête de la Pentecôte Mgr Guérin vient de lui rendre visite à Béni-Abbès. C'est une grande joie pour frère Charles. Mgr Guérin l'invite à se consacrer davantage à l'évangélisation du monde musulman. Frère Charles en tire des conclusions apostoliques très réalistes, manifestant un sens missionnaire révolutionnaire pour son époque : " Le travail des ouvriers de l'Évangile en pays musulman n'est pas seulement de prendre des enfants et de tâcher de leur inculquer des principes chrétiens, c'est aussi et surtout de travailler à la conversion des hommes faits... " Ainsi fit saint Paul, ainsi firent les apôtres... les enfants ne pourront faire germer la semence évangélique jetée dans leurs âmes s'ils ne trouvent pas le milieu où ils vivent un peu préparé, un peu disposé; pour que l'apostolat auprès des enfants produise des fruits, il faut donc s'occuper aussi de celui des hommes faits... " Et frère Charles s'insurge violemment contre ce principe si peu évangélique qui fait dire à des chrétiens que le monde de l'Islam est comme inapte au message de Jésus.

Pour " l'évangélisation des hommes faits ", frère Charles voit comme principal moyen " les conversations affectueuses ne roulant que sur Dieu et sur la religion naturelle ". Il insiste aussi beaucoup sur la transformation des gens du pays par le travail. Mais qui pourra donner à ces populations le sens du travail ? : " De bons moines, des moines pauvres et travaillant de leurs mains, et vivant du travail de leurs mains, vivant de la vie de Jésus à Nazareth. "

Pour l'évangélisation, frère Charles ne voit pas seulement des fraternités comme celle de Béni-Abbès. A côté des établissements fixes, il semble que le développement du christianisme dans ces pays demande des missionnaires qui soient constamment en route, passant quelques jours en chaque endroit, et y revenant souvent, se faisant voir sans cesse, causant aux uns et aux autres, réalisant, dans ces courses, un véritable apostolat, faisant connaître et pénétrer petit à petit l'esprit chrétien — les vérités naturelles d'abord, les autres ensuite — en conversant familièrement avec tous. »

La visite de l'évêque du Sahara a été une vraie Pentecôte, un réconfort et une grande lumière. Si, après le départ de Mgr Guérin, le petit frère universel de Béni-Abbès s'est senti très seul (il lui écrit : « Je me suis senti *seul*, pour la première fois depuis bien des années, lundi soir, lorsque peu à peu vous avez disparu dans l'ombre. ») — il s'est mis, après cette visite, à rechercher avec d'autant plus d'ardeur, les moyens concrets de donner Jésus à ceux qui vivent à Béni-Abbès, et à ceux qui sont, là-bas, dans ce Maroc tant aimé. Il fait, à ce moment, une véritable révision de sa vie, de ses méthodes apostoliques, de sa pauvreté. Des événements, d'ailleurs, l'y aident et il leur est très attentif. Il raconte, le mercredi 3 juin, à Mgr Guérin, qu'il a quitté deux jours plus tôt : « Hier, visite de deux hommes du Tafilalet, deux marabouts. Ils ont entendu parler de vous et m'ont demandé si vous étiez allé au Tafilalet.

— Non, il ira une autre fois !

— *Merhaba* ! (bienvenue à lui).

— Voyage-t-il à pied ?

— Non, à chameau...

« Cette question posée par des marabouts m'a fait réfléchir... Ils marchent à pied, eux, conduisant leurs ânes... Nous sommes disciples de Jésus, nous voulons que Jésus vive en nous; nous parlons sans cesse de pauvreté. — Eux sont disciples de Mahomet : leurs questions me font bien réfléchir. Je me porte aux exemples de nos Pères les apôtres... Nous sommes ici en pays aussi infidèle que saint Pierre et saint Paul... Si nous voulons faire leurs œuvres, suivons aussi leur exemple ; c'est ce que tout me chante, tout me crie. »

Mais, un autre fait a, par ailleurs, retenu toute son attention : « Le commandant Laperrine m'écrit que, lors du massacre de la mission Flatters, une femme touarègue de famille noble a eu une très belle attitude, s'opposant à ce que l'on achève les blessés, les recueillant, les soignant chez elle, refusant l'entrée de sa maison à Attissi, qui, revenu blessé du combat d'Amguid, contre les Dianous, voulait les achever lui-même, et après guérison, les faisant rapatrier à Tripoli. Elle a maintenant quarante à quarante-trois ans, passe pour avoir beaucoup d'influence et est renommée pour sa charité ." Et dans cette lettre du 18 juin à Mgr Guérin, frère Charles affirme : " Jésus est roi universel... Jésus est roi et père des Touaregs. " Et il conclut : " Il serait bon d'entrer en relations plus intimes avec les Touaregs et de profiter de toutes les portes. "

La charité de cette femme touarègue l'attire. Comme il n'est pas possible d'aller maintenant vers le Maroc, voici que frère Charles se pose une nouvelle question : " Puisque je suis encore seul, et qu'aucune porte ne s'entr'ouvre pour moi vers l'ouest, ne serait-il pas meilleur pour les âmes, et plus agréable au Cœur de Jésus que je demande à mon ami des Oasis [Laperrine], la permission de m'établir à Aoulef ou plus loin au sud si possible, aussi près des Touaregs que possible, dans un lieu où, avec la solitude, j'aurai la sûreté, afin d'y apprendre la langue targuie et d'y préparer la traduction en targui de quelques livres (c'est le saint Évangile que je voudrais traduire en langue et écriture targuie) ?... S'il disait oui, j'irais... m'établirais dans une cellule de deux mètres sur deux mètres, avec un oratoire de deux mètres sur cinq et mènerais là la vie solitaire, mais sans clôture, en faisant mes efforts :

" 1°. Pour être en relations de plus en plus intimes avec les Touaregs (faisant des excursions chez eux aussi souvent que possible).

" 2°. Pour traduire en leur langue le Saint Évangile.

" 3°. Pour aller au moins une fois par an dans chacun des postes...

" 4°. Pour voyager à petites journées de manière à causer le long du voyage avec les indigènes. "

Ce qui compte avant tout pour frère Charles, c'est

de montrer l'Amour du Christ à ceux qui ne le connaissent pas. Il est prêt à aller au Maroc; il est prêt aussi à laisser le Maroc et à partir ailleurs; il est prêt à demeurer dans sa clôture et à la quitter; il est prêt à changer de vie et de moyens de vivre; il est prêt sans cesse, à faire n'importe quoi pour Jésus-Christ. Il avait écrit, le 27 février à Mgr Guérin : " Je suis misérable sans fin; pourtant, j'ai beau chercher en moi, je ne trouve pas d'autre désir que celui-là : " Que Votre Règne arrive ! que Votre Nom soit sanctifié ! "... Vous demandez si je suis prêt à aller ailleurs qu'à Béni-Abbès pour l'extension du Saint-Évangile : je suis prêt pour cela à aller jusqu'au bout du monde et à vivre jusqu'au jugement dernier. "

Il y a une étonnante évolution, on le voit, entre la vie monastique de frère Charles à Nazareth et cet élan missionnaire de frère Charles au Sahara, frère universel qui veut être apôtre universel. Lui qui, à la Trappe et à Nazareth, s'intéressait beaucoup aux Pères du désert, lit et travaille maintenant, au Sahara, les écrits de l'apôtre Paul — comme en témoigne un cahier de textes pauliniens copiés en 1902.

Mais quel est le premier moyen d'évangélisation que frère Charles veut employer ? Pour faire connaître le Christ à ces populations qui ne le connaissent pas, pour être apôtre à la manière de saint Paul, frère Charles veut se servir de deux moyens qui, à ses yeux, sont indissolublement liés : il veut partager la vie des gens du pays et donc, d'abord, parler leur langue; en second temps, après ce témoignage fraternel, de partage de vie, de la langue, des coutumes, il pourra traduire l'Évangile, c'est-à-dire adapter Jésus à la vie, à la langue, aux coutumes des gens de ce pays. Frère Charles ne se paie pas de mots : il sait que, pour livrer Jésus, pour le donner en nourriture à ceux qu'on veut évangéliser, il faut d'abord se livrer soi-même, se donner en nourriture à ceux-là, perdre sa vie ancienne et vivre leur vie.

Pour quelle raison profonde, frère Charles veut-il partir vers le Sud ? Pourquoi veut-il, de moine cloîtré qu'il est, devenir un apôtre itinérant ? Pourquoi un tel changement dans sa vie ? Il y a plusieurs raisons, qui s'entremêlent et se rejoignent. Ces raisons, ce sont avant tout des événements, des " événements humains ", qui appellent frère Charles, et une situation spirituelle qui l'attire et le happe. Pendant tous ces mois de juin, juillet, août 1903, la situation autour de Béni-Abbès devient critique. Tellement critique que le 14 août, frère Charles rédigera son testament. Le 29 juillet, il écrit à Mme de Bondy : " Nous sommes en guerre maintenant, aux environs de Béni-Abbès. Deux combats violents ont eu lieu le 16 et le 23, entre nos cavaliers indigènes et de fortes troupes de pillards Marocains. Le capitaine Regnault rentre demain, après avoir été vainqueur, mais non sans peine. Il a été légèrement blessé et a eu un nombre important de blessés et de tués. Cela ne fera que croître probablement. Mais je ne pense pas qu'on attaque Béni-Abbès où la garnison (près de cinq cents hommes) est très forte. Parmi les tués, il y avait quelques très braves gens... ils laissent tous femmes et enfants. Si plein de vie, il y a quelques jours, voici que tout est fini. Que le malheur vient vite ! et où sont leurs âmes ? Ceci est plus douloureux que tout. " Le combat qu'a livré le capitaine Regnault a eu lieu en plein désert. Frère Charles écrit : " J'aimerais être avec ceux qui seront attaqués, car c'est là qu'un prêtre sera le plus nécessaire, et je suis le seul de la région... je vous avais dit — entre nous — que j'irais peut-être passer quelque temps dans la région Thouat — Tidikelt — Gourara, en attendant que Mgr Guérin puisse y envoyer des prêtres. Il y a là huit ou dix garnisons qui ne voient *jamais* un prêtre. Et Mgr Guérin ne croit pas pouvoir en envoyer avant assez longtemps. Je me suis offert, mais je n'ai pas la réponse de Mgr Guérin... Dans l'engagement Regnault, nous avons eu une douzaine de tués et autant de blessés, tous indigènes et mulsumans. "

Frère Charles veut donc aller là où il n'y a jamais un prêtre : pour aider les soldats qui seront blessés dans les combats. Mais dans cette même lettre, frère Charles indique que tous les tués et les blessés sont musulmans. Ce qui l'attire, au fond, ce sont les lieux perdus du Sud : les garnisons qui sont sans prêtre, oui, mais surtout les Touaregs. La région où il se trouve est une région de guerre. Frère Charles, s'il peut se trouver parmi les pauvres qui sont attaqués et auprès des soldats blessés, veut surtout se rendre présent dans une région d'au-delà des combats, une région de paix, une région qui attend l'Évangile, et n'a jamais entendu parler du Christ. Le 30 juin, il avait écrit à Mgr Guérin, une lettre où il avait pris fortement position. Cette lettre exprime l'ensemble des raisons qui le poussent : " Je désire simplement et nettement aller — en attendant que le Maroc s'ouvre — s'il s'ouvre — chez les Touaregs, dans tel lieu où je pourrai avoir une sûreté suffisante. " Pour quel motif essentiel ? : " Je n'ai pas de compagnons le Maroc ne s'ouvre pas. Je ne peux faire mieux pour ce salut des âmes qui est notre vie ici-bas, comme il fut la vie de Jésus " Sauveur " que d'aller porter ailleurs, à autant d'âmes que possible, la semence de la divine doctrine — non en prêchant, mais en conversant, et surtout d'aller préparer, commencer l'évangélisation des Touaregs, en m'établissant chez eux, apprenant leur langue, traduisant le Saint Évangile, me mettant en rapports aussi amicaux que possible avec eux. "

Une autre circonstance toute simple le pousse d'ailleurs vers le Sud.

En mars 1903, Henri Laperrine était arrivé à Béni-Abbès; il avait reçu en 1901, le commandement des Oasis sahariennes. Frère Charles retrouve Laperrine qu'il a bien connu; ils renouent amitié. Ce que frère Charles admire en Laperrine, c'est sa droiture : la tromperie est la seule chose que Laperrine ne pardonne pas. Il aime la vérité. Il a un respect extraordinaire de ceux avec qui il entre en contact; il ne veut ni humilier, ni exploiter. Il désire se concilier les indigènes, être sur pied d'égalité avec eux, établir une totale amitié entre eux et les Français. Pour y arriver, Laperrine ne va jamais hésiter à prendre ses responsabilités; il agit au mieux pour le bien des indigènes. Car Laperrine n'a rien d'un suiveur. Il a un vocabulaire très dur pour ceux qu'il appelle les " grands chefs ", qui sont très loin et ne comprennent rien. Dès 1902, Laperrine est déjà " coté ": " Pour les Grands Chefs, écrit-il le 10 mars 1902, j'ai pris l'habitude de leur dire ma façon de penser et je crois qu'ils m'ont dans une sainte horreur. " Et encore, la même année : " J'espère que, malgré tous les bâtons dans les roues, nous finirons par en sortir. Je deviens " militairophobe " quand je vois faire tant d'âneries au nom du règlement. "

Laperrine fait à frère Charles une confidence : il veut pousser vers le Sud, vers le Hoggar. Il a fait regarder frère Charles vers ce Sud immense, ces horizons illimités, infinis. Frère Charles va s'appuyer sur la droiture et la loyauté de Laperrine. Il sait qu'avec lui, il ne s'agit aucunement d'une colonisation brutale, mais réellement d'un désir de découverte respectueuse de pays nouveaux, et surtout de progrès à apporter à ces peuples. Frère Charles désire connaître et comprendre les peuples qui n'ont jamais entendu parler du Christ, ceux pour qui le Christ est un inconnu. Laperrine et Foucauld se retrouvent sur un même point : le respect des peuples, et le désir ardent d'entrer en lien d'amitié avec d'autres êtres.

Laperrine s'emploie à convaincre frère Charles, à le faire se tourner non plus vers le Maroc, mais vers le Sud. Après son départ, il lui envoie un jeune officier Nieger, pour conquérir frère Charles à ses vues. Nieger racontera : " C'est en avril 1903 que je fis connaissance avec le père de Foucauld. Après un premier séjour saharien de trente mois, mon chef [Laperrine] m'avait donné liberté de manœuvre. Je reçus toutefois une consigne expressive : " Vous passerez par Béni-Abbès; vous irez voir Foucauld : il fait le maçon; il se construit un ermitage dont il ne sort pas. Il ne mange pas. Il vit de la charité publique et trouve encore le moyen de racheter des esclaves venant du Maroc. Il ne pense qu'au

Maroc; ses souvenirs de jeunesse le tracassent. Il n'y a rien à faire pour lui de ce côté-là, mais il a la tête dure. Il faut le décider à venir nous rejoindre" ...

En juin 1903, Laperrine écrit à frère Charles; il lui parle de nouveau des Touaregs; il lui cite de nouveau le geste de cette femme qui avait sauvé des blessés français après le massacre de la mission Flatters. Cette femme, cette étrangère, n'était-elle pas comme le Samaritain de l'Évangile, cet étranger qui comprend mieux que les Juifs la loi de charité prêchée par le Christ ? Frère Charles, une nouvelle fois, remonte vers son passé. Le massacre de la mission Flatters au Sahara, cela s'était passé en 1881, c'est-à-dire l'année où Foucauld avait quitté et réintégré l'armée, pour partager les dangers où étaient plongés ses camarades de promotion, l'année aussi où Foucauld quitte l'armée pour se tourner vers le Maroc. L'affaire Flatters avait eu un retentissement énorme, Foucauld se le rappelle. Mais pourquoi le colonel Flatters se trouvait-il en marche vers le Hoggar, durant cette année 1881 ? C'est qu'un ingénieur, Duponchel, avait lancé une idée qui avait eu aussitôt un grand succès : ce que l'Amérique venait de faire, un chemin de fer transcontinental, qui avait fait surgir sur son parcours des fermes, des villes, de la civilisation, la France ne pourrait-elle pas le faire à travers le Sahara ? Duponchel proposait de partir de l'Algérie et de faire aboutir la ligne en Afrique Noire, où " cent millions de consommateurs " attendaient les produits des manufactures françaises. *L'Illustration* et d'autres magazines publient aussitôt les cartes du Sahara — un Sahara que personne n'avait vraiment encore exploré — couvert de tout un réseau ferroviaire ! Le ministre des Travaux publics, Freyssinet, obtient un million de crédit pout lancer trois reconnaissances à travers le Sahara. Celle du lieutenant-colonel Flatters est chargée de reconnaître le projet d'itinéraire le plus oriental. Et c'est ainsi que Flatters, au service d'une idée utilitaire, avance vers les Touaregs et le Hoggar. Pour aborder ce pays, et ses habitants, Flatters a les seuls conseils de Duveyrier, qui les a approchés, Duveyrier qui a exploré, en 1860, les contreforts du Hoggar et qui a rencontré les Touaregs : il les a jugés — avec un enthousiasme naïf — d'une mentalité très proche de la nôtre.

Henri Duveyrier avait été cet homme étonnant que Napoléon III avait chargé, en 1860, d'une mission de reconnaissance chez les Touaregs Ajjers. Saint-Simonien, Duveyrier s'était passionné pour l'orientalisme, au cours d'études qu'il avait faites à Berlin. Son comportement envers les indigènes s'inspirait des principes du Père Enfantin, à la fille duquel il était fiancé : il avait une attitude de totale franchise, ne cherchait pas à se déguiser, faisait confiance à l'adversaire, ne rusait jamais, montrait clairement son jeu. Cette attitude lui avait valu de très fortes amitiés. C'est donc lui qui avait donné le premier ouvrage ethnographique sur une partie du Sahara, *les Touaregs du Nord*.

Mais, au moment du massacre de la mission Flatters, on lui avait reproché d'avoir montré les Touaregs comme des hommes dignes de confiance, on l'avait rendu responsable du massacre. Mais ce n'étaient pas ses amis, les Touaregs des Ajjers, qui avaient fait le coup, mais les Touaregs du Hoggar. Profondément bouleversé par ce massacre et par ces accusations injustes, Duveyrier se tue d'un coup de revolver en 1892.

Or, Duveyrier, Charles de Foucauld parle de lui en 1886, comme de son « seul ami ». C'est Duveyrier qui a fait le compte-rendu de son exploration au Maroc devant la Société de géographie. A Akbès, frère Marie-Albéric a été profondément touché par la mort de Duveyrier. Et voici que frère Charles veut se rendre vers ceux qui ont exterminé la colonne Flatters, vers ceux qui, en quelque sorte, sont responsables de la mort de son ami.

Flatters avait donc été trahi par les Touaregs. Le massacre d'une partie de sa colonne, la tentative de retour de la poignée des survivants vers Ouargla — quinze cents kilomètres de solitude — est une tragédie saharienne qui a profondément bouleversé l'époque. Tous les journaux racontent ces récits effrayants de cette marche vers Ouargla : un jour, les survivants trouvent sur leur chemin un groupe de Touaregs qui consent à leur vendre quelques kilos de dattes pilées, mais celles-ci étaient mélangées à une poudre, de bois de betina, qui enlève la raison à l'homme et le conduit à la mort dans une ivresse frénétique. Et celui qui a empoisonné les dattes, c'est Attici, un homme qui sera nommé Aménokal [chef], un homme qu'on retrouvera vingt ans, trente ans plus tard. Le nom de Hoggar signifie désormais terreur.

Un passé se fait plus présent et plus vivace à sa mémoire : la mort d'un ami plus proche encore. En 1896 le marquis de Morès, oui, le compagnon de fête du Foucauld de Saumur, le marquis de Morès a tenté à son tour l'aventure vers les Touaregs, vers Rhadamès et Rat. Il a été assassiné par les Touaregs Iforass, ses guides, le 5 juin 1896, devant la frontière tripolitaine. Frère Charles veut suivre les traces de Duveyrier et de Morès. Il veut venger leur mort. Mais à sa manière : le 18 mars 1905, il écrit au marquis de la Roche Thulon : " Oui, je suis parmi ces peuples qui ont tué mon ami, le vengeant en rendant le bien pour le mal, tâchant de leur donner la vie éternelle. Ce cher Morès, à qui je pense, pour qui je prie chaque jour, m'y aide. Au ciel, au sein de l'éternel, au sein de l'immense charité où il est noyé, il n'a que prière et amour pour ces musulmans qui ont versé son sang et verseront peut-être le mien. Mais nous travaillons ensemble, lui, là-haut, glorieux, moi, ici-bas, à la même œuvre de salut et d'amour. "

Tout ce proche passé vivant pousse frère Charles vers le Sahara. Le 21 juin, il forme le projet d'écrire à cette femme touarègue, Tarichat. Sa lettre est admirable de respect, de compréhension, d'ouverture de cœur : " Admirant et rendant grâces à Dieu de vous voir si bien pratiquer la charité envers les hommes, nous vous écrivons cette lettre, pour vous dire que, chez les chrétiens, où des centaines de milliers d'âmes, hommes et femmes, renonçant au mariage et aux biens terrestres, consacrent leur vie à prier; méditer la parole de Dieu et pratiquer la bienfaisance, tous les religieux et les religieuses qui entendront parler de vous béniront et loueront Dieu de vos vertus, et le prieront de vous combler de grâces en ce monde et de gloire dans le ciel... Nous vous écrivons aussi pour vous demander très instamment de prier pour nous, certains que Dieu, qui a mis dans votre cœur, la volonté de L'aimer et de Le servir, écoute les prières que vous lui adressez. Nous vous supplions de prier pour nous et pour tous les hommes, afin que tous, nous L'aimions et Lui obéissions de toute notre âme. A Lui, gloire, bénédiction, honneur et louange, maintenant et toujours. " Il envoie la copie de ce projet à Mgr Guérin et lui demande la permission d'aller, à pied, rendre visite à Tarichat.

Le 5 juillet, l'abbé Huvelin l'invite à partir vers le Hoggar : " Allez où vous pousse l'Esprit. " Le 24 juin, Mgr Guérin donne la même indication. Le 22 juillet frère Charles reçoit l'autorisation militaire : celle de Laperrine. Mais il est piquant de connaître exactement les circonstances de l'autorisation que donne Laperrine. Ce n'est pas une autorisation officielle, mais une autorisation purement personnelle : " Mon cher camarade ", écrit Laperrine à Regnault, le 19 août, j'autorise Foucauld à venir au Tidikelt. Je n'en ai pas le droit, mais j'espère bien m'en tirer comme d'habitude, avec quelques lettres d'injures et de menaces de la subdivision, appuyées par tous les échelons supérieurs. C'est curieux, on prend l'habitude des coups de pied dans le ... cela ne me fait presque plus d'effet. Je leur consacre une chemise spéciale aux archives, voilà tout. Vous seriez bien aimable de me dire si vous avez des consignes spéciales pour de Foucauld, de façon que je puisse parer et me tirer avec des injures seulement de mon initiative. "

En août, nouveaux combats du côté de Taghit; le capitaine de Susbielle a été attaqué par neuf mille hommes. Frère Charles écrit à sa cousine, le 22 : " Je vous avais dit mon désir d'aller à Taghit en prévision de cette attaque. Malgré mes efforts, je n'ai pas pu; j'essaie chaque jour de m'y rendre, sans trouver personne pour m'y conduire, et il faut absolument un guide, car il n'y a pas de chemins tracés, et en outre on ne peut parvenir que moyennant des détours, à cause des bandes ennemies. Je me réglerai sur les circonstances et sur les possibilités. Je vous donnerai par une autre lettre des détails sur mes projets pour le Sud. Il pourrait se faire d'ailleurs que l'attaque de Taghit, soit par elle-même, soit par les événements qu'elle devrait entraîner (cela devrait nous faire mettre la main sur le Maroc), me retienne ici ou me porte vers l'Ouest. Soit d'ici, soit ailleurs, je vous dirai seulement qu'en général, ma ligne de conduite est : chercher d'abord la conversion des infidèles et en second lieu (sans l'omettre), donner des secours spirituels à nos soldats. »

Or, c'est le 29 août que frère Charles reçoit de Mgr Guérin l'autorisation d'aller vers le Sud. Et le 31 août : « Une excellente occasion de partir se présente : un convoi militaire se rend dans ces pays et part d'ici le 12 septembre probablement (ces convois sont formés de quelques soldats, commandés par un sous-officier, et d'un certain nombre de chameaux chargés de marchandises à destination de nos troupes). Comme, dans la direction du Sud, le pays est sûr, cette faible escorte suffit. »

Mais, nouveaux combats le 2 septembre. Frère Charles, en toute hâte, veut se rendre au lieu du combat. On l'y autorise. Il saute à cheval et fait vingt-trois heures de course pour arriver à l'ambulance de Taghit. Il va demeurer tout le mois de septembre auprès des blessés. Un nouveau convoi part le 15 octobre vers le Sud. Frère Charles hésite à cause de nouveaux combats possibles : « Accomplirai-je plus tard mes projets de voyage dans le Sud ? Je ne sais... je vis au jour le jour. » En novembre, il est de nouveau appelé à Taghit pour des soldats gravement malades. Il revient le 6 décembre à Béni-Abbès. Un convoi pour le Sud est annoncé pour le début de janvier. Ne doit-il pas le suivre ? Il se sent « extrêmement et de plus en plus poussé intérieurement à ce voyage » : Il écrit à l'abbé Huvelin, d'urgence. Le 13 janvier 1904, il n'a reçu aucune réponse et le convoi

" celle qui a massacré le colonel Flatters et s'est montrée, jusqu'à ce jour, la plus ennemie des chrétiens, est en ce moment même à In Salah, où il vient d'arriver avec quatre-vingts notables Hoggar, pour faire sa soumission et présenter celle de sa tribu. Ces nouvelles sont très graves, car elles montrent tout le pays targui, si fermé jusqu'ici aux chrétiens, ouvert à partir d'aujourd'hui. "

Lapperrine offre à frère Charles de l'accompagner dans la tournée qu'il compte faire dans le Hoggar. " Je crois qu'il n'accordera pas ces facilités à d'autres prêtres qu'à moi, j'accepte donc, en remerciant Dieu du bien qu'il me donne à faire et en le suppliant de me rendre fidèle. Peut-être, dans sa prochaine tournée, qui commencera dans cinq à six semaines, le commandant Laperrine poussera-t-il jusqu'à Tombouctou. S'il le fait, je l'accompagnerai; car, plus je voyagerai, plus je verrai d'indigènes, plus aussi je serai connu d'eux, et j'espère entrer en possession de leur amitié et de leur confiance. " Frère Charles s'est mis aussi à rechercher, de toute sa lucidité, de toutes ses connaissances techniques, le point d'insertion le plus intéressant : " Le lieu le meilleur pour étudier le targui (tamahaq) est Akabli où tous les habitants le parlent et où il y a sans cesse des caravanes touarègues. Il est donc décidé que je vais y aller et y étudier le targui de toutes mes forces. "

Frère Charles est très content de son voyage. Laperrine s'en aperçoit, qui écrit au capitaine Regnault : " Foucauld se porte très bien. Il travaille ferme le touareg. Ici, il a épluché à fond mes archives, et d'ailleurs a été fort sage : il a accepté de manger avec nous, a été fort gai, et a accepté également de coucher dans un lit; bien plus, il est reparti à méhara et en réhala, mais avec le bâton de pèlerin en place de lance.

" Je lui ai promis de l'emmener en tournée, et si je vois qu'il s'entend avec les Touaregs, je le larguerai. Je regrette qu'il ne soit pas arrivé quinze jours plus tôt, il aurait vu Moussa Ag Amastane à In Salah, et

“ celle qui a massacré le colonel Flatters et s’est montrée, jusqu’à ce jour, la plus ennemie des chrétiens, est en ce moment même à In Salah, où il vient d’arriver avec quatre-vingts notables Hoggar, pour faire sa soumission et présenter celle de sa tribu. Ces nouvelles sont très graves, car elles montrent tout le pays targui, si fermé jusqu’ici aux chrétiens, ouvert à partir d’aujourd’hui. ”

Lapperrine offre à frère Charles de l’accompagner dans la tournée qu’il compte faire dans le Hoggar. “ Je crois qu’il n’accordera pas ces facilités à d’autres prêtres qu’à moi, j’accepte donc, en remerciant Dieu du bien qu’il me donne à faire et en le suppliant de me rendre fidèle. Peut-être, dans sa prochaine tournée, qui commencera dans cinq à six semaines, le commandant Laperrine poussera-t-il jusqu’à Tombouctou. S’il le fait, je l’accompagnerai; car, plus je voyagerai, plus je verrai d’indigènes, plus aussi je serai connu d’eux, et j’espère entrer en possession de leur amitié et de leur confiance. ” Frère Charles s’est mis aussi à rechercher, de toute sa lucidité, de toutes ses connaissances techniques, le point d’insertion le plus intéressant : “ Le lieu le meilleur pour étudier le targui (tamahaq) est Akabli où tous les habitants le parlent et où il y a sans cesse des caravanes touarègues. Il est donc décidé que je vais y aller et y étudier le targui de toutes mes forces. ”

Frère Charles est très content de son voyage. Laperrine s’en aperçoit, qui écrit au capitaine Regnault : “ Foucauld se porte très bien. Il travaille ferme le touareg. Ici, il a épluché à fond mes archives, et d’ailleurs a été fort sage : il a accepté de manger avec nous, a été fort gai, et a accepté également de coucher dans un lit; bien plus, il est reparti à méhara et en réhala, mais avec le bâton de pèlerin en place de lance.

“ Je lui ai promis de l’emmener en tournée, et si je vois qu’il s’entend avec les Touaregs, je le larguerai. Je regrette qu’il ne soit pas arrivé quinze jours plus tôt, il aurait vu Moussa Ag Amastane à In Salah, et aurait pu peut-être repartir avec lui. " Tandis que Laperrine rêve d'en faire le premier curé du Hoggar, frère Charles désire se plonger dans le monde targui. Dans la même lettre du 19 février, écrite en route, Laperrine explique au capitaine Regnault que, pour les Touaregs, l'Arabe est l'ennemi héréditaire : " Nous, nous sommes les gêneurs, l'inconnu ". Frère Charles qui a vécu à Béni-Abbès entre la garnison française et la population arabe, descend maintenant vers le Sud à la rencontre des ennemis des Arabes. Il va vers eux en ami, lui qui est pour eux un étranger et un ami des Arabes. Il va vers eux désarmé.

Arrivé à Akabli le 20 février, frère Charles ne mène plus la vie des officiers. Il ne couche plus dans un lit, il ne mange plus avec les officiers : il mène l'existence des Touaregs. Et c'est pour lui une immense joie : " Entre autres douceurs, écrit-il le 5 mars, j'en ai une que je demandais à Jésus depuis longtemps : c'est d'être pour l'Amour de Lui, dans des conditions analogues, comme bien-être, à celles où j'étais au Maroc pour mon plaisir. Ici, comme installation, c'est la même chose. "

Le 14 mars, la tournée reprend. Le 23, sur un petit carnet où il signale tous les événements de cette tournée, et tous les détails géographiques des régions parcourues, il note qu'il a rencontré Aziouel. Aziouel, c'est " le chef des Taïtoq, (un homme d'environ quarante ans), très intelligent, très energique, grand batailleur et pillard, ennemi de Moussa Ag Amastane depuis longtemps ". Frère Charles veut rencontrer Moussa : frère Charles rencontre l'ennemi de Moussa. En route, frère Charles continue d'apprendre le touareg : " J'étudie de toutes mes forces la langue touarègue, de manière à pouvoir faire quelque bien à mes frères en Jésus. " Il est profondément heureux de ses multiples rencontres avec les indigènes : " C'est une grande grâce de Jésus de prendre le contact, de faire connaissance. "

Le 16 avril, événement important. La mission Laperrine arrive au puits de Timiaouin. Elle se heurte à une colonne française de Tombouctou, commandée par le capitaine Théveniaud, qui interdit l'entrée de l'Adrar au détachement venu d'Algérie. Mais surtout frère Charles est bouleversé et indigné de ce qu'il a appris; le 16 avril 1904, dans son diaire, il note : " Ce soir, arrêté au puits de Timiaouin (désert) (8 km). Nous y rencontrons une colonne française partie de Tombouctou, composée de 20 tirailleurs soudanais, 10 Kenaka auxiliaires, capitaine Théveniaud, lieutenant Jerosoloni, interprète militaire Pozzo di Borgo, fonctionnaire des télégraphes Combe-Morel, souk Attalia, Tesali, Timiaouin. Depuis leur entrée chez les Iforass, ils razzient, pillent, maltraitent, volent sur leur passage; ils semblent n'être venus ici que pour punir les Iforass et peut-être les Hoggar et les Taïtoq de s'être soumis à la France par l'intermédiaire de l'Algérie... En tout cas, ils me font rougir devant les Touaregs par leurs brigandages. Bien reçus par les Iforass qui sont venus à eux comme des tribus soumises, leur apportant présents et diffa, ils se conduisent envers eux comme des sauvages; à chaque instant, nous apprenons un nouvel acte de brutalité, ou de vol. Après leur avoir fraternellement serré la main à l'arrivée, je partirai demain sans leur dire adieu, car je ne veux pas pactiser avec ces infamies; je ne leur dis aucune parole de reproche : 1°) parce que ce serait sans profit pour eux; 2°) parce que cela les éloignerait de la religion; 3°) parce que cela pourrait faire éclater un conflit, entre eux et les officiers du commandant Laperrine. L'intention de cette triste colonne était d'aller jusqu'à Timissac; elle porte une lettre du lieutenant-colonel commandant de Tombouctou interdisant son territoire aux troupes algériennes, et en cas où elles voudraient absolument le traverser, leur enjoignant de voyager de concert avec le capitaine Théveniaud, et de n'avoir aucune relation avec les indigènes; il ne reconnaît ni la soumission des Iforass, ni celle des Hoggar... Le commandant Laperrine ne pouvant ni laisser piller, ni maltraiter sous ses yeux les Iforass, ses administrés, sans les défendre, n'ayant pas d'espoir, malgré ses efforts répétés, que le capitaine Théveniaud cesse ses brigandages, ne voulant pas défendre ses administrés par les armes contre les Français, prend le parti de retourner sur ses pas, et de rendre compte, au plus vite, à l'autorité supérieure. Le capitaine Théveniaud s'engage à rebrousser chemin de son côté, et à ne pas razzier les Iforass, jusqu'à ce que le Conseil des ministres ait décidé de qui ils relèvent : de l'Algérie ou de Tombouctou... Ce que je vois des officiers du Soudan m'attriste : ils semblent des pillards, des bandits, des flibustiers : je crains que ce grand empire colonial, conquis depuis quelques années, qui pourrait et devrait enfanter tant de bien, de bien moral, de vrai bien, ne soit présentement pour nous qu'une cause de honte, qui nous donne lieu de rougir devant les sauvages mêmes ; qu'il fasse maudire le nom français et, hélas, le le nom chrétien, qu'il rende ces populations, déjà si misérables, plus misérables encore. " Il écrira, le 4 juin, à Mgr Guérin : " Les indigènes sauront-ils séparer entre les soldats et les prêtres, voir en nous des serviteurs de Dieu, ministres de paix et soldats de charité, frères universels ? je ne sais. "

Ce que veut faire Laperrine, frère Charles nous le dit dans une lettre du 17 avril à Mme de Bondy : " Nous partons pour In Salah demain matin. Il est très probable que je n'irai pas à In Salah. Mon bon ami, Henri Laperrine me confiera, s'il le peut, à des indigènes, au point qui me conviendra, et je ferai au milieu d'eux, de mon mieux, l'œuvre de l'Époux, c'est une très grande grâce. " Ainsi Laperrine veut remettre son ami à la confiance des indigènes, non pas comme un otage, mais comme un ami, comme un frère, sans armes : frère Charles est d'accord avec lui et en est très heureux.

La marche dans le désert continue. Frère Charles découvre les Touaregs, il se passionne pour eux : " Les Touaregs se montrent très liants, très ouverts. " " Je fais tout mon possible pour me mettre en relation, confiance, amitié avec tous ces

Touaregs, écrit-il à Mgr Guérin. Il est probable que mon ami me laissera en route au retour, si les esprits sont assez bien disposés pour cela, en quelque point où je me trouve seul au milieu de ces nouveaux administrés. J'y passerai seul un certain temps de manière à bien prendre le contact... J'étudie jour et nuit le tamachek... Combien de temps resterai-je ainsi seul au milieu de nos frères ? autant que Jésus me l'indiquera et que l'obéissance me le permettra... Ne dites cela à personne... il faut un grand silence pour ne pas attirer d'ennuis à mon ami et ne pas attirer des obstacles à l'œuvre de Dieu... C'est pour cette prudence que je vous écris par une voie détournée; je vous prie de ne pas parler de ma tournée, de mon voyage... le silence est bon aux œuvres de Dieu. "

Pour tout ce voyage, frère Charles, sur l'invitation de Mgr Guérin, a choisi un nom, sous lequel les indigènes puissent le désigner : " J'ai pris le nom d'Abd-Isa ". Abd-Isa signifie : " Serviteur de Jésus ".

Le jour de la Pentecôte, le 22 mai, deux des principaux nobles Hoggar viennent rendre visite de la part de Moussa Ag Amastane, l'aménokal des Hoggar, à Laperrine. " On dit beaucoup de bien de Moussa Ag Amastane; c'est, dit-on, un fervent musulman, pieux, brave, intelligent, ami du bien, et de la paix, homme de parole. " Moussa est malade et c'est pour cette raison qu'il n'a pu venir lui-même auprès de Laperrine. Frère Charles — Abd-Isa — apprend par le détail qu'il y a eu de longues guerres entre Taïtoq et Hoggar. "

Le 7 juin, la colonne campe auprès de la tente de Tarichat Oult Ibdakane, cette femme qui a recueilli et défendu des blessés français lors du massacre de la colonne Flatters. A ce point d'eau, à côté de la tente de Tarichat, frère Charles rédige, dans son journal, une longue note, qui est le résumé de l'expérience de ces cinq premiers mois de voyage, mais qui est aussi et surtout un regard pénétrant sur lui-même. Il rappelle d'abord quelle est sa " vocation reconnue depuis des années " : " Cette vocation n'a pas varié " : " Mener la vie de Jésus à Nazareth ", " Être aussi petit et pauvre que le fut Jésus à Nazareth. " Les différences, elles existent dans la façon même de vivre. C'est ainsi que frère Charles indique : " Ne pas chercher, comme à Béni-Abbès, à faire de grandes aumônes : donner le surplus dans la mesure où il y en a, comme le faisaient Jésus, Marie et Joseph à Nazareth; ne pas chercher à donner, étant seul, l'aumône et l'hospitalité comme le ferait une fraternité de vingt-cinq petits frères. "

Ses projets sont beaucoup moins rigides qu'à son arrivée à Béni-Abbès : " Dans le doute, me conformer toujours à ce que faisait Jésus à Nazareth. En conséquence, la première chose à faire est de construire un oratoire de 1 m 40 de large, de 2 m 10 de long, un abri pour Paul et moi, sans chercher à les mettre au lieu définitif de la future fraternité, mais au lieu le meilleur pour le présent. La seconde chose à faire est de trouver et de faire un travail qui assure le pain quotidien de Paul et de moi. Ceci fait, il ne reste qu'à prier la nuit, travailler le jour, aimer et contempler Jésus sans cesse de tout son cœur, dans la pauvreté, la sainteté et l'amour, en faisant au prochain tout le bien spirituel et matériel que permettent les faibles moyens et qu'inspirent la charité du cœur de Jésus, comme faisait Jésus à Nazareth. Prière, travail, accueil, tels sont toujours les buts essentiels de la fraternité. " Et c'est toujours le même principe qui préside à l'établissement de la fraternité : s'il veut s'établir à Abalessa, c'est d'une façon précise; " Non au cœur du village mais à proximité, dans un lieu un peu à l'écart, pour avoir, à la fois, le silence de la retraite et la proximité des hommes. " Il indique qu'Abalessa " est le cœur non seulement du Hoggar, " " mais encore de tout le pays touareg ", et que c'est " le principal marché où tous viennent ". Il veut donc se placer à un carrefour, mais un peu à l'écart du carrefour, et y vivre le silence et l'hospitalité.

Comment veut-il mener cette existence ? " Silencieusement, secrètement, comme Jésus à Nazareth, obscurément comme Lui, " passer inconnu sur la terre, comme un voyageur dans la nuit ", pauvrement, laborieusement, humblement, doucement, avec bienfaisance comme Lui, désarmé et muet devant l'injustice comme Lui, me laissant, comme l'Agneau divin, tondre et immoler sans résister ni parler; imitant en tout Jésus à Nazareth et Jésus sur la Croix. »

Le 4 juillet, il écrit à Mgr Guérin : « J'ai un infini besoin de trois choses, pour lesquelles je demande tant vos prières :

» 1°) la conversion, le salut de ce peuple touareg;

» 2°) de saints ouvriers évangéliques pour travailler dans ce champ;

» 3°) ma propre conversion.

» Si je me convertissais, j'obtiendrais les deux premières choses. »

Il y a, chez frère Charles, l'impatience passionnée de faire connaître partout que Jésus est Amour. Il écrit à l'abbé Huvelin, le 15 juillet, : « De toutes mes forces, je tâche de montrer, de prouver à ces pauvres frères égarés que notre religion est toute charité, toute fraternité, que son emblème est un Cœur. » Ce n'est pas que cette proposition d'amitié soit facile; le 14 juillet, frère Charles écrit à Mgr Guérin « que ceux qu'il rencontre sont des frères encore très ombrageux, très défiants, parfois très haineux ». Pendant tout ce temps, frère Charles accomplit un labeur de traduction écrasant; le 17 août, il peut écrire encore à Mgr Guérin : « J'ai achevé la traduction en Tamachek des quatre évangiles. Je la corrige et la recopie. »

Fin octobre, frère Charles, une fois de plus, ne sait pas du tout ce qu'il fera par la suite : « J'ignore entièrement l'avenir, écrit-il à l'abbé Huvelin le 25 octobre. Ce que Jésus voudra. » Le 11 novembre, il arrive à Ghardaïa, résidence de Mgr Guérin. Il veut y faire une retraite de quelques jours, après avoir renseigné Mgr Guérin, et lui avoir demandé ses conseils : « L'avenir, je ne le vois pas : c'est vous qui le réglerez... Je continue à étudier le tamachek, et suis prêt, après vous avoir vu, à repartir immédiatement pour le Hoggar. »

Le 26 novembre, il donne à un père blanc le compte-rendu de son voyage. Il écrit, entre autres : “ Dans ces pays si pauvres, où la vie est si simple, les missionnaires, pour ne pas établir un mur de séparation entre eux et leurs ouailles, pour ne pas éloigner d'eux ceux qu'ils désirent tant rapprocher, pour ne pas donner une réputation fâcheuse et peu évangélique d'immense richesse, seront obligés de vivre très pauvrement : par là même, ces missions ne demanderont que peu de frais... La langue des Touaregs est très facile, cent fois plus facile que l'arabe, c'est encore une facilité. ” Ce que voit frère Charles, ce sont des postes avec quatre ou cinq missionnaires : “ Deux ou trois d'entre eux demeureraient de façon fixe, tandis que les autres seraient habituellement en course aux environs, allant de campement en campement. ” Surtout chez les Touaregs, cette composition des missions : quatre ou cinq pères, dont deux habituellement en course, semble indispensable.

Frère Charles souhaite aussi qu'il y ait non seulement des pères blancs, mais des sœurs blanches pour aller parmi les Touaregs. Il a remarqué que la femme y a une position privilégiée : “ Quel bien ne feraient-elles pas chez les Touaregs où les femmes, aussi libres qu'en France, ont autant d'influence qu'en France, et ne s'en servent que comme elles font en France quand elles n'ont pas de religion. ”

UNIR DANS LA FRATERNITÉ

Mais Mgr Guérin décide de faire des fondations dans le sud. Frère Charles n'a donc plus de voyages à faire : “ Je retournerai à Béni-Abbès reprendre ma vie solitaire ”, écrit-il le 13 décembre, à la fin de sa retraite. Il arrive le 24 janvier 1905 à la fraternité du Sacré-Cœur, et y reprend le règlement d'autrefois : “ Me voici donc à Béni-Abbès pour longtemps, toujours s'il plaît à Dieu, sans autre travail que d'y vivre le vie de Nazareth et d'imiter de tout mon cœur, avec tout ce que j'ai de force et d'amour, le divin Modèle. »

Au début de janvier 1905, encore en route, frère Charles a reçu, par l'entremise du consul de France à Casablanca et de Lacroix, son ami des Affaires indigènes, une lettre d'un des hommes qui lui ont rendu le plus de services au Maroc : Hadj Edriss ben Omar; c'est l'un des plus proches parents du chef de la Zaouïa de Bou el Djad. Cette lettre datée du 16 août 1904 disait, entre autres : « Le consul de France d'ici m'a dit que vous vous trouviez à Jérusalem dans la Terre Sainte à l'honnête service de Dieu et que vous avez sacrifié votre temps à l'Éternel. Je vous en félicite et je suis bien certain que le monde ne vous intéresse plus. » Frère Charles écrit aussitôt à Castries, le 14 janvier; il lui explique en quelques mots qui est son correspondant et comment il a été reçu à la zaouïa : « traité en frère », et il lui demande de répondre à Hadj Edriss. Cette lettre marocaine le fait se tourner de nouveau vers ce pays qu'il a exploré : « Cette lettre reçue après plus de vingt-et-un ans me fait plaisir, elle me montre les esprits tournés de notre côté, regardant comme prochaine notre arrivée prévue depuis des années, et espérant de nous la sûreté, la paix qui, depuis si longtemps, manquent au Maroc. Frère Charles ajoute, admirablement, à Castries : « Pardon de cette longue lettre *d'affaires* : j'aimerais mieux ne vous parler que du bon Dieu, mais ces affaires sont celles du bon Dieu : *Deus caritas est*; et tout ce qui tend à unir les âmes dans la fraternité, dans l'amour, est l'affaire du bon Dieu. » Frère Charles fait une lettre pour celui qui l'a reçu : « Il me serait doux et agréable d'aller moi-même renouer amitié avec vous à Bejaad, mais je ne puis le faire; je vous adresse mon meilleur ami, mon frère, ma propre âme, M. le comte de Castries, en vous demandant de l'accueillir comme vous m'avez accueilli autrefois et comme vous me recevriez aujourd'hui si j'allais en personne vous trouver. » Hadj Edriss répondra à frère Charles le 23 mars 1905 : « Je vous aime pour la grandeur de votre âme, parce que vous serez toujours bon dans votre sacerdoce comme vous l'avez été dans les champs du Maghreb pour les pauvres et pour les souffrants. Votre bon souvenir me revient sans cesse à la pensée. Je me ferai un plaisir de vous envoyer de ce pays tout ce dont vous auriez besoin ou qui pourrait vous être agréable. »

Le Maroc est alors à l'ordre du jour. Si la Grande-Bretagne, l'Italie et l'Espagne ont admis que le Maroc faisait partie de la zone d'influence française, l'Allemagne s'y oppose formellement. Guillaume II se décide à frapper un grand coup : il débarque à Tanger le 31 mars 1905, au cours d'une croisière en Méditerranée; il rend visite au représentant du sultan et se déclare prêt à tout pour que soit sauvegardée l'indépendance du Maroc. La situation devient très tendue. En France, le président du Conseil, Rouvier, se rend compte du manque de préparation où se trouve l'armée française, ébranlée par l'affaire Dreyfus. L'Allemagne demande une Conférence internationale. Delcassé, ministre de la Guerre, s'y refuse; il est obligé de se retirer : l'ensemble du gouvernement ayant admis la demande allemande. Entre 1905 et 1912, toute l'histoire diplomatique française, et européenne même, est dominée par la question du Maroc : la France veut s'y installer; elle voit dans cette action l'affirmation de son autonomie; le Maroc est pour elle le terrain où exprimer les forces d'initiatives qui bouillonnent en elle. L'Allemagne, quant à elle, cherche à humilier la France; le 16 janvier 1906, se réunit la conférence d'Algésiras qui durera trois mois. L'Allemagne acceptera la prépondérance de la France dans la constitution de la banque d'État du Maroc; l'organisation de la police, dans les ports marocains, est confiée à la France et à l'Espagne.

Les incidents vont se multiplier entre 1907 et 1911. Le premier juillet 1911, l'Allemagne notifie à la France qu'une canonnière, la *Panther*, vient d'être envoyée en rade d'Agadir, au sud du Maroc « pour protéger les nationaux allemands menacés par l'anarchie marocaine ». C'est la répétition du coup de Tanger. Nouveau traité, signé le 4 novembre 1911, qui laisse à la France les mains libres au Maroc en échange d'un abandon de territoire aux dépens du Congo français. En 1912, Lyautey sera nommé résident général au Maroc.

Sur le plan national comme sur le plan mondial, ces années 1905-1906, pendant lesquelles frère Charles attend aux portes du Maroc, marquent un tournant historique très important. On assiste à une immense explosion d'idées et de recherches. Le monde bascule vers une nouvelle époque. Léon Bloy écrit, en 1906 : " Nous sommes au prologue d'un drame inouï tel qu'on n'en a pas vu depuis plusieurs siècles, et je vous convie à un certain degré de recueillement. "

Au début du xxe siècle, la France est un pays qui doute de lui-même et de sa vitalité, un pays qui vit sur ses nerfs. Le grand sport national, c'est la politique intérieure : " Art indigène pur " écrira Paul Morand. Le " petit père " Combes a donné sa démission au début de 1905. Clemenceau devient, en 1906, président du Conseil, et demeurera trois ans au pouvoir.

En ces années, une véritable guerre religieuse a lieu. Les chartreux ont été expulsés en avril 1903. En décembre 1905, la loi de Séparation est devenue définitive et Pie X condamne solennellement le principe de la Séparation. Il y a un réveil très net du catholicisme : si en 1905, il n'y a que trois ou quatre talas (ceux qui " vont-à-la-messe ") à l'École normale, ils sont une quarantaine, le tiers de l'école, en 1912.

Le coup de Tanger réveille un patriotisme ardent et la volonté de s'implanter au Maroc naît vraiment d'un sentiment d'oppression. En 1905, Maurice Barrès commence sa série de *Bastions de l'Est*, Maurras rédige *Kiel et Tanger*, Péguy fait paraître *Notre Patrie*. Et si Bergson conquiert le grand public surtout à partir de la publication de *l'Évolution créatrice*, en 1906, on n'oublie pas de regarder la méthode du philosophe comme une réponse aux techniques allemandes si admirées depuis 1870 et officiellement professées : Bergson devient une " pure gloire française ".

Si la France regarde vers cet immense continent qu'est l'Afrique, si un Psichari, petit-fils de Renan, fait, en 1903, la campagne de Mauritanie et en apporte *Terre de soleil et de sommeil* (en 1912; il fera paraître *l'Appel des armes*, et en 1913, *le Voyage du Centurion*), la France reste fortement repliée sur elle-même. Il y a à peine 1 % d'accroissement de la population entre 1906 et 1913 et cette stagnation démographique montre assez que les grands rêves d'expansion extérieure correspondent assez peu à une réalité intérieure. D'ailleurs, cette Afrique dont on rêve, on ne s'en occupe guère, et le 7 février 1914, quand le gouverneur de l'Algérie viendra exposer à Paris l'ensemble de la question algérienne, il se trouvera devant douze députés — en comptant le président — et 587 sièges vides...

C'est le temps où l'aviation commence son essor : le 23 octobre 1906, à Bagatelle, Santos-Dumont gagne la Coupe Archdeacon en parcourant, à deux mètres au-dessus du sol, une distance de soixante mètres.

En Inde, Gandhi utilise la " Satiâgraha ", " résistance passive ". Lénine séjourne en France de novembre 1908 à juillet 1912. Le monde se prépare à exploser.

Le 28 janvier 1905, à Béni-Abbès, frère Charles reçoit la visite du général Lyautey, venu à l'improviste. De quoi parlent-ils ensemble ? Du Maroc, bien sûr : " Nous ne nous lassions pas, dit Lyautey (qui est arrivé avec de nombreux officiers des Affaires indigènes), nous ne nous lassions pas de faire appel à sa documentation sur le Maroc, sur les problèmes africains. " Frère Charles va-t-il enfin pouvoir pénétrer au Maroc ? En attendant, de la même manière qu'il avait mis à jour, après son exploration au Maroc, l'ensemble de ses notes — il met à jour l'ensemble de ses observations en pays touareg : " Je passe mes journées dans ma vie monastique et solitaire, remplaçant le travail manuel par des copies de touareg et d'études faites au cours de l'année de voyage ", écrit-il le 18 février à Mme de Bondy.

Dans cette vie de solitude et de prière, frère Charles reçoit, coup sur coup; le 1er et le 8 avril, deux lettres pressantes de Laperrine, l'invitant à partir en mai, et pour tout l'été, au Hoggar. Frère Charles répond qu'il ne pourra pas quitter Béni-Abbès avant l'automne. Mais aussitôt, il se pose la question; dans son journal, le 15 avril 1905, il écrit : " Je suis perplexe... Les oasis et les Touaregs sont sans aucun prêtre et aucun prêtre ne peut y aller : non seulement on me permet d'y aller, mais on m'y invite; des pays reculés et délaissés entre tous sont sans prêtre, et l'on me demande d'y aller; seul, je puis y aller et je refuse !... D'immenses étendues de terre sont sans prières, sans messes, nul ne peut y aller offrir le Saint Sacrifice, sauf moi seul, à qui, non seulement on le permet, mais on le demande... Est-ce bien la volonté de Jésus que je refuse ?... "

Il écrit à Mgr Guérin et à l'abbé Huvelin. Après avoir pris lui-même l'avis de l'abbé Huvelin, Mgr Guérin envoie à frère Charles une dépêche l'incitant à partir. Frère Charles reçoit cette dépêche le vendredi-saint. Le voici donc amené à faire un nouveau choix. Il n'y a pas à hésiter : c'est Jésus seul qui commande et il faut le suivre. Frère Charles écrit donc aussitôt à Laperrine, lui demandant s'il est encore possible de partir, s'il n'est pas trop tard. Le 3 mai, il reçoit de Laperrine une réponse affirmative. Il part sur le champ pour Adrar. La caravane comprend plusieurs fonctionnaires français, dont M. Étiennot, inspecteur des P.T.T. en mission.

SELON LES CIRCONSTANCES

En route vers le pays touareg, frère Charles songe à l'avenir; il écrit à l'abbé Huvelin : ce qu'il envisage, c'est de se partager entre une installation à Tamanrasset et une installation à Béni-Abbès. Il se laisse mener par Dieu, Dieu qui indique souvent sa volonté par les événements : " Cette vie de Nazareth se mènera selon les circonstances; à Béni-Abbès, chez les Touaregs ou ailleurs... les circonstances montreront. » C'est d'Akabli qu'il écrit cette lettre, le 18 mai. Frère Charles se trouve dès lors dans un abandon de chaque instant entre les mains du Père; il ne fait que regarder Jésus; sa vie, il la mène très simplement au jour le jour. Il ne veut plus se servir « du règlement que comme d'un Directoire ». « La vie de Nazareth peut se mener partout : mène-la au lieu le plus utile pour le prochain. » C'est l'appel du prochain qui fait loi, c'est la fraternité à établir entre les hommes qui commande.

Le 30 mai 1905, frère Charles rejoint la colonne Dinaux, comme il avait été convenu avec Laperrine. Dinaux racontera plus tard : « C'est alors que prit fin le calvaire supporté par le père de Foucauld depuis le départ d'Adrar. J'en eus des échos immédiats. Le haut fonctionaire des Postes, tout pénétré de son importance, sanguin et corpulent, ne pouvait avoir que commisération et mépris pour le pauvre hère famélique qui suivait péniblement en tirant son chameau par la bride, s'isolait le soir à distance du camp pour y méditer, se nourrissait de dattes sèches et d'orge grillé. » « Il l'appelait « frère Charles », ne lui ménageant par les sarcasmes; et du campement entonnait souvent des refrains grivois avec son adjoint, en ouvrant des boîtes de conserves et en débouchant le flacon d'absinthe. » Un autre témoin, Dervil, ajoute un trait, qui se passera en juin, quand la mission continuera son voyage : « Avant In Ziz, le vent de sable souffla sous 55° à l'ombre pendant quatre jours. Impossible d'y voir à deux mètres et il fallait marcher à l'eau. Ce fut la hideuse soif ! je n'ai jamais vu la mort avec une telle certitude. Le gros fonctionnaire, affolé, perdant toute retenue, se tenait à l'écart. L'outre du père de Foucauld contenait les ultimes gouttes d'eau du camp qu'il gardait pour un malade ou une crise de folie, comme il en advient parfois. Il tendit l'outre à M. E... qui avala goulûment et en guise de remerciement, fit « pouah, elle empeste le goudron... » « Merci ! » répondit simplement le père. A quelques jours de là, le fonctionnaire rôdait dans le camp, oisif, cependant que chacun vaquait à sa besogne. Il s'approcha de la tente du père qui était penché sur ses manuscrits. D'une voix ironique : " Eh bien, frère Charles... toujours silencieux... " Le père de Foucauld leva sur lui ses besicles et répondit doucement : " C'est que j'ai horreur des bavards, Monsieur !... " Un rire se propagea dans le camp ! "

Dans la colonne Dinaux, se trouve E. F. Gauthier, explorateur et géographe, qui veut aller à Gao, et aussi l'écrivain Pierre Mille, qui dira de frère Charles avec qui il a vécu ces semaines de désert : " Il nous arrivait de sourire de son extraordinaire passion du désert. Avec le sans-gêne de la jeunesse, nous l'appelions, entre nous, celui qui trouve toujours que les tramways sont trop voisins. "

Le 5 juin, frère Charles retrouve Aziouël " tout changé depuis l'an dernier, tout en confiance ". Le voyage continue : " Je vois beaucoup de Touaregs, je suis content; ils sont bien plus familiers, plus en confiance que l'an passé ". Il se réjouit beaucoup de voir les officiers très proches des indigènes : " Le voyage est tout pacifique, tout d'amitié de la part des officiers; aussi les relations avec les indigènes sont excellentes, ce dont je me réjouis extrêmement ", écrit-il le 16 juin à sa cousine.

De son côté, Dinaux raconte : " Si l'étape avait été particulièrement pénible, il ne manquait pas de parcourir le camp, de visiter les gradés et les officiers français sur le sac de couchage, de donner à l'un ou à l'autre des comprimés de quinine, un doigt de vin de messe ou une parole de réconfort, et de s'enquérir auprès des méharistes indigènes de ceux qui avaient besoin de soins. Il était vénéré de tous. Après les deux heures de marche matinale, tout le monde était en selle, mais le père continuait jusqu'à épuisement à suivre à pied, en égrenant son chapelet ou en récitant des litanies; il forçait visiblement l'allure dans les terrains difficiles les plus divers; dès 5 heures du matin, le soleil dardait implacablement ses rayons, la température à l'ombre variait de 40° à 50°; nous absorbions chacun huit à dix litres d'eau par jour, et quelle eau ! souvent magnésienne, à moins qu'elle n'ait été puisée dans des mares où avaient pataugé des troupeaux. Et le père suivait toujours à pas rapides jusqu'au moment où la tornade soufflait en tempête, ou que l'un de nous lui dise : " Mon père si vous ne montez pas, je descends à vos côtés ", et il se résignait alors à suspendre son calvaire, il reprenait son beau sourire, et causait volontiers des sujets les plus variés jusqu'à l'étape. "

Le 25 juin, frère Charles écrit dans son carnet : " Etre l'ami de tous, bons ou mauvais, être le frère universel. " Ce jour-là, officiers français et méharistes arabes attendent à tout instant l'arrivée de Moussa. Qu'a-t-il décidé ? Mais voilà une troupe à l'horizon. Moussa et les principaux Kel Rela : ils avancent calmement. Échange solennel de salutations. Peu à peu, le climat devient plus familier. Frère Charles est là entre les officiers et les Touaregs, frère Charles qui vient demander à Moussa son hospitalité. " C'est le 15 juin 1905, relate Dinaux, au puits d'In Ouzel, que Moussa Ag Amastane vint se présenter à moi, fit amende honorable pour son attitude des deux dernières années et accepta, au nom de tous les partisans de la paix, le principe de la soumission absolue et du paiement de l'impôt. Il nous fit dès lors une excellente impression qui se confirma les jours suivants, et, à partir de ce moment, je cessais de considérer comme chimérique le projet du père de Foucauld de s'installer au Hoggar. " " Je le présentai à Moussa comme " un marabout, serviteur du Dieu unique ", passionné de solitude, désireux d'étudier la langue des Kel Aaghar, susceptible de rendre de grands services aux populations, et de le conseiller lui-même fort utilement. Au cours de nombreux entretiens, nous examinâmes le côté pratique de la question et le choix de la résidence du père s'arrêta sur Tamanrasset. " L'aménokal accompagne la mission pendant une quinzaine de jours, ce qui donne à frère Charles l'occasion de mieux le connaître et de le trouver " très intelligent, très ouvert, très pieux musulman, voulant le bien en Musulman libéral ".

Quelle est la manière de vivre de frère Charles en ces semaines et quelle place a-t-il au milieu de ce groupe composé à la fois de Français et de Touaregs. Dinaux nous le dit : " Quand le contact fut pris avec Moussa Ag Amastane et les notables des Kel Rela, ce fut la période des palabres solennels, ceux où l'on évoquait la politique indigène de la France, les bienfaits de la paix, les questions d'impôts, de cessation du banditisme, de soumission à l'aménokal etc... Le père de Foucauld ne manquait aucune de ces réunions : accroupi à mes pieds, volontairement effacé, refusant tout pliant, il suivait avec le plus vif intérêt les propos échangés, perfectionnant ainsi ses connaissances de Tamahaq, cet idiome des Touaregs, manifestant sa bienveillance envers les assistants. Quand les campements étaient à proximité, le père s'y faisait accompagner par un interprète de la tribu, et distribuait quelques médicaments et objets d'utilité courante. "

Frère Charles écrit à son beau-frère : " Voilà longtemps que je ne vous ai écrit : j'ai peu de temps, les jours de marche sont nombreux, les marches longues parfois : en arrivant au gîte, on voudrait écrire, lire, travailler; souvent on ne peut parce qu'il faut se reposer pour avoir la force de marcher le lendemain. Puis, les indigènes ont droit à mon temps, et en outre ce m'est un devoir de faciliter l'œuvre de ceux qui me suivront en étudiant la langue touarègue, non seulement pour moi, mais pour eux. "

Le 10 juillet, Moussa se sépare de la colonne et reprend la vie nomade. Frère Charles continue sa marche vers le Sud; son temps se partage entre les " relations avec les indigènes " et " la fabrication d'un petit lexique touareg et d'une petite grammaire très élémentaire ". Le 6 août, on commence à approcher du centre du Hoggar : " Je vais m'établir pour quelques mois, peut-être pour plus, dans cette région, au village de Tamanrasset. J'avais cherché cet établissement l'été dernier, sans réussir; cette année, il semble que je le puisse; je crois devoir profiter de cette possibilité, de cette occasion, ne pas laisser se fermer cette porte entrouverte. Selon toute probabilité, je vais donc m'établir là pour au moins l'été, l'automne, l'hiver, peut-être beaucoup plus; je m'installe sans faire de projets. " Que veut-il faire à Tamanrasset? " J'y construirai tout de suite une hutte et j'y vivrai très pauvre, très retiré avec le Très Saint-Sacrement que j'aurai, grand bonheur, dans un petit Tabernacle jusqu'à nouvel ordre, tâchant uniquement d'imiter le divin ouvrier de Nazareth... Je tâche de faire à tout moment pour le mieux, sans faire de projets... Priez pour moi, afin que je sois fidèle à la grande grâce qui m'est faite de rester parmi ce peuple, jusqu'ici si éloigné de nous, priez pour que le bien se fasse, que le règne du cœur de Jésus arrive. "

AU CŒUR DU HOGGAR

Quel est cet homme que les officiers et les soldats rencontrent? Quel est cet homme que l'aménokal du Hoggar, mais en même temps, les plus pauvres haratins, rencontrent? Regardons-le : frère Charles a maintenant l'aspect qu'il gardera jusque dans ses dernières années. Quelqu'un qui a vécu près de lui à Béni-Abbès et qui faisait partie de la colonne Laperrine, Dervil, nous le montre : " Je le revois tel qu'il m'apparut, la tête couverte d'une sorte de bonnet de toile blanche muni d'un couvre-nuque, d'une gandourah où saignait un Sacré-Cœur de drap rouge, un chapelet à gros grains à la ceinture. Quoique amaigri par les privations et la vie saharienne, il était résistant et entraîné à la rude école du bled. Dans un visage émacié, encadré par une barbe courte, clairsemée, ses yeux vivaient intensément, profonds, exprimaient la douceur, mais aussi la fermeté réfléchie. Peu loquace, volontiers perdu dans ses pensées, il ne s'animait que rarement. Du Maroc et de sa vie passée, de la France, il était peu question. Il n'était cependant ni morose, ni collet monté, et riait souvent aux plaisanteries de Laperrine... Au cours des tournées qui duraient de longs mois, les trois ou quatre Français mangeaient ensemble en popote : couscous ou riz, viande de chasse, un « coup » d'eau goudronnée, menu invariable. Chacun apportait son gobelet et son assiette d'émail ébréchée, on s'accroupissait en tailleur par terre et on parlait Sahara, Touaregs, cartes, etc. Le père mangeait avec gros appétit et en silence. Quand il y avait de l'orage dans l'air, le père laissait monter la soupe au lait, puis lançait le mot de la fin qui calmait tout... Dans le Hoggar, creusant un puits, je crus avoir découvert un filon aurifère. Je rapportais des échantillons triomphalement. Tout ce qui brille n'est pas or !... Je m'étais trompé ! — « Ç'eût été pour moi une vraie catastrophe ! de l'or au Sahara... dans quel autre coin du monde aurais-je pu me cacher !... » dit le père. Il marchait à pied le plus longtemps possible et ne montait sur son chameau que quand la fatigue et la chaleur l'y contraignaient. Un après-midi, un scorpion caché dans le bât pique le père au médius droit. Je tentai aussitôt une injection massive de permanganate. De mauvaise qualité, ou rouillée, l'aiguille se brisa dans l'articulation. Malgré la douleur, Charles de Foucauld ne broncha pas : « Il n'y a qu'à recommencer !... » La main et le bras devinrent énormes ! La fièvre se déclara : nous craignions un phlegmon. Jamais une plainte, et sous le ciel de plomb fondu, il s'obstina à marcher, par mortification. A l'étape, il s'installait sous sa petite tente, prenait des notes, interrogeait les Touaregs rencontrés, et préparait son dictionnaire tamacheq-français... J'ai vécu pendant des mois dans l'ambiance d'un saint, à vrai dire, sans m'en rendre compte. Ce n'est que maintenant, en revivant mes souvenirs, que m'apparaît dans sa juste proportion la grandeur de ce caractère qui était si parfait que cette perfection ne transpirait point et n'écrasait pas son entourage. « C'est là que je veux vivre », s'était-il écrié en apercevant Tamanrasset. Nous l'avons quitté sur le seuil de son petit ermitage de torchis et de chaume, seul avec sa piété, sa bonté, et le silence ! Quelques sacs de dattes, de farine, quelques boîtes de lait ! sa silhouette s'est effacée peu à peu dans le flamboiement de la lumière. »

Le 11 août, il avait écrit dans son carnet : « Je choisis Tamanrasset; village de vingt feux en pleine montagne, au cœur du Hoggar et du Dag Rali, sa principale tribu, à l'écart de tous les centres importants. Il ne semble pas que jamais il ne doive y avoir garnison, ni télégraphe, ni Européen, et que de longtemps, il n'y aura pas de mission. Je choisis ce lieu délaissé et je m'y fixe, en suppliant Jésus de bénir cet établissement où je veux, dans ma vie, prendre pour seul exemple sa vie de Nazareth. » C'est le 13 août que la mission arrive à Tamanrasset. Frère Charles écrit à sa cousine : « Je vais rester ici, seul européen; les autorités sont persuadées qu'il n'y a aucun danger ». Le 26 : « Je suis ici, non pas avec Laperrine, mais dans son commandement, et je le verrai de temps en temps, une fois par an. C'est un excellent ami, je suis en relations de lettres continuelles avec lui, continuelles comme c'est possible ici... Le détachement avec lequel je suis venu ici (dont les officiers sont parfaits pour moi) est encore ici pour quelques jours... puis je resterai seul, heureux, très heureux d'être seul avec Jésus, seul pour Jésus. »

Le voici installé dans son petit ermitage, dans sa petite cabane, comme à Béni-Abbès. Il continue à travailler la langue touarègue; il a remplacé le travail manuel par ce travail du dictionnaire; il est très gêné pour le faire : ses yeux baissent de jour en jour, et il est obligé de mettre des lunettes : « Même pour écrire des lettres, il me faut maintenant des lunettes; et il faudra de temps en temps changer de numéro. » Comme à Béni-Abbès, la fraternité de Charles est installée à la fois au cœur du pays, et en même temps à l'écart. Sil y a peu d'habitants à Tamanrasset — une soixantaine — il y a pourtant beaucoup de passage : « Je me félicite beaucoup de m'être installé dans ce pays et en ce point du pays, écrit-il le 16 septembre;

il y a très peu d'habitants fixes, une vingtaine de pauvres huttes disséminées sur un espace de trois kilomètres, mais il y a beaucoup de nomades aux environs, c'est le cœur de la plus forte tribu nomade du pays; les nomades et les quelques sédentaires ont déjà pris l'habitude de venir me demander des aiguilles, des remèdes, et les pauvres, de temps en temps, un peu de blé. Je suis accablé de travail, voulant achever le plus vite possible un dictionnaire touareg-français, et français-touareg. Obligé d'interrompre à toute heure ce travail, pour voir des indigènes ou faire faire les petits travaux, cela n'avance pas vite. Je travaille peu de mes mains, et je voudrais tant le faire. Mais, en même temps que moine, je suis prêtre, sacristain, missionnaire, et il est plus nécessaire pour le moment que je donne les éléments d'apprendre la langue de ce peuple; j'ai soif d'avoir fini ces travaux d'écriture pour reprendre l'outil de Jésus et de Joseph. "

L'INTÉRÊT GÉNÉRAL

Frère Charles a retrouvé Moussa Ag Amastane et il a noué avec lui une très forte amitié. Le 23 octobre 1906, frère Charles écrit dans son petit carnet : " Moussa me demande conseil sur ce qu'il doit dire, dimanche, au colonel (Laperrine), de son voyage d'Adrar. Jésus, inspirez ma réponse, dirigez-la. " " Plus on est parfait, plus on fait passer l'intérêt général avant l'intérêt particulier. " (Saint Augustin, *Règle.*) Moussa doit donc ne pas considérer son intérêt particulier, mais uniquement l'intérêt général. L'intérêt de qui ? Des Kel Aaghar d'abord, des autres Imouhar en deuxième lieu. "

Frère Charles rédige alors de longues pages de conseils à l'intention de Moussa. Il veut d'abord que Moussa apprenne à connaître le plus possible la volonté de Dieu. Pour y atteindre, il est bon que l'esprit se développe : " Toute science augmente les forces de l'esprit, et nous comprendrons d'autant mieux la volonté de Dieu que notre esprit sera mieux développé. ” Il conclut ce premier point : “ *Moyens* d'augmenter le plus possible la connaissance de la volonté de Dieu et le développement de leur esprit : 1°) *Instruction des enfants*, garçons et filles, cette dernière très importante par suite de l'influence de la femme dans la famille (par l'établissement chez eux d'hommes et de femmes capables de les instruire). 2°) *Instruction des grandes personnes* (par des rapports familiers dans leur pays avec des hommes et des femmes capables de leur donner des notions vraies; par des voyages en Algérie, en France, à la Mecque; par la connaissance des langues française et arabe qui leur rendront ces voyages faciles et agréables; par le développement du commerce, de l'élevage, de l'agriculture, de l'industrie, d'où naîtront des relations extérieures lointaines, d'où naîtront le besoin de connaître des langues étrangères et celui de développer l'instruction dans toutes les branches). 3°) *Prières d'âmes saintes* demandant avec ferveur à Dieu que les Touaregs connaissent bien sa volonté. ”

Frère Charles n'en demeure pas à des principes généraux : il donne des conseils concrets très précis. Ces conseils portent sur l'instruction, sur la famille, sur le travail, sur le développement des relations extérieures, sur l'exercice de la justice, de la paix intérieure et extérieure. Au sujet du travail, il écrit par exemple :

“ *Honorer le travail* — concours, prix pour les plus beaux produits de l'élevage; de l'industrie, de la culture; prix annuels;

” — donner les honneurs, les faveurs, de préférence à ceux qui travaillent, font travailler, développent le travail et l'honorent;

” — jardins et modèles établis au Hoggar par Moussa avec l'aide du Gouvernement. ” Et pour l'établissement de la justice et de la paix au Hoggar, il affirme fortement : “ Que tout ce qui est honneurs, faveurs, parcelles d'autorité, emplois avantageux, ne soient donnés qu'à des hommes vraiment intelligents et vertueux et que ceux en qui ne sont pas réunies vertu et intelligence en soient absolument écartés : tout au mérite, rien à d'autres considérations. "

A ces conseils précis, succèdent des " observations diverses "; en voici quelques-unes :

" La vraie manière de gagner l'affection du colonel est de lui ouvrir son cœur comme à son frère, comme à la personne du monde qu'il aime le plus et en qui il a le plus confiance.

" Vraiment, soit parmi les musulmans, soit parmi les chrétiens, il n'a peut-être pas d'ami aussi vrai, aussi sûr, aussi bon, désintéressé que le colonel. Qu'il ait en lui la plus pleine confiance...

" Que Moussa soit persuadé qu'il n'a pas parmi les Français — et bien peu ailleurs — de meilleur ami que moi et le colonel, moi qui l'aime parce que Dieu me l'ordonne, le colonel qui l'aime parce qu'il est bon.

" Que Moussa ne demande *rien* dans son intérêt particulier.

" Plus Moussa sera ouvert, affectueux, empressé, plus les Hoggar se montreront ouverts, amicaux, respectueux, empressés, plus tout ira avec Moussa et le Hoggar sur des roulettes; moins on ira au Hoggar, moins on n'y interviendra, plus on laissera tout faire à Moussa.

" Que Moussa ne demande pas que les Hakem (soldats) ne viennent pas en tournée au Hoggar; il n'obtiendra rien sur ce point et sa demande déplaira et fera l'effet diamétralement opposé. Au contraire, qu'il demande l'envoi au Hoggar de quelques Français, un médecin, quelques familles pour enseigner l'agriculture, le tissage, soigner les femmes malades, et qu'il supplie que, soit comme hakem, soit comme autre Français, on n'envoie que des gens *très, très, très bien*, capables d'augmenter l'amitié des Touaregs pour nous...

" Si le colonel le souhaite, et si mon cheikh (chef religieux) me le conseille, et si Moussa veut aller en France, avec un seul compagnon et en simple particulier, je m'offre de l'y conduire et de lui faire passer un ou deux mois chez ma sœur et mes amis, mais sans que je n'aie aucun rapport avec les gens du Gouvernement : le marabout est *mort* au monde et ne vit que *pour Dieu et Sa volonté.* " Il conclut toute cette note : " Les trois choses qu'il me semble le plus nécessaire de développer d'abord chez les gens du Hoggar sont : *l'instruction*, l'habitude du *travail*, la constitution de la *famille.* "

Moussa, ce jeune chef de trente-cinq ans, comment frère Charles le campe-t-il après quelques mois de relations avec lui ? " C'est un homme fort intelligent, animé de bonnes intentions, cherchant uniquement le bien des musulmans et le bien des Touaregs; esprit large, il consacre sa vie à faire régner la paix parmi les Touaregs, à y protéger les faibles contre les violences des forts, et à s'acquérir par là, ainsi que par sa libéralité, sa piété, son amabilité, son courage, une vénération universelle d'In Salah à Tombouctou; le bien qu'il fait, ses efforts pour la paix et la justice ne se restreignent pas au Hoggar, mais s'étendent aux tribus vosines... sa modération, son esprit de paix, sa constance à soutenir les pauvres et les opprimés contre les injustices sont remarquables; c'est un esprit ouvert, sage, modéré; si Dieu lui prête vie, son influence ira grandissante et durera longtemps... Mes relations avec lui sont excellentes. Je ne l'avais pas vu l'année dernière; cette année, je ne l'ai pas quitté pendant près de quatre mois, il est ici-même en ce moment; il n'a pas de résidence, il est nomade comme tous ses compatriotes... Il me semble qu'il y ait chez lui assez de pitié vraie pour que la recherche du bien général passe dans sa conduite avant celle de l'intérêt particulier, assez d'intelligence pour qu'il puisse modifier en bien ce qu'il a de mauvais et de faux dans ses idées et dans son cœur. "

Cette lettre est extrêmement intéressante : on y aperçoit qu'il y a, chez frère Charles, un immense respect pour les vertus humaines; on y voit que frère Charles veut s'appuyer sur des qualités naturelles d'un homme pour ouvrir de plus en plus son esprit et son cœur, qu'il a donc un regard positif sur les richesses naturelles des hommes qu'il rencontre; il n'est pas un ascète qui ne penserait qu'à des mortifications; son sens de l'abjection ne signifie pas du tout une dérobade devant la vie, ni un étouffement de la vie; il veut être petit, c'est-à-dire qu'il veut entrer le plus fortement possible au cœur de l'existence humaine, qu'il veut vivre au milieu des plus abandonnés pour leur donner espérance et foi dans leur destin. Cette confiance dans la vie, frère Charles l'exprime de nouveau dans son carnet, très nettement, le 23 octobre : " Plus on connaît, plus on aime; plus on aime, plus fidèlement on accomplit... toute science augmente les forces de l'esprit, et nous comprendrons d'autant mieux la volonté de Dieu que notre esprit sera plus développé... science la plus grande possible non seulement de la Loi de Dieu, mais de toute chose. La première des choses absolument nécessaires aux Touaregs est donc d'accroître, le plus possible, et leur connaissance de la Loi de Dieu et le développement général de leur esprit. " Le " frère universel " veut le progrès de tous les hommes : ici, à Tamanrasset, il veut tout particulièrement celui des Touaregs. Le voici, avec Moussa : devant ce musulman, il porte sur sa gandourah le Cœur et la Croix du Christ; et c'est bien au nom du Christ, à cause de l'amour de son Cœur, que frère Charles est là en gandourah devant Moussa. Pour Moussa, frère Charles est un homme de Dieu, qui prie et qui vit l'hospitalité. Pour Moussa, frère Charles est le serviteur de Jésus, de ce Jésus dont il voit le Cœur et la Croix sur sa poitrine.

Avec Moussa, frère Charles veut parler — et parle — passionnément de Dieu, de l'adoration qu'on lui doit. Il montre Jésus, mais silencieusement, ce Jésus de l'Évangile qu'il aime et qui est son Dieu, mais en qui Moussa ne voit qu'un prophète seulement. En pleine connaissance de cause, Moussa accueille le serviteur de Jésus, frère universel. Non seulement il l'accueille, mais il demande, lui fervent musulman, il demande à ce marabout chrétien de devenir son guide spirituel.

Frère Charles, de son côté, respecte également l'évolution du cœur de Moussa comme de tous les Touaregs qu'il rencontre. Dans les conversations, il demeure strictement au plan de la religion naturelle : " Vous désirez savoir ce que je puis faire pour les indigènes. Il n'y a pas à leur parler directement de Notre-Seigneur, ce serait les faire s'enfuir. Il faut les mettre en confiance, se faire d'eux des amis, leur rendre de petits services, leur donner de bons conseils; lier amitié avec eux, les exhorter discrètement à suivre *la religion naturelle*, leur prouver que les chrétiens les aiment. "

« GUERRES, CONTRADICTIONS INSENSÉES »

De leur côté, les Touaregs l'accueillent pour ce qu'il est vraiment. Le 26 octobre, il écrit à Mgr Livinhac : " L'année dernière, j'avais tenté à plusieurs reprises de m'installer au Hoggar, sans le pouvoir, par suite de l'esprit ombrageux des indigènes qui voyaient en moi un espion du Gouvernement; cette année, j'ai renouvelé mes tentatives qui, dès la première parole, ont eu plein succès; cela n'a pas fait la moindre difficulté. "

Frère Charles forme, pour Moussa et pour les Touaregs, un certain nombre de projets. Il veut qu'on ait de l'imagination pour promouvoir ceux à qui il se consacre. Le 26 octobre 1905, à Mgr Guérin, il demande conseil pour ce voyage qu'il ferait avec Moussa en France (Il lui dit qu'il a aussi écrit à ce sujet à Laperrine) : " Il serait bon, je crois, pour l'âme de Moussa Ag Amastane et les âmes de son peuple, qu'il vive quelques jours dans une famille française, et qu'il se lie d'amitié avec elle. " Il en a d'ailleurs parlé à Moussa : " Je lui ai fait la proposition cet après-midi, elle lui sourit : j'y ai mis cette condition que, si je lui fais faire ce voyage, il le fera en simple particulier — comme un frère voyageant pour son agrément avec son frère — et sans voir les Hakem d'Algérie, ni de France, avec lesquels je n'ai rien de commun. Dans le cas où vous jugeriez que la volonté de Jésus est que je fasse ce voyage, concertez-vous par lettre avec M. Huvelin et envoyez-moi son avis et le vôtre. »

Mais Mgr Guérin, qui a reconnu lui aussi en frère Charles un homme de Dieu, veut le laisser à son inspiration; le 30 novembre 1905, il écrit à frère Charles qu'il ne veut lui « donner en ce moment aucun conseil sur des projets à faire ». « Je mets toute ma confiance dans le divin compagnon de route auquel vous vous êtes livré. C'est lui, le Maître, — vous êtes son sokhar : il lui plaît de faire avec vous la visite de ses domaines, et de venir bénir à leur insu ses pauvres enfants qui ne le soupçonnent pas. Il lui a plu de passer l'hiver à Tamanrasset — peut-être pour le printemps ou l'été, en bon nomade qui aime la promenade et le changement, (si sans manquer de respect on peut ainsi parler de Lui); souhaitera-t-Il poser son campement en quelque autre lieu ? je ne sais pas, je ne cherche pas — vous n'avez pas à vous le demander maintenant —, à coup sûr, Il manifestera suffisamment ses désirs quand cela Lui semblera bon. De toute mon âme, je ne Lui demande avec vous qu'une chose, c'est que, bien fidèle à sa grâce quotidienne, vous puissiez faire rayonner autour de vous Sa connaissance et Son nom. »

Autre projet de frère Charles : il écrit le 30 novembre 1905, à Mgr Guérin : « Je pense tous les jours aux sœurs blanches et au bien qu'elles feraient ici : si elles fondaient un hospice (indigène — sous des huttes de roseaux) il serait bientôt plein : il y a un très grand nombre d'esclaves noires; quand elles sont vieilles, les maîtres les affranchissent, et alors elles sont totalement sans ressources, car elles n'ont ni mari, ni famille, elles vivent avec les chèvres; tant qu'ils peuvent travailler, les esclaves des deux sexes gardent les troupeaux et s'accouplent à l'aventure comme leurs animaux; tous les enfants qui naissent ont un père inconnu et, vivant à l'abandon, ont bientôt oublié leur mère. Vous voyez quelle misère morale... sans doute, il faut patience et grande patience : patience en attendant longtemps, bien longtemps que le grain semé germe; patience en employant les moyens les plus sages, les plus sûrs, bien qu'ils soient très lents; patience en continuant à travailler de toutes ses forces malgré l'insuccès, les obstacles, les contradictions, l'incertitude du succès : mais cette patience n'exclut pas les plus grands efforts, efforts non seulement pour bien employer les moyens qu'on a, mais aussi pour créer ceux qui manquent. » Laperrine écrira à l'un de ses amis : « Le général Lyautey trouve que je m'occupe trop des Touaregs et a demandé que l'on me fiche dehors; il n'a pas répondu à mes lettres particulières et a giberné trois jours avec Gautier (*Herr Professor*, à l'Hôtel de l'Oasis), sur le thème suivant : il m'adore, m'aime beaucoup, me trouve parfait, mais ne veut plus entendre parler de moi, comme subordonné, et déclare me lâcher à fond. Alors ? Ces gens-là ont des âmes si complexes qu'il faut être Bourget lui-même pour s'y reconnaître. »

Frère Charles travaille encore dans une autre direction : il ne cesse pas d'approfondir sa connaissance de la langue du pays. En décembre 1905, il écrit à un de ses vieux amis, Motylinski, directeur de la Médéria de Constantine, « afin de l'allumer sur le Touareg » : il voudrait que Motylinski, excellent interprète et linguiste, travaille la langue touarègue : « Bien mieux que moi, il est capable de faire un bon dictionnaire et une bonne grammaire. »

Frère Charles fait le bilan de ce qu'il constate en ces premières semaines passées à Tamanrasset, et insiste aussitôt sur deux tâches prioritaires. Le 26 octobre 1905, à Mgr Livinhac : « Il me semble que les deux choses les plus nécessaires présentement au Hoggar sont l'instruction et la reconstitution de la famille : leur ignorance si profonde les rend incapables de distinguer le vrai du faux et le relâchement de la vie de famille, suite de celui des mœurs et de divorces multipliés, laisse les enfants grandir à l'aventure et sans éducation. » Il écrira le 3 avril 1906, à son cousin Louis de Foucauld : « Nos nations civilisées — qui ont parmi elles bien des sauvages, bien des gens ignorant les premières vérités, et aussi violents que les Touaregs — sont bien coupables de ne pas éclairer, répandre le bien, l'instruction, des lois de paix dans ces pays si arriérés. Cela serait si facile, on se consume en folies ou en guerre, ou en contradictions insensées. »

Le 30 décembre 1905, il fait au père Voillard un tableau précis de l'état matériel, moral et religieux du Hoggar, et il expose son point de vue et ses recherches apostoliques : « Vendre de la cretonne ou de la cotonnade bleue à des prix raisonnables, voilà un moyen bien simple de faire venir tout le monde à soi; de trouver toutes les portes ouvertes, de rompre toutes les glaces... qu'avec cela, celui qui vend soit une bonne âme, la bonne impression sera faite, on aura des amis dans le pays, c'est le commencement... Si, à défaut de mieux, vous pouviez trouver quelques bonnes âmes prêtes à faire ce commerce, se dévouant obscurément pour l'amour de Dieu, quel grand bien... d'honnêtes petits commerçants français seraient accueillis avec bonheur par les autorités qui rougissent de leurs compatriotes établis dans le Sud; aucun Français ne vient s'établir aux Oasis si ce n'est pour être marchand d'alcool, c'est une honte. Il faudrait des chrétiens comme Priscille et Aquila, faisant le bien en silence, en menant la vie des pauvres marchands; en relations avec tous, ils se feraient estimer et aimer de tous, et feraient du bien à tous... Si vous pouviez nous envoyer quelques petits marchands de ce genre ! ils gagneraient leur vie sans peine, les autorités les recevraient à bras ouverts, nul obstacle : il suffirait de les trouver. » Et il lui fait un tableau de la situation telle qu'il la voit : « Le Hoggar semble avoir environ 1 000 à 1 200 familles de touaregs ce qui peut faire 5 000 à 7 000 âmes; auxquelles il faut ajouter au moins 3 000 ou 4 000 esclaves ou haratins...

» Les esclaves sont dans une position particulièrement bonne matériellement, très bien traités et ayant la plus grande liberté, et particulièrement mauvaise moralement, ils sont si libres qu'ils vivent comme les animaux qu'ils gardent, sans se soucier de fonder des familles, s'accouplent à l'aventure et d'humeur violente comme des animaux.

" Les Touaregs tout en restant présentement très à l'écart de nous, par suite de préjugés séculaires, qu'il faudra du temps pour faire disparaître, sont naturellement bien plus ouverts que les Arabes; gais, curieux, se familiarisant vite dès que la première glace est rompue, n'ayant pas une famille fermée — le harem des Arabes — ils sont bien plus près de nous que ces derniers. La première glace est assez difficile à rompre, ils ont entendu dire tant de mal de nous, les *Ikoufar*, les " païens ", comme ils nous appellent; il faut aller à eux, eux ne viennent pas à nous; mais une fois la connaissance faite, de bonnes relations s'établissent vite, d'autant plus vite qu'elles s'établissent avec toute la famille.

" Ils sont si ignorants de tout, qu'ils se trouvent à la merci de tous les parleurs et sont incapables de distinguer le vrai du faux. Sans instruction, il semble impossible de les faire sortir, à moins de miracle, de leur état actuel.

" Ils ont la vie patriarcale, comme tous les nomades, et certains liens de famille sont puissants entre eux; mais les fréquents divorces rongent les familles; on se prend, on se quitte avec une facilité extrême; ce peuple, très oisif aime beaucoup le plaisir; d'où suit une instabilité dans les unions qui est une vraie plaie.

" Exclusivement nomades, faisant cultiver leurs champs — assez nombreux et qui pourraient l'être davantage — par des haratins, et garder leurs troupeaux par des esclaves, ils n'ont guère d'autre travail qu'une surveillance des troupeaux et de temps en temps un voyage, avec les petits déplacements de la vie nomade; les femmes font des outres, des nattes, divers travaux de cuir... hommes et femmes travaillent très peu, n'aiment ni n'estiment le travail.

" L'instruction, tous en ont un égal besoin; le travail est surtout dédaigné par les nobles; les tribus d'Israël (libres mais de condition inférieure) sont plus laborieuses. "

Le 15 janvier 1906 — le 15 janvier, c'est l'anniversaire de son départ de Paris pour entrer à la Trappe en 1890 — il écrit : " Ce 15 janvier est devenu, pour moi, comme un jour de retraite, un regard jeté sur le passé et sur l'avenir, un jour de résolutions. Ma résolution d'aujourd'hui, c'est de travailler de toutes mes forces, et de plus en plus, aux travaux de lexique, grammaire, traduction de Sainte Écriture que je fais, destinés à faciliter l'œuvre de ceux qui me suivront dans le champ du Père de famille. Puis, de faire quelques visites aux villages et campements de la région pour aller à ceux qui ne viennent pas assez à moi. Puis, d'accepter les voyages lointains dans le Sahara qu'on me propose de faire cette année encore, en compagnie d'officiers : c'est un moyen de voir beaucoup d'indigènes. Je ferai comme je croirai le mieux, mais je crois que cette année sera encore, en partie, une année de voyages. " On se tromperait si on croyait que les relations avec les Touaregs se sont établies facilement. Deux mois plus tard, frère Charles dit : " En hiver, les Touaregs, frileux et mal vêtus, circulent peu : ils ne sont d'ailleurs pas très empressés à me visiter; il y a une glace à rompre : cela se fera avec le temps. "

Les indigènes qu'il a devant lui, ces Touaregs sont un très beau type d'hommes. Les nobles d'origine " pure " sont des hommes de très haute carrure : les individus de 1 m 90 ne sont pas rares. Ils ont un visage vraiment aristocratique. Mais ce visage est souvent caché : dans la tente ou dehors, le targui garde son voile. Ce " litham " est fait de bandelettes de tissu et coûte très cher : il vaut un bœuf. On le fabrique en Nigéria. Les hommes seuls portent le voile, à l'exclusion des femmes. Ce litham est à la fois réaliste : pour s'isoler contre le vent de sable et le soleil; mais aussi romantique : une sorte de masque pour effrayer les gens dans une razzia, sans être reconnu; et aussi mystique, pour protéger contre les mauvais esprits, qui peuvent entrer par les narines et la bouche.

Ces hommes du désert ont une profonde répugnance à dormir sous un toit. Installés à quelque distance d'un point d'eau, ils y montent leur tente, construisent leurs zerribas de branchages ou de roseaux, envoient les bêtes au pâturage et s'immobilisent jusqu'au moment où le puits est sec et le pâturage tondu. Que font-ils pendant ces semaines, ces mois ? Rien. Ce sont les femmes qui montent les tentes et puisent l'eau, ce sont les esclaves qui prennent soin des animaux et ramènent le bois. Il y a une règle, il y a une tradition rigoureuse qui interdit tout travail aux nomades bien nés. La seule activité digne des gentilshommes du Sahara est le rezzou et la guerre. Ces aristocrates, qui n'ont jamais eu peur de se salir les mains dans le sang, se refusent à se salir les mains dans le travail. On voit la question que peut leur poser un frère Charles qui vit au rang des pauvres et qui veut travailler.

Ces princes du désert ont réservé à la femme une place toute particulière : ils lui donnent le principal rôle. Ce n'est pas pour rien qu'une légende rapporte que les Touaregs sont censés descendre de la princesse Tin Hinan dont le mausolée, au bord de l'oued Abalessa est la véritable capitale de la nation. Ce sont les femmes qui transmettent la filiation. L'enfant n'appartient pas à la tribu, ni à la classe du père : il est avant tout l'enfant de sa mère, dont il suit l'appartenance : nobles en vassalité, etc. Si la femme ne commande pas officiellement, bien qu'elle puisse détenir le pouvoir, elle est, en droit, l'égale de l'homme et, en fait, elle est sa supérieure. C'est avant tout la femme qui possède les traditions de son peuple : elle est lettrée, cultivée. C'est elle qui connaît et pratique cette très ancienne écriture berbère, le tifiner. Et c'est la femme qui est à la source des poèmes, des chansons, des légendes : c'est elle qui les inspire, c'est elle aussi qui les compose. On récite et on chante l'Amour et la Mort dans de très curieuses joutes littéraires, les Ahal, c'est-à-dire les cours d'amour, où la Dame est souveraine. Frère Charles a aussitôt saisi cette place primordiale de la femme au Sahara. Et, dès le 20 avril 1906, il demande à Mme de Bondy : " Me serait-il possible de trouver des " infirmières laïques "; laïques de costume, mais toutes à

Jésus de cœur, consentant et souhaitant venir se dévouer à Jésus et pour Jésus, si loin, dans un dévouement si perdu, sans le nom ni l'habit de religieuse, mais avec le fait, la vérité, l'esprit d'une vie religieuse la plus complète, la plus perdue en Dieu qui puisse être ? Pour des âmes ardentes, ce serait bien tentant. "

Les classes sociales sont fort précises. Au sommet, les aristocrates, qui sont des nobles reconnus par tous. Les marabouts viennent juste au-dessous d'eux. En troisième place, viennent les vassaux, les imrad; les imrad — c'est-à-dire les mélangés — sont encore privilégiés par rapport aux artisans et surtout par rapport aux esclaves (car marabouts et vassaux ont le droit de posséder des esclaves). Les esclaves sont, la plupart, des noirs qui ont été faits captifs. Le Targui noble est nomade. Les sédentaires, les haratins, sont des métayers, sinon des esclaves du Targui, qui perçoit les quatre cinquième des produits du sol. Le métayer ne peut se défendre que par la dissimulation et par le chapardage; il a l'attitude courbée du serf, le Sahara, a-t-on dit, c'est le " parasitisme impitoyable de la part du désert fauve sur les quelques taches de verdures dont il est parsemé. " Frère Charles écrit :

" Caractère très différent du caractère arabe, plus gai; peu fanatiques, peu pratiquants, bien que musulmans et de nom et de foi. Très ignorants de leur religion et ne s'occupant que des travaux faciles de leur vie nomade, simplifiée à un degré inconnu de nos Arabes, et de leurs plaisirs, ils ont chez eux peu de marabouts — tous de race arabe et d'origine étrangère, les uns venant des Kounts du Soudan, les autres du Tidikelt — et ces marabouts sont, à très peu d'exceptions près, réduits au rôle de secrétaire des grands chefs. Quand ils n'ont aucun rapport avec les chrétiens, les Touaregs sont très défiants, très ombrageux, par suite des mensonges à notre sujet dont ils sont bercés depuis leur enfance, et que leur répètent et amplifient les marabouts. Dès qu'ils entrent en relation avec nous, voyant qu'ils ont été trompés, ils se montrent ouverts. "

Frère Charles n'a guère d'estime pour les marabouts,

" cheurfa ", riches et oisifs, possédant toute la terre et ne la travaillant pas, passant leur vie, paresseux, à fumer le kif et à boire le thé. Par contre, il regarde tout particulièrement vers les haratins, " berbères mélangés plus ou moins de sang soudanais, pauvres, mourants de faim, asservis aux cheurfa, ne possédant rien, travaillant la terre pour le compte des blancs lesquels ne leur laissent que les os et la peau — et cette expression n'est pas une métaphore... Les missionnaires rencontreront certainement beaucoup d'antipathie chez les riches cheurfa. Mais il semble certain qu'ils auront vite toutes les sympathies des pauvres haratins, grande majorité de la population. "

C'est dans les haratins et dans les Touaregs que frère Charles met ses espoirs d'évangélisation. " Il paraît certain qu'il y a chez les Touaregs et chez les haratins des Oasis sahariennes, population toute berbère, bien plus d'espérances, des espérances plus prochaines pour la moisson des âmes. " Il faut bien voir que frère Charles fait un choix. En 1881, quand Flatters va vers le Sud, il emmène à travers les dunes dix européens et soixante-dix-huit indigènes; ces indigènes, ce sont des Chamba, traditionnellement hostiles aux Touaregs. C'est avant tout contre les Chamba, qui sont avec les Français que les Touaregs ont préparé leur embuscade. En 1902, le lieutenant Cottenest avait, en quelques semaines, réduit le château fort du Hoggar avec des Chambas. Quand Laperrine, dans les années suivantes, achève la pacification, il le fait en organisant les célèbres compagnies de méharistes, composées essentiellement de Chambas, encadrés par de jeunes officiers. Tous ces événements sont encore très proches, très frais dans les mémoires. Frère Charles, tout seul, à Tamanrasset, est l'ami de Laperrine et des Chambas qui sont avec lui. Mais il est en même temps — n'est-ce pas une gageure — l'ami de Moussa et des princes Touaregs. Mais il est d'abord le frère des pauvres, le frère des haratins, dont il partage l'existence. Ce qu'a voulu faire Flatters avec les armes, frère Charles l'accomplit seul et pauvre : il se présente les bras ouverts, en frère universel, réunissant en son cœur, toutes les oppositions, tous les contrastes de la vie des hommes du Sahara.

TRAVAUX PRÉLIMINAIRES

Va-t-on affirmer que frère Charles ne pense qu'à convertir les Touaregs ? Ou au contraire, qu'il ne veut que travailler leur langue ? Il faut garder indissolublement uni ce que frère Charles ne veut pas séparer; à ces Touaregs, il veut permettre de sauver leur langue, leurs coutumes, leur existence. Il pense, bien sûr, en même temps, à leur faire connaître le Christ. L'amour de frère Charles envers les Touaregs lui demande de développer tout ce qui est bon en eux, de sauvegarder leur personnalité propre, et de travailler à l'accroître, en même temps que cet amour lui demande de leur montrer la personne même de l'Homme-Dieu, Jésus.

Comment leur présenter l'Évangile ? Frère Charles voit très bien qu'il faut suivre une " progression " : " Leur préparer dès à présent une traduction des Évangiles en tamahaq. Cette traduction devra surtout leur être lue. Il n'y a pas lieu de chercher à apprendre aux Touaregs l'arabe, qui les rapproche du Coran; il faut au contraire les en détourner. Il faut leur apprendre le tamahaq, langue excellente, très facile, y introduire peu à peu les mots indispensables pour exprimer des idées religieuses, des vertus chrétiennes, et en améliorer le système d'écriture, sans le changer... leur lire les passages qui touchent à la religion naturelle, ou à la morale, telle que la parabole de l'enfant prodigue, celle du bon Samaritain, celle du Jugement dernier, Jésus comparé à un Pasteur séparant les brebis d'avec les boucs, etc. "

En janvier, frère Charles a appris une bonne nouvelle : " Peut-être aurai-je ici, pendant tout l'été, de la mi-avril à la fin octobre, la compagnie d'un de mes vieux et bons amis, Motylinski, qui est venu autrefois me voir à Paris; c'est un ancien interprète militaire, l'un des hommes les plus savants d'Algérie, il a demandé à venir étudier le touareg cet été près de moi : priez un peu pour lui; il fait un gros sacrifice en quittant pour huit mois sa femme et ses enfants. " Motylinski, frère Charles l'a déjà rencontré : il était interprète militaire durant la campagne contre Bou Amama. Professeur d'arabe et de berbère, voici qu'il est à son tour, attiré, à la suite de frère Charles, vers les Touaregs. Grâce à Motylinski, les Touaregs seront mieux connus, mieux compris, mieux aimés; quelle joie pour frère Charles ! Motylinski arrive le 3 juin, jour de la Pentecôte. Six jours plus tard, frère Charles écrit : ". Le séjour de Motylinski ici est un grand bien de toute façon; sa bonté, sa douceur, sa connaissance des indigènes, le font aimer. "

Mais pendant ces mois d'été 1906, frère Charles connaît une grande fatigue. Il se sent comme à la fin de sa vie. Quand il se penche sur son passé, il se trouve bien faible et inutile : " Je marche sans avancer et sans produire. " Il a l'impression de ne pas obéir assez à Jésus, qui lui demande de donner toute sa vie aux Touaregs : " L'amour ce n'est pas de dire : " Seigneur, Seigneur "; ni d'avoir des ravissements dans la prière, (ceux-ci sont des grâces, et non de l'amour); l'amour, c'est d'obéir et d'obéir à tout prix. " " Celui qui m'aime, c'est lui qui m'obéit. " Voilà ce qu'il écrit le 25 juin à sa cousine, regardant vers l'avenir : " Je pense aux ouvriers que le Père de famille enverra dans son champ, et auxquels ces travaux préliminaires sont nécessaires. " Il est fatigué, mais calme et plein d'espérance : " Confiance dans l'Amour et la Puissance du Bon Pasteur qui, bien qu'il ait donné la liberté à ses pauvres brebis si aveugles, reste le Maître et peut les ramener à tout moment... prions et offrons pour cela les souffrances quotidiennes... De souffrances, moi, je n'en ai pas, je n'en suis pas digne, je ne suis pas capable de les porter " A brebis tondue, Dieu épargne le vent. " Sans doute le sacrifice de l'absence, de l'éloignement reste tous les jours et permanent. Mais il est adouci par la pensée de la volonté de Jésus accomplie. "

Dans cette même lettre à sa cousine, le 15 juillet, il confie que toutes ses journées sont occupées à étudier, avec Motylinski, la langue touarègue. Il dit que Motylinski travaille " pour la science ". Frère Charles travaille, lui, pour la science et pour Jésus : " Saint-Paul nous a appris que " la charité espère tout ". Il nous faut tout espérer et travailler en priant et en nous perfectionnant... Quand on aime, on se donne sans mesure, et on fait tout ce qu'on peut. Aussi, en tout temps, nous devons-nous également à Jésus. Si quelque chose peut augmenter notre ardeur à être et à faire parfaitement ce qu'Il veut, à nous convertir pleinement, c'est le besoin de convertir les âmes de mes Frères. " Début août, frère Charles et Motylinski partent vers le Nord : ils veulent rencontrer, en route, des nomades ; mais surtout frère Charles veut remonter voir Mgr Guérin. Quelle en est la raison ? Lui qui cherche depuis si longtemps à fonder une congrégation de pauvres, et qui a dû quasiment abandonner son projet, voici qu'il peut espérer avoir avec lui un compagnon. A cette date, c'est tout ce qu'il désire : un compagnon ! " Ce que je cherche, en ce moment, écrit-il le 3 décembre 1905, ce n'est pas un essaim d'âmes entrant dans un cadre de vie fixe pour mener strictement un genre d'existence bien dessiné... Non, présentement, ce que je cherche, c'est une âme de bonne volonté, consentant à partager ma vie, dans la pauvreté, l'obscurité, sans aucune règle fixe, suivant son attrait, comme je suis le mien ; je ne désire d'elle que trois choses : bonne volonté absolue et profonde, et désir d'être toute à Jésus — acceptation joyeuse de la plus extrême pauvreté, de tous les périls, de toutes les humiliations et de toutes les fatigues — consentement à suivre mes avis, non pour ce qui concerne l'intérieur, mais en ce qui touche aux relations extérieures avec le monde (celles-ci, sous peine de faire du mal au lieu de bien, exigent l'expérience du milieu qui m'entoure.) " Or, à Alger, un jeune Breton semble vouloir répondre aux appels de frère Charles, et venir le rejoindre. Le 7 octobre, frère Charles et Motylinski arrivent à El Goléa. Les deux amis se séparent. Motylinski se dirige vers Constantine où il habite (où il mourra du typhus au mois de mars 1907, quelques mois plus tard). Le 7 novembre, frère Charles arrive à Béni-Abbès, où cinq ans plus tôt, il commençait à s'installer. Il a beaucoup de joie. « Pendant les derniers jours de marche, en approchant d'ici, j'ai reçu des indigènes un accueil qui m'a consolé et montré que, malgré ma longue absence, on se souvient de moi et on est en confiance avec moi ; moi, je n'existe pas, mais c'est le *marabout*, comme on m'appelle, c'est-à-dire le religieux chrétien. » Le 1er décembre 1906, frère Charles se trouve à Maison-Carrée. Frère Michel est décidé à le suivre. Avec Mgr Guérin, frère Charles décide de se « partager annuellement entre Béni-Abbès et Tamanrasset, été à Tamanrasset, hiver à Béni-Abbès.. » En ce 1er décembre 1906, il reste à frère Charles dix ans à vivre, exactement.

Le 10 décembre, frère Charles et frère Michel quittent Maison-Carrée pour Béni-Abbès. Entre Colomb-Béchar et Béni-Abbès, à travers le désert, ils sont, raconte frère Michel « escortés de cinq ou six goumiers commandés par un sergent. Les soldats nous précédaient toujours de quelques pas, et fouillaient avec soin tous les buissons tous les plis de terrain pour voir s'ils ne cachaient pas des pillards de caravanes. Après trois jours de marche, sans aucune fâcheuse rencontre nous arrivons enfin à Béni-Abbès, où le père avait établi ce qu'il appelait son premier ermitage, et où nous devions nous reposer pendant quelques jours. »

Frère Charles a voulu demeurer à Béni-Abbès pour les fêtes de Noël : afin que l'ensemble de la garnison puisse asister à la messe ce jour-là. Le 27 décembre, frère Charles et frère Michel se mettent en route pour le Hoggar. « Les officiers nous quittèrent, après un échange de bons souhaits et de chaleureuses poignées de mains, en nous laissant les deux soldats indigènes pour nous protéger. Le père, au moment de la séparation, remit la clé de son ermitage au capitaine, en lui disant : « Gardez bien la maison du bon Dieu, je vous la confie. » En route, le 4 janvier, frère Charles retrouve Laperrine. Frère Charles n'a jamais brisé avec son passé, avec les officiers de son pays, et en même temps leur amitié ne l'a jamais gêné pour aller partager le plus profondément possible la vie même de ceux qu'il considérait comme des hommes libres, comme des frères : les habitants du Sahara. Il demande que l'on prie pour qu'il soit vraiment " frère universel " au milieu des Touaregs : " Priez pour moi afin que je sois ce que je dois être au milieu de ces Touaregs chez qui je retourne; qu'un peu de bien se fasse parmi ces âmes pour lesquelles Notre Seigneur est mort... Cette Afrique, cette Algérie, ces millions d'infidèles, de musulmans, appellent tellement la sainteté qui seule, obtiendra leur conversion; priez pour que je me convertisse et me sanctifie, ainsi que les autres prêtres, si peu nombreux hélas ! qui s'occupent d'eux, afin que la Bonne nouvelle arrive enfin et que ces derniers venus se présentent enfin à la crèche de Jésus, pour adorer à leur tour. "

Le 9 février, ils arrivent à In Salah. Ils y passent un mois pour profiter d'une bonne occasion d'avancer les études de la langue touarègue : frère Charles a trouvé un excellent informateur, Ben Messis, avec qui il se perfectionne en langue tamahaq. A In Salah, comme d'habitude, il s'est établi d'une manière très caractéristique : il a acheté une maison, il en a fait une petite chapelle " en plein quartier indigène, c'est-à-dire à portée des pauvres et de toute la population musulmane ". Puis frère Michel tombe malade : ce jeune Breton solide de vingt-trois ans n'a pas pu supporter la vie effrayante que mène frère Charles; il ne peut plus songer à le suivre au Hoggar, et remonte vers Alger.

Comment frère Michel a-t-il vu frère Charles pendant ces mois où il l'a connu ? Il a tracé de lui un tableau, dont voici quelques traits : " Pour dire toute la vérité, je dois cependant signaler une imperfection, assez commune aux hommes qui ont exercé longtemps l'autorité, que j'ai aperçue dans mon digne supérieur. Il lui échappait de temps en temps, quand les choses n'allaient pas à son gré, un mouvement d'impatience, qui, du reste, était promptement réprimé... Il aimait passionnément Jésus-Christ, son Dieu, son Frère, son ami. Il aurait voulu donner à Jésus-Christ la plus grande preuve d'affection et de dévouement qu'un ami puisse donner à un ami, en mourant pour lui... Cet ancien Saint-Cyrien était le plus humble des hommes. Je ne l'ai jamais entendu parler de lui d'une manière avantageuse. Il fallait l'interroger pour savoir quelque chose de sa famille, de son passé, de ses succès. Un jour, je lui demandais combien d'âmes païennes il avait converties : “ Une seule, me répondit-il modestement, cette vieille mulâtresse que vous avez vue à l'ermitage de Béni-Abbès.

— N'avez-vous pas fait d'autres conquêtes ?

— Oui, c'est vrai, j'ai encore baptisé un petit enfant en danger de mort, qui a eu le bonheur de quitter presque aussitôt cette terre pour s'envoler au ciel. J'ai enfin administré le baptême à un garçon de treize ans, mais ce n'est pas moi qui l'ai converti, il m'a été présenté par un sergent français, qui lui avait fait le catéchisme et l'avait préparé à recevoir les sacrements... ” Il aime, il cherche les avanies, les dérisions, les outrages, par un extérieur qu'il s'efforce de rendre extravagant. Il marche toujours les pieds nus et crevassés par le froid, dans de grossières sandales. Il porte une robe de toile écrue, toujours trop courte souvent maculée et déchirée; il se coupe lui-même la barbe et les cheveux, sans se servir de miroir. Que lui importe ce qu'on peut dire et penser à son sujet ? Pourvu qu'il plaise à Dieu, il ne se met pas en peine du jugement des hommes... En chemin de fer, il choisit toujours un compartiment de troisième classe; dans les plaines sablonneuses du Sahara, il marche toujours à pied, bien qu'il soit excellent cavalier... Il était généreux jusqu'à la prodigalité et donnait sans compter. Quand nous entrions dans un village, ce qui arrivait presque tous les jours, et même de temps en temps deux fois dans la même journée, les habitants en grand nombre, le caïd à leur tête, attirés par la réputation de sainteté du grand moine, venaient à sa rencontre, et se pressaient auprès de lui pour le voir et l'entendre. Ils saluaient le père avec vénération, lui baisaient la main en lui donnant le titre de Sidi Marabout... Le père Charles entendait manger son pain à la sueur de son front : il n'y avait aucun vide dans ses journées. Dans le désert, aux heures de halte, au lieu de faire la sieste, ou de se reposer, même quand il était exténué par une longue marche au soleil, il travaillait à son dictionnaire, qu'il avait à cœur de terminer avant sa mort, pour faciliter la tâche aux futurs missionnaires. »

Frère Charles travaille donc avec Ben Messis. Ben Messis, c'est vraiment l'un des personnages les plus intelligents et les plus sympathiques du Sahara; fils de père chambi et de mère touarègue, il est considéré par les Touaregs comme l'un des leurs ; Ben Messis, lui, est étonné par l'extraordinaire puissance de travail de son élève, et cela le fatigue beaucoup. Le 14 mars, Laperrine arrive à In Salah. Il apprend à frère Charles la mort, le 2 mars, de leur ami commun, Motylinski. Voici donc que frère Charles a perdu son compagnon, frère Michel; et qu'il vient aussi de perdre cet autre compagnon si précieux pour la compréhension des Touaregs. Le 8 mars, quand frère Charles quitte In Salah avec une colonne commandée par le capitaine Dinaux, il est plus que jamais seul. En route, il travaille sans relâche. Ben Messis accompagne le détachement. Le guide de la colonne, c'est un noir, Chernach, qui est le courrier de Moussa Ag Amastane. Pour récolter les textes, frère Charles s'est offert à payer à Chernach un sou pour chaque vers récité. Un des officiers de la colonne écrit : « Quel meilleur stimulant pour la mémoire ! A longueur de jour, Chernach récite des vers et peut-être en composerait pour moins encore ! » Le 6 avril, à Tit, Moussa Ag Amastane rend visite aux officiers de la mission. Frère Charles décide d'aller visiter son ermitage à Tamanrasset. Le lieutenant Cortier l'accompagne : « Heureux, écrit ce dernier, de cette randonnée supplémentaire auprès de la Koudia, et de cette occasion de vivre dans la société plus intime d'un homme dont les convictions imposent le respect et dont la science impose l'admiration. » Ils arrivent le 9 avril à Tamanrasset. Cortier nous dit que frère Charles lui raconte des « choses délicieuses sur l'histoire antique des Touaregs, sur l'origine de l'Islam et sur la pénétration de la région de Mahomet à Babylone, à Koufa, à Bagdad. Il sait dire tous les résultats de ses recherches avec une précision et un charme qui en font un régal pour l'esprit. »

Après avoir retrouvé l'ermitage de Tamanrasset, frère Charles continue avec la colonne, de visiter les Touaregs : « Quelquefois, on marche une partie de la nuit : partant à minuit ou une heure, mais chaque fois que l'heure le permet. Lorsque mon temps n'est pas pris avec les causeries avec les Touaregs, j'étudie leur langue : c'est un gros travail pour ma vieille tête. » Le 6 mai, frère Charles écrit au père Voillard : « Je vieillis et je voudrais voir quelqu'un de meilleur que moi me remplaçant à Tamanrasset, un autre, meilleur que moi, installé à Béni-Abbès. » Le 31 mai, il écrit à Mgr Guérin : « J'ai promis un petit salaire pour les poésies que l'on m'apporterait; cette promesse, en un temps où le pays est pauvre, a suffi pour remplir ma tente pendant un mois; on m'a fait dire aussi, des douars voisins, qu'on y désirait ma visite, pour que les femmes pussent, à leur tour, me donner des poésies. J'ai donc été plusieurs fois dans les douars, passant des heures sous un arbre ou dans une tente, au milieu de tous les enfants et les femmes, écrivant des vers et faisant de petits cadeaux. » Ce qu'il veut faire, c'est « faire tomber tant de préjugés, de répulsion, de défiance ». Il aimerait achever, en cette année 1907, le lexique touareg-français. Son amour des Touaregs veut que l'on publie ses travaux, afin qu'ils aient vraiment une place reconnue ; son humilité veut en même temps que ces travaux soient anonymes : « J'ai prié Laperrine de faire publier, par qui il voudrait, comme une chose lui appartenant, appartenant au commandant militaire des Oasis, la grammaire touarègue et le lexique français-touareg, qui sont finis ainsi que le lexique touareg-français auquel je travaille et les poésies que j'ai collectionnées, à la seule condition que mon nom ne paraisse pas, et que je reste entièrement inconnu, ignoré. Je voudrais, l'année prochaine, n'avoir d'autre travail que la correction des Saints Évangiles et des extraits de la Bible traduits précédemment, et ensuite n'avoir plus d'autre œuvre que de donner l'exemple d'une vie de prière et de travail manuel, exemple dont les Touaregs ont tant besoin.

ON DEVIENT " DU PAYS "

Frère Charles revient à Tamanrasset. Jusqu'à maintenant, grâce aux Français du détachement, il n'a jamais manqué de servant de messe. Mais il se demande comment il fera à Tamanrasset. Il faut en effet un servant pour qu'un prêtre célèbre sa messe; or la messe, c'est un acte qui compte plus que tout pour frère Charles : c'est le centre de sa vie, la source dans laquelle il puise pour trouver sans cesse la force de se faire pauvre avec les pauvres. Quelques années plus tôt, il n'aurait pas hésité : il serait demeuré en un lieu où il lui aurait été possible d'avoir encore un servant. (Paul, son serviteur qui faisait cet office, l'a quitté depuis son précédent voyage.) Mais maintenant Mgr Guérin lui pose la question. La réponse que frère Charles lui fait, le 2 juillet 1907, quelques jours avant d'arriver à Tamanrasset, est toute simple et profonde : " La question que vous posez : vaut-il mieux séjourner au Hoggar sans pouvoir célébrer la Sainte Messe, ou la célébrer et n'y pas aller, je me la suis souvent posée. Etant seul prêtre à pouvoir aller au Hoggar, tandis que beaucoup peuvent célébrer le Saint Sacrifice, je crois qu'il vaut mieux malgré tout aller au Hoggar, laissant au Bon Dieu le moyen de célébrer, s'il le veut (ce qu'il a toujours fait jusqu'à présent, par les moyens les plus divers). Autrefois, j'étais porté à voir d'une part, l'*Infini*, le Saint Sacrifice, d'autre part, le *fini*, tout ce qui n'est pas Lui, et j'ai toujours tout sacrifié à la célébration de la Sainte Messe. Mais ce raisonnement dut pécher par quelque chose, puisque, depuis les Apôtres, les plus grands saints ont sacrifié, en certaines circonstances, la possibilité de célébrer à des travaux de charité spirituelle, voyages ou autres. Si l'expérience montrait que je puis avoir à rester très longtemps à Tamanrasset sans célébrer, il y aurait, je crois, à y faire des séjours moins longs, non à se borner à accompagner des détachements, *ce qui n'est pas du tout la même chose que de résider seul ;* résider seul dans le pays est bien on : y a de l'action, même sans faire grand-chose, pa ce qu'on devient " du pays " ; on y est si abordable et si " tout petit ".

Frère Charles se laisse donc guider par les événements et surtout il veut devenir " du pays " des Touaregs. Il a compris qu'il avait, à travers sa vie même, à être présence de Jésus pour ces hommes qui ne le connaissent pas. Il arrive le 6 juillet à Tamanrasset : " J'ai été bien reçu par la population, beaucoup plus affectueusement que je n'osais l'espérer ; on semble se mettre petit à petit en confiance. Ce n'est qu'un bien, bien petit commencement, petit et misérable comme moi, mais enfin je remercie Jésus de ce commencement, si petit qu'il soit. " Frère Charles est arrivé dans un pays en pleine difficulté : " Dix-sept mois qu'il n'a pas plu, écrit-il le 17 juillet à sa cousine, c'est la pleine famine, dans un pays qui vit surtout de lait, et où les pauvres vivent presque exclusivement de lait. Les chèvres sont aussi sèches que la terre, et les gens autant que les chèvres. "

Frère Charles se sent épuisé ; n'avait-il pas écrit le 26 juin à sa cousine : " Je sens l'âge, je n'ai plus les forces d'autrefois, cela diminue chaque année ; je sens de plus en plus le déclin. " Le 8 septembre, il écrit dans son carnet : " Pas de messe, car je suis seul ! " Ce jour-là, c'est le deuxième anniversaire de l'arrivée à Tamanrasset. Il garde pourtant le Saint Sacrement : " Ma présence fait-elle quelque bien ici ? écrit-il le 18 novembre. Le contact avec les indigènes les familiarise, les apprivoise, fait disparaître peu à peu leurs préventions et préjugés. C'est bien lent, bien peu de chose... On a de la peine à ne pas s'attrister en voyant l'excès de mal régnant partout, le peu de bien, les ennemis du bon Dieu si entreprenants, ses amis si hésitants, et en se voyant soi-même si misérable après tant de grâces. Pourtant, il ne faut pas s'attrister, mais regarder plus haut ce qui se passe, vers notre Bien-Aimé : puisque c'est Lui que nous aimons et non pas nous, c'est Son bien, qui nous touche. L'espérance est un devoir — la charité espère tout — l'espérance n'est que la foi en la bonté de Dieu. Il est bon et peut tout. Sans doute, il nous laisse libres et nous faisons trop souvent un lamentable usage de cette liberté, mais tout en nous laissant libres, il reste le Maître, et peut à son gré envoyer une grâce si puissante qu'elle bouleverse tout, transforme tout. Il a assez fait pour nous pour que nous croyions à son amour ... Pour ce Sahara, qui est bien huit ou dix fois grand comme la France, et qui, sans être très peuplé, est habité un peu partout, il n'y a que douze à quinze prêtres, tous à El Goléa ou à Ouargla... Il y a des difficultés de tous genres et de tous côtés. »

Malgré sa fatigue, frère Charles se préoccupe, de façon très précise, de l'avenir du Hoggar. Il continue de travailler en lien étroit avec Moussa; le 26 novembre 1907, une longue lettre à son ami Lacroix : « Moussa a fait comme moi, il a choisi Tamanrasset pour sa capitale : c'est le point central entre les plus grosses tribus, c'est un des points de départ et d'arrivée pour l'Aïr et l'Adrar, les communications y sont faciles avec le Thouat et surtout c'est un bon lieu de pâturage... Il a établi ses tentes à quelques kilomètres d'ici et a fait ici même de gros travaux de culture, il va s'y bâtir une maison; déjà il a commencé la construction d'une mosquée... c'est un homme fort intéressant. On est étonné d'une aussi grande ouverture d'esprit, jointe à l'ignorance de tant de choses ; il serait extrêmement désirable qu'il fasse un voyage en France, mais un voyage sérieux, pour son instruction, pour se faire une idée juste des choses, pas un voyage stupide, où on lui rend des honneurs absurdes et où, en le montrant, comme une bête curieuse, on ne lui fasse voir que les brasseries, les beuglants, etc... il faut être bon pour lui, car il le mérite par sa valeur très réelle, étonnante chez un illettré perdu dans son désert; mais il faut faire toute chose au mieux de son intérêt véritable et du bien public, c'est-à-dire tâcher de le perfectionner en rectifiant ses jugements, et augmentant ses connaissances. Seul, peut-être, dans tout le Hoggar, il est vraiment, sincèrement, fermement musulman ; c'est de ses rapports avec Beï, marabout Kounti résidant à Attalia, qu'il a pris cette ferveur religieuse. On ne dit que du bien de ce Beï qui vit très retiré, très en dehors de toute politique, ne s'occupant de politique que pour prêcher la soumission aux Français et la Paix, se faisant l'apôtre de la paix et de la modération, blâmant Abidine de ne pas rester dans son rôle de marabout, et blâmant tous les musulmans intransigeants qui nous font de l'opposition au nom de l'islamisme. C'est une très salutaire et énorme influence qu'a ce Beï, dont la parole fait loi, de Gao jusqu'ici et dans tout le Hoggar. Ce sont ses conseils qui ont fait de Moussa ce qu'il est. Dans sa jeunesse, Moussa, qui a juste quarante ans, s'est fait un grand nom comme chef de rezzou, il a fait une foule d'expéditions heureuses contre les Ioulliminden et les gens de l'Aïr ; au contact de Beï, il est devenu homme de paix et de prière, renonçant aux rezzous, ne se servant plus de la force que pour la défense de l'opprimé. A notre arrivée, à l'arrivée des " païens " aux portes du Hoggar, sa première pensée fut de vendre ses biens, et d'aller vivre à Constantinople ou à la Mecque, que les Touaregs se figurent des paradis terrestres, et presque le ciel. Beï lui fit renoncer à ses projets, lui dit de travailler au salut de ses compatriotes, et de tâcher de les sauver en faisant la paix avec les Français. La ferveur de Moussa lui a fait faire de très bonnes choses, elle n'a qu'un inconvénient : Beï n'est pas là toujours pour lui donner le conseil juste ; dans sa ferveur et son ignorance, le bon Moussa s'adresse à n'importe quel marabout de Thouat (lesquels sont d'ordinaire les pires des hommes — ayant tous les défauts et tous les vices — avec grande ignorance et grande hostilité contre nous), et ne se défie pas assez de leurs conseils ; jusqu'ici pourtant son intelligence, son bon sens l'ont toujours tiré d'affaire. Vis-à-vis des Français, il est très bien, très loyal : bien que, dans le fond, comme bon musulman, il méprise ces païens. C'est très intéressant de voir ce mélange de grands dons naturels et d'ignorance profonde chez cet homme qui, à certains points de vue, est un sauvage, et à d'autres, a droit en tous lieux à l'estime et à la considération ; car sa justice, sa clémence, son courage, l'élévation et la générosité de son caractère lui ont fait une situation hors de pair de Thouat et de Rat jusqu'au Niger... c'est pourquoi je désire beaucoup qu'il fasse un voyage en France, mais un voyage sérieux, avec quelqu'un de très bien, pas un farceur ni un cornac de bas étage. ”

LA NUIT DE NOEL

Voici venir Noël. Frère Charles souffre très profondément à la pensée d'être privé de messe pour Noël. Le 21 novembre, à Mgr Guérin : “ Je trouve dur de passer Noël sans messe. ” Il espère qu'il passera peut-être des Français. Mais non. Noël arrive. Frère Charles est seul : “ Hélas, pas de messe aujourd'hui... Jusqu'à la dernière minute, j'ai espéré qu'il viendrait quelqu'un, mais rien n'est venu, ni un voyageur chrétien, ni un militaire, ni la permission de célébrer seul. Il y a trois mois, plus de trois mois que je n'ai reçu de lettre... ” Cinq ans plus tôt, il pensait au Maroc où il voulait entrer, à ce Maroc “ où la nuit de Noël se passera sans messe ”. Il y a un an, il célébrait la messe à Béni-Abbès : frère Michel la lui servait et ils allaient partir ensemble, le surlendemain, pour le Sud. Quelle différence ! Il y avait tant d'espoir dans son cœur il y a cinq ans, et il y a un an ! Mais le voici à Tamanrasset, seul : “ Cette nuit, écrit-il dans son carnet, cette nuit, pas de messe de minuit pour la première fois depuis vingt-et-un ans ; que la volonté du Bien-aimé se fasse ! ” Lui pour qui Noël compte tant ! Lui qui écrivait deux ans plus tôt, à l'abbé Huvelin : “ Il faut continuer à faire passer la messe avant tout et à la dire en route malgré le surcroît de dépenses que cela cause — Une messe, c'est Noël et la charité passe avant la pauvreté."

Ce temps de Noël 1907 est pour frère Charles un moment terrible. Il est dans la nuit, une nuit plus pénible encore que dix ans plus tôt, en l'attente de janvier 1897. Tout ce qu'il a voulu fonder croule comme une maison bâtie sur le sable. Il n'a pas de compagnons. Autour de lui, à Tamanrasset, les indigènes sont dans un état lamentable. Perdu au cœur de l'Afrique, frère Charles examine la situation de l'ensemble de ce continent dont la France occupe toute une partie.

Il est privé de messe, et il voit le monde tellement privé d'amour ! Il regarde vers le Sud, du côté de l'Afrique noire; on lui a parlé du Soudan : " Il me parvient des échos de ce qui s'y fait, écrit-il à l'abbé Huvelin et les principes qu'étalent ceux qui en viennent, n'indiquent que trop qu'on n'y cherche qu'un bas intérêt personnel, ne reculant souvent devant aucun moyen; dans cet immense empire colonial acquis en quelques années, qui pourrait être une source de tant de biens pour ces nations arriérées, ce n'est que cupidité, violence, sans nul souci du bien des peuples. " Il regarde vers le Nord, vers l'Algérie : " Notre Algérie, on n'y fait pour ainsi dire rien pour les indigènes; les civils ne cherchent la plupart qu'à augmenter les besoins des indigènes pour tirer d'eux plus de profit, ils cherchent leur intérêt personnel uniquement; les militaires administrent les indigènes en les laissant dans leur voie, sans chercher sérieusement à leur faire faire des progrès... de sorte que nous avons là plus de trois millions de musulmans, depuis plus de soixante-dix ans, pour le progrès moral desquels on ne fait rien, desquels le million d'Européens habitant l'Algérie vit absolument séparé, sans les pénétrer en rien, très ignorant de tout ce qui les concerne, sans aucun contact intime avec eux, les regardant toujours comme des étrangers, et la plupart du temps comme des ennemis. "

En 1902, frère Charles avait commencé un premier

combat, de toutes ses forces, contre l'esclavage. Il commence, en ce Noël 1907, un second combat. Depuis cinq ans, il a marché et marché à travers l'Algérie et le Sahara; il a vu; il veut clamer son indignation devant cette situation. Il cherche alors le moyen le plus efficace pour avertir les catholiques français et les faire agir : " Depuis des mois, je souhaite un bon livre, sous une forme attrayante et facile à lire, écrit par un laïc pour avoir plus de lecteurs, pénétrer partout, qui mette (non d'une manière aride et sous forme de traité, mais d'une façon émouvante, qui remue ceux qui ont bonne volonté, bon cœur) en lumière ce que nous devons faire pour ces frères arriérés : non seulement qui montre la voie à suivre, mais qui pousse en émouvant ceux qui sont capables d'être émus. " Voilà ce qu'il écrit à l'abbé Huvelin. Il s'agit d'un travail urgent : car il répondrait à un " besoin extrême ". Frère Charles cherche un nom. Qui pourrait donc exprimer la vérité, l'exprimer de telle façon qu'elle soit entendue ? Il ne songe pas à un Léon Bloy, qui publiera en 1909 *le Sang du Pauvre*, Léon Bloy qui est trop peu connu. Il cherche un écrivain de grand nom, un écrivain célèbre et admiré. Il regarde alors vers René Bazin. Pourquoi ? René Bazin est, à ses yeux, avant tout " l'auteur des *Oberlé* " : personne ne pourra suspecter René Bazin de manquer de patriotisme, lui qui souhaite tant que l'Alsace, le pays où Charles de Foucauld est né, redevienne française. Le 1er janvier 1908, frère Charles insiste auprès de l'abbé Huvelin, il lui écrit une nouvelle lettre, ayant peur que le courrier d'il y a quelques semaines ne soit pas arrivé : " Je réitère la demande que je vous ai faite dans une précédente lettre au sujet d'un livre très nécessaire pour donner et faire pénétrer la note juste de nos devoirs envers ces millions d'âmes, peuplant le domaine colonial de la France devenu subitement si considérable. Je vous demande de faire ces démarches que vous pouvez faire tellement mieux que moi... Si vous ne jugez pas devoir les faire, guidez-moi, conseillez-moi, dites-moi à qui m'adresser, et tout incapable que je suis, je les ferai... si vous jugez que moi non plus, je ne dois pas les faire, en enfant obéissant, je ne les ferai pas... mais croyez là-dessus votre enfant qui est devenu presque un vieillard, qui vit au milieu de misères infinies pour lesquelles on ne fait rien et on ne veut rien faire; pouvant et devant faire tant de bien, on aggrave au contraire l'état moral et intellectuel si lamentable de ces peuples en ne voyant en eux qu'un moyen de gain matériel. Ce que voient les indigènes de nous, chrétiens, professant une religion d'amour, ce qu'ils voient des Français incroyants criant sur les toits Fraternité, c'est négligence ou ambition, ou cupidité — chez presque tous, hélas, indifférence, aversion et dureté. »

Frère Charles est malade, en ce temps de Noël 1907. Son cœur est écrasé par le mal qu'il aperçoit. Et il se sent si pauvre, si seul, si démuni, devant une telle nuit d'égoïsme, devant un tel désert de l'Amour ! Il regarde les catholiques français qui sont dans l'insouciance, les officiers français qui commettent leurs méfaits au Soudan, les incroyants français qui parlent de « Fraternité » et installent l'injustice. Il regarde Moussa qui établit son œuvre avec ambition, les marabouts arabes qui viennent prêcher la haine. C'en est trop. Le 2 janvier 1908, usé, frère Charles s'effondre; sa fin lui semble proche; il est obligé « d'interrompre tout travail » et de garder une « immobilité absolue ». Alors, tandis qu'il est le plus pauvre parmi les pauvres, les Touaregs l'entourent : on cherche toutes les chèvres ayant un peu de lait, dans cette terrible sécheresse; on le ranime; on le soigne : voici que frère Charles est sauvé par les Touaregs dont il veut être l'ami; voici qu'ils font tout, au milieu de leur détresse même, pour garder en vie l'étranger qu'ils ont accueilli et qui est devenu l'un des leurs, le plus pauvre, comme le dernier parmi eux. Noël 1907, n'est-il pas le plus beau de frère Charles ? Dans cette nuit de Noël, il crie plus fortement qu'il ne l'avait jamais fait le message d'amour de Jésus; dans cette nuit de Noël, dans un immense dénuement, il cherche plus concrètement que jamais comment établir réellement la Fraternité universelle.

En ce Noël 1907, le cœur de frère Charles se creuse d'un amour plus fort plus vivant encore. Il comprend plus intimement que jamais le Cœur du Christ et il aperçoit mieux encore que ce Cœur du Christ a fait connaître son message d'amour en étant le dernier parmi les humbles, les plus dépouillés. Frère Charles, dans cet extrême abandon, dans cette proximité de la mort qu'il aperçoit, comprend que la Croix est le couronnement de la vie de Nazareth. Il regarde Jésus amoureusement ; il contemple Jésus, le pauvre petit de Nazareth, le pauvre des chemins de Galilée et de Judée, du Calvaire, et il veut de tout son amour, comme Jésus, aller vers tous, se donner à tous, crier la vérité, de la même manière que Jésus : en étant désarmé, démuni.

Dans cet état, il expose, le 15 janvier 1908, en une page admirable, les " moyens " " que Jésus nous a donnés pour continuer l'œuvre du salut du monde " : " les moyens dont il s'est servi à la Crèche, à Nazareth et sur la Croix sont : Pauvreté, Abjection, Humiliation, Délaissement, Persécution, Souffrance, Croix. Voilà nos armes, celles de notre Époux divin qui nous demande de Le laisser continuer en nous sa vie, Lui, l'unique Amant, l'unique Époux, l'unique Sauveur et aussi l'unique Sagesse, et l'unique Vérité. Nous ne trouverons pas mieux que Lui, et Il n'est pas vieilli... Suivons ce " modèle unique " et nous sommes sûrs de faire beaucoup de bien car dès lors, ce n'est plus nous qui vivons, mais Lui qui vit en nous, nos actes ne sont plus nos actes à nous, humains et misérables, mais les Siens divinement efficaces. "

Le 1er janvier 1908, présentant à Mgr Guérin ses vœux de bonne année, frère Charles avait écrit : " Que Jésus qui vous a établi apôtre et chargé de lever la pierre de ce sépulcre, de ressusciter ces morts, vous inspire, vous dirige, vive en vous comme Il a vécu en Pierre, Paul et leurs disciples. Votre œuvre est semblable à la leur, votre mission semblable, donnée par la même bouche, aussi authentique, accompagnée des mêmes pouvoirs et des mêmes grâces... Que Jésus accomplisse par vous sa volonté, que son Esprit vous dirige, qu'il vive en vous, qu'en vous et pour vous Il continue sur la terre son œuvre de salut, qu'Il la fasse en ces régions désolées de nuit et de mort. »

« PEUT-ÊTRE DES SIÈCLES... »

A travers cette fatigue même, frère Charles est plus présent que jamais aux problèmes de ses amis les Touaregs. Le 15 janvier, il écrit à sa cousine pour lui demander quelque chose : « Un stéréoscope, comme ceux de notre enfance, très commun, pour nos grands enfants les Touaregs; ils en sont fous, et c'est un moyen de les instruire à ne pas négliger; je vous demanderai de m'envoyer avec lui beaucoup de vues photographiques à regarder dedans, personnages, paysages, champs, villes, pas trop de monuments, ils n'y comprendraient rien; surtout des paysages animés (avec quelque personnage ou animal) et ce qui est propre à ouvrir leurs idées, la vue de beaux champs, de belles forêts, tout ce qui est propre à élargir leurs idées. » Dans la même lettre, il parle de Moussa : « Il a beaucoup reçu intérieurement du bon Dieu : mais son extrême ignorance (il ne sait ni lire ni écrire) rend très difficile de pousser aussi loin qu'il faudrait; pour le moment, ce que j'ai à faire, c'est de devenir le plus possible son ami. Il vient d'avoir, il y a quelques jours, son premier enfant, une petite fille; il sera très sensible à ce que je quête pour elle un petit cadeau. Pourriez-vous m'envoyer pour la petite Marnia un petit collier pas cher, mais solide, en quelque chose d'inaltérable qu'on puisse lui mettre au cou maintenant, et qu'elle puisse porter encore quand elle sera grande, quelque chose en agathe, ou en faux ambre, ou même en verre bien taillé; de simples grains enfilés dans un cordon, pas de métal ni de chaînette et pas de corail : le corail n'est porté ici que par les esclaves. Le principal est que ce soit inaltérable, et que les grains soient assez nombreux pour faire plusieurs fois le tour du cou comme c'est la mode ici. »

Il se réjouit de ce que certains Français ne puissent venir au Hoggar, comme ils peuvent le faire en Algérie et au Soudan : « Il est interdit à qui que ce soit, Français ou étrangers, de pénétrer dans le Sud au-delà d'une certaine limite, sans une autorisation particulière du gouverneur général de l'Algérie; cette mesure est bonne, car sans elle, il vient dans ces régions des aventuriers qui profitent de leur qualité d'Européen et de l'ignorance des populations pour traiter ceux-ci en peuple conquis, se conduire très mal, et nuire beaucoup à notre honneur, à notre réputation. »

Le 31 janvier, immense joie : par une lettre du colonel Laperrine, frère Charles apprend que Mgr Guérin a reçu du pape la permission pour lui de célébrer la messe sans servant : « Deo gratias ! Mon Dieu, que vous êtes bon ! Demain, je pourrai donc célébrer la messe. Noël ! Noël ! Merci ! Mon Dieu ! » écrit-il dans son diaire en ce jour du 31 janvier. Sa santé se rétablit. Laperrine lui a envoyé des vivres : « Je vais lui dire des sottises, et m'autoriser de vous pour lui dire que la pénitence allant au suicide progressif n'est pas admise », avait écrit Laperrine à Mgr Guérin le 3 février. Laperrine vient lui-même à Tamanrasset. Et le 11 février, il écrit à Mgr Guérin : « Il a été plus malade qu'il ne l'avoue, il a eu des évanouissements et les Touaregs, qui l'ont fort bien soigné, ont été fort inquiets. Il va mieux. Je lui ai fait une semonce, car je suppose fort que ces pénitences exagérées sont pour beaucoup dans sa faiblesse, et que le surmenage de son travail de dictionnaire a fait le reste. Comme la semonce ne pouvait tout faire, nous y avons joint trois chameaux de victuailles, lait concentré, sucre, thé, conserves diverses. D'ailleurs, il sentait qu'il fallait qu'il enraye son régime d'orge bouillie, puisqu'il a demandé du lait. Dans tous les cas, je crois indispensable qu'à son prochain retour dans le Nord, vous lui mettiez le grappin dessus et le gardiez un mois ou deux à Gardaïa ou Maison-Carrée, pour qu'il refasse sa bosse, excusez l'expression saharienne. » Le 25 mars, frère Charles écrit à sa cousine : « Priez pour ces pauvres gens. Au milieu d'un océan de maux, les deux plus graves semblent être le manque d'instruction et le manque d'éducation. Un degré d'ignorance qui les rend incapables de distinguer le vrai du faux et, souvent, le bien du mal. Il faudrait pouvoir les inonder de missionnaires qui, plutôt par conversations amicales qu'autrement, redressent petit à petit leurs idées sur bien des points. » Il voudrait que viennent aussi des religieuses mais, « outre les mille autres difficultés, il y en a une très grave ici, particulière aux Touaregs, c'est l'extrême relâchement des mœurs. Les Touaregs ne sont musulmans que de nom, et il est difficile d'imaginer à quel degré de liberté de vie ils en sont devenus ». Devant ces difficultés, il garde une invincible espérance. Il écrit à sa cousine le 4 juin : « Ce qui est impossible aux hommes est possible à Dieu. La charité espère tout. Je me souviens très bien d'une très belle petite allocution de notre Père (l'abbé Huvelin) sur sainte Madeleine, je crois; il comparait les hommes si rigoureux, si inflexibles pour certaines souillures, à Dieu si clément, si tendrement miséricordieux, montrant que cette différence n'était pas sans fondement : les hommes peuvent oublier, mais jamais effacer une faute; Dieu peut l'effacer comme si elle n'avait jamais existé et rendre l'âme aussi pure que si elle n'avait jamais péché. »

Frère Charles écrit encore, en ce mois de juin 1908 : « Le Bien-Aimé a fait tourner au bien des âmes les efforts de Moussa pour organiser le Hoggar en royaume musulman, régulier et fervent. Ces efforts ont totalement et piteusement échoué; non seulement échoué, mais produit l'effet inverse. Il a nommé un cadi, lui a confié des sommes importantes pour édifier mosquées et zaouïas, a fait lever la dîme religieuse dans tout le Hoggar. Son cadi s'est fait, en trois mois, haïr de tous, a dissipé toutes les sommes à lui confiées, et n'a rien bâti; la levée de la dîme a mécontenté tout le monde, de sorte que maintenant, il ne reste plus que le souvenir d'une aventure désagréable, et l'horreur des cadis et de la dîme. Prions et faisons pénitence. » La joie de frère Charles est simplement la joie du bien qui peut avancer; elle n'est aucunement un triomphe personnel : sa conclusion est qu'il lui faut plus que jamais prier et se convertir. Quant aux moyens vrais de faire connaître Jésus, frère Charles les connaît et il sait que ce sont des moyens pauvres et lents; il l'a écrit, le 7 février 1908, à Mgr Livinhac, en lui parlant de ses amis les Touaregs : « Musulmans, ils font partie de cette foule d'âmes, qui, à moins d'un miracle de grâce ne seront amenés que lentement à la vérité. Ce n'est pas un motif pour se décourager : mais au contraire pour travailler avec plus d'ardeur puisque l'œuvre demande de plus grands et de plus longs efforts. Se mettre en relations étroites avec eux, pour les connaître, être connu d'eux, être estimé et aimé d'eux pour faire tomber, par cette liaison, leurs préventions et les mettre en confiance, redresser leurs idées touchant la religion naturelle, et toutes les vérités de morale naturelle; tâcher, par la parole et par l'exemple, de les porter à une vie meilleure et conforme à la religion naturelle; enfin, développer leur instruction, la développer beaucoup, leur donner une instruction égale à la nôtre, afin de les mettre à même de juger de la fausseté de leur religion et de la vérité de la nôtre. Si je me trompe, c'est le triple travail des ouvriers de cette partie du champ du bon Dieu. Il y aura peut-être des siècles entre les premiers coups de pioche et la moisson; mais plus on travaillera tôt et plus on fera d'efforts, plus Celui qui « donne à qui demande » et « ouvre à qui frappe » bénira le travail de ses serviteurs et fera vite mûrir les fruits. » Frère Charles respecte totalement la foi des Touaregs. Il refuse de chercher des moyens de les convaincre; il veut qu'ils voient et jugent par eux-mêmes de la vérité de l'Évangile de Jésus. Et il respecte l'avancée progressive du travail de la grâce : dans une lettre à Mgr Guérin, le 6 mars 1908; « Prêcher Jésus aux Touaregs; je ne crois pas que Jésus le veuille, ni de moi, ni de personne. Ce serait le moyen de retarder non d'avancer leur conversion. Cela les mettrait en défiance, les éloignerait, loin de les rapprocher. Ce qu'il y a à faire pour les autres et pour moi — qui me crois bien la vocation de la clôture, et qui vis ici cloîtré — c'est à mon avis ce que j'indique dans ma lettre à Mgr Livinhac. Il faut y aller très prudemment, doucement, les connaître, nous faire d'eux des amis, et puis après, petit à petit, on pourra aller plus loin avec quelques âmes privilégiées qui *seront venues et auront vu*, plus que les autres, et qui, elles, attireront les autres. Il faudrait surtout de l'instruction à ces pauvres âmes. Prions et travaillons. »

Cette volonté de respect passe dans ses actes, sans pour autant lui faire trahir la vérité de sa religion. Un témoin a écrit : « Un fait me fut raconté sur place par Laperrine avec sa verve coutumière. Il était alors de la veille. Il a franchi les limites du désert puisque chez nous, il a presque fait l'objet d'une controverse. Le voici : Moussa Ag Amastane était l'aménokal des Touaregs Aaghar, une sorte de chef féodal important, mais avec quelques milliers de sujets seulement. Il devait beaucoup à Laperrine et à Foucauld, peut-être plus à celui-ci qu'à celui-là. Sa tante était entrée en agonie. Quoique musulman et pratiquant, il demanda à son ami le marabout d'aller la voir. La vieille dame rendit l'âme avec l'assistance du père. Laperrine disait, beaucoup plus simplement : « Ce bougre-là, il a confessé la vieille Tihit ! » Que Foucauld ait poussé la charité jusqu'à proposer le secours de sa présence à Tihit, qu'il l'ait même exhortée en faisant appel à ses sentiments religieux, aucun de ceux qui l'ont vu à l'œuvre ne peut s'en étonner. Mais, ce dont je suis bien certain, c'est que, dans la manière dont il lui a donné cette dernière preuve d'affection, il est resté en parfait accord avec l'orthodoxie de l'Église catholique : « Ouksed Massinin — crains Dieu », c'était sa formule. Il s'en servait fréquemment dans ses rapports avec les Touaregs. Laperrine lui-même nous apporte une réflexion qui montre bien que, aux yeux des Touaregs, frère Charles était exactement pris pour ce qu'il était : « un marabout chrétien ". " Une femme noble du Hoggar, qui a voué une profonde reconnaissance au père de Foucauld depuis qu'il a sauvé ses cinq petits enfants de la famine de 1907, me disait un jour, raconte Laperrine, : " Combien c'est terrible de songer qu'un homme si bon ira en enfer à sa mort, parce qu'il n'est pas musulman. " elle m'avoua qu'elle et beaucoup de ses compagnes priaient Allah chaque jour pour que le marabout devienne musulman. "

Aux yeux des Touaregs, ce marabout — tout chrétien qu'il est — est pourtant leur frère. Mais pourquoi voient-ils réellement en frère Charles leur frère ? Parce que, tout simplement, il vit au milieu d'eux, partageant exactement leur existence. Frère Charles n'a pas seulement pratiqué une amitié extérieure, une amitié de parole, une fraternité de conversation. Avant de parler, il a vécu la vie de ceux dont il voulait devenir le frère et l'ami. Et c'est ce partage de vie qui est " crier l'Évangile sur les toits ". C'est ce partage de vie qui forme le ciment de l'unité entre les hommes. Et c'est parce que frère Charles a partagé la vie des Touaregs, la vie des haratins, c'est parce qu'il a crié l'Évangile en vivant leur existence qu'il est devenu leur porte-parole, qu'il a agi de toutes ses forces pour eux.

Porte-parole des Touaregs, frère Charles l'est à tout point de vue. En juin 1908, Moussa et les siens vont, avec frère Charles à la rencontre de Laperrine; ils ont une longue conversation avec lui. Frère Charles est présent. Laperrine parle des usages à conserver, mais aussi d'autres qu'il faut abandonner, par exemple l'habitude des razzia. Le bruit avait couru qu'il voulait interdire aussi les " cours d'amour "; Laperrine veut démentir cette nouvelle; mais il ne sait qu'imparfaitement le tamacheq; il tourne la tête, cherchant un bon interprète. Alors frère Charles se met à rire et, après avoir dit à Laperrine qu'il lui faisait faire des traductions peu canoniques, il transmet le démenti de Laperrine, à la grande joie des Touaregs !

Laperrine travaille d'ailleurs dans le même esprit, exactement, que frère Charles, il veut qu'il y ait confiance et liberté de la part des Touaregs; il en prend les moyens avec audace, car l'épisode Flatters n'est pas si loin : " Lors de mon séjour à Tamanrasset (en 1908), raconte Laperrine, je m'installai près de l'ermitage du père de Foucauld. Moussa venait me voir tous les jours, et, chaque fois, en s'en allant, il insistait pour que j'aille visiter son campement qui se trouvait à quatre kilomètres environ. Un jour, je me décidai à lui faire la surprise de lui montrer la confiance complète que j'avais en lui... Nous partîmes pour le campement de Moussa, non seulement sans un homme d'escorte, mais sans une arme quelconque, ni carabine, ni sabre, ni revolver. Nous étions quatre, le père de Foucauld, le lieutenant de Saint-Léger, le lieutenant Sigonney et moi... Tant que je vivrai, je n'oublierai jamais la figure radieuse de Moussa. Lorsqu'il nous vit arriver en cet équipage, il débordait de joie. Je n'eus pas besoin d'insister. Il avait compris du premier coup la marque d'estime et de confiance que je tenais à lui donner. "

Ces hommes que sont les Touaregs, ni Laperrine, ni frère Charles ne les traitent en enfants. D'autre part, tous deux connaissent bien la fierté de cette race et les sentiments précis que les Français leur inspirent; à son beau-frère Raymond de Blic, le jour de la Pentecôte 1908, frère Charles écrit : " De même que nous les traitons de sauvages, ils nous traitent de sauvages. Ils ont pour nous les mêmes sentiments de très grand mépris que des Français ont pour les anthropophages du centre de l'Afrique. Ils nous désignent tantôt sous le nom de " païens ", tantôt sous celui de sauvages; ils ne disent jamais " les Français ", ils disent toujours " les païens " ou les " sauvages ". Un des plus intelligents d'entre eux me demandait il y a quelque temps des renseignements sur ceux d'entre nous qui habitent le centre de l'Afrique et qui mangent de la chair humaine; ils ne faisaient pas de distinction entre nous et les anthropophages. "

Frère Charles est heureux du travail qui se fait au Hoggar; fin octobre, il écrit à Mgr Guérin : " Plus on va, plus il se trouve préparé à l'arrivée de nos pères.

Dans le présent, l'œuvre des officiers eſt tout ce qu'on peut désirer de meilleur, elle ouvre les voies, établit le contaƈt, fait régner la sûreté, et donne bonne opinion de nous, car le colonel Laperrine, le capitaine Nieger, M. de Saint-Léger et les autres sont d'une bonté incomparable avec les indigènes. Partout où a passé un officier, la population, de farouche et de méfiante, eſt devenue amicale... La présence, en tout temps, dans l'Aaghar, d'une centaine de soldats, a mis en lumière les ressources de la contrée. Tous les légumes de France se récoltent dans les jardins ; leur qualité eſt excellente. L'eau et la terre abondent, on pourrait cultiver bien plus qu'on ne cultive ; les bras seuls manquent. " Il regarde l'avenir : sa place semble bien indiquée à Tamanrasset. Son mode de contaƈt ? Il eſt extrêmement discret : le 1er juin 1908, à Mgr Guérin : " Je fais plus de bien ici ; me sachant toujours ici, on vient me voir, parce qu'on eſt sûr de me trouver, on fait connaissance peu à peu, dans la mesure qu'on veut, sans qu'on puisse m'accuser d'indiscrétion puisque je ne sors jamais d'un rayon de cent mètres autour de la chapelle. Je crois que je vois plus de monde ici qu'en circulant. Cette grande discrétion me paraît meilleure dans les commencements. Une fois la connaissance faite avec beaucoup, des tournées seraient assurément utiles : mais eſt-ce moi que le bon Dieu veut pour cela ? rien ne me l'indique. Ma dernière retraite annuelle m'a poussé au contraire à resserrer ma clôture. " " Me tenir très fidèlement à la clôture ici à Béni-Abbès, en dehors des voyages indispensables, a été une des résolutions de ma dernière retraite ; j'y ai été fidèle, et je n'ai qu'à m'en féliciter ; au point de vue des Touaregs, cela n'a fait que du bien. "

Il pourra écrire, le 16 décembre, toujours à Mgr Guérin qu'il se sent très bien dans sa voie : " De moi, rien de nouveau. Bonne santé. Mais je sens le poids de mes cinquante ans. Ma voie me paraît bien simple et bien nette. Je n'ai qu'à continuer en faisant mieux chaque jour que la veille et évitant mille chutes quotidiennes. "

Janvier et février 1909 sont consacrés à un voyage en France dont nous reparlerons. Le 7 mars 1909, frère Charles embarque à Marseille pour Alger. Il emporte de tout dans ses valises, jusque des poupées (il pourra écrire, le 14 juin, à Mme de Bondy : “ Vos poupées ont eu un résultat inattendu. Avant que je ne les donne, elles ont soulevé une telle admiration que je les conserve pendant quelque temps pour les montrer aux visiteurs. Il n’en est pas un, grand ou petit, qui ne me demande à les voir; de sorte que me voici devenu “ montreur de poupées ! ”) ” En route vers Tamanrasset, son esprit d’invention travaille, et en tout sens, pour ses amis. Le 4 mars 1909, il demande à Mme de Bondy les *Fables* de la Fontaine : “ Tout ce qu’il y a de plus simple, mais avec une image en tête de chaque fable... vous devinez que c’est pour les Touaregs. ” En route, encore, voici un problème qui se présente, un problème qu’il essaie de régler au mieux pour le bien de tous : il l’expose à Mgr Guérin dans une lettre écrite le 29 mai, à In Salah : “ Une esclave originaire des Ioullemmiden, amenée au Thouat, libérée parce qu’elle était maltraitée par ses maîtres, vivant depuis sa libération chez et avec le caporal D... de la compagnie de la Saoura, en garnison à Ksabi (Ksabi appartient maintenant à la Saoura ainsi qu’Igli), voit avec frayeur arriver (dans deux ans environ) le départ pour la France de D... Elle ne veut pas rester dans le pays où elle a trop souffert et redoute les Arabes. D... malgré ce genre de vie, est chrétien (famille chrétienne de Toulouse), il donne des principes de religion à cette femme et dit qu’on peut la regarder comme de même religion que lui; elle lui est reconnaissante et confiante en lui, tandis qu’elle a horreur des Arabes. Il l’estime et lui est attaché, il se demande ce qu’il pourrait faire d’elle à son départ, de façon qu’elle soit en lieu sûr : elle est tranquille et laborieuse, environ trente ans, l’air intelligent et bon. Je l’ai engagée à vous demander de l’accepter à votre ouvroir de Ghardaïa : il l'y amènerait; elle y resterait, vivant entièrement chez les Sœurs, une bonne recrue, car elle est fort bien d'apparence, et D... l'estime et l'aime beaucoup. De plus, ce serait sauver cette âme et faire d'elle complètement une chrétienne. Je vous donne ces renseignements, pour que, si D... vous écrit dans la suite, vous soyez au courant. Je crois que, à tous les points de vue, il est désirable que vous la preniez complètement chez les sœurs. Elle a toujours eu une vie régulière de l'heure où elle a été affranchie. D... l'a recueillie : d'après ses idées à elle, elle n'a donc jamais cessé d'être en position régulière. "

Il trouve aussi un " moyen pauvre " pour aider les Touaregs à prier. Le 11 mai, à sa cousine : " Je veux vous demander une vingtaine de chapelets tout-à-fait communs, en bois, mais solidement montés en fer ou en cuivre, et assez longs pour pouvoir être passés au cou des personnes ayant une grosse coiffure, des femmes, au bout une petite médaille, et non une croix. C'est pour les musulmans, à qui j'apprends à prier en disant : " Mon Dieu, je vous aime " sur les petits grains, et " Mon Dieu, je vous aime de tout mon cœur ", sur les gros grains. "

Enfin voici Tamanrasset, le 11 juin, après cinq mois d'absence. " J'ai été très bien reçu à mon arrivée ici et par les Touaregs, et surtout, à mon grand étonnement, par les haratins. Jamais ils n'ont été aussi bien pour moi. J'en remercie le bon Dieu ", écrit frère Charles, le 29 juin. Il y a bien des changements à Tamanrasset. Moussa (c'est une bonne surprise) a fait élever à Tamanrasset, une maison importante en briques cuites au soleil, et en boue séchée; plusieurs de ses parents l'imitent. D'autre part, son ermitage s'est agrandi : des soldats de Fort Motylinski — un fort qui vient d'être bâti à cinquante kilomètres de là — et des haratins du village ont un peu transformé sa hutte; un jeune officier lui a apporté un lit de camp; frère Charles accepte le cadeau : pour la première fois depuis vingt-sept ans, il va dormir, non plus par terre ou sur des caisses, mais sur un vrai lit.

Il reprend avec Moussa de longues conversations. Ce dernier a, comme secrétaire, un jeune homme élevé à Tlemcen, qui parle bien français; frère Charles espère que ce nouveau secrétaire détruira la mauvaise influence de prétendus " thalebs ", ignorants et fanatiques, qui venaient de Raht.

Il vit plus que jamais dans l'espérance : " C'est aujourd'hui la fête de saint Pierre et de saint Paul. Il m'est doux de vous écrire en ce jour. Ne nous effrayons d'aucune difficulté : ils en ont vaincu bien d'autres, et ils sont toujours là. Pierre est toujours au gouvernail de la barque. Si les disciples de Jésus pouvaient se décourager, quelles causes de découragement auraient eues les chrétiens de Rome, le soir de leur martyre à tous deux ? J'ai souvent pensé à cette soirée-là : quelle tristesse et comme tout aurait semblé avoir sombré s'il n'y avait pas eu dans les cœurs la foi qu'il y avait ! Il y aura toujours des luttes et toujours le triomphe réel de la Croix dans la défaite apparente. "

Frère Charles continue de mener sa vie " de frère universel ". Il met en pratique les conseils que l'abbé Huvelin lui a donnés au cours de son voyage, quelques mois plus tôt, ces conseils qu'il a notés dans son petit carnet : " Mon apostolat doit être l'apostolat de la bonté. En me voyant, on doit se dire : " Puisque cet homme est si bon, sa religion doit être bonne. " Si l'on me demande pourquoi je suis doux et bon, je dois dire : " Parce que je suis le serviteur d'un bien plus bon que moi. Si vous saviez combien est bon mon Maître Jésus. " " Je voudrais être assez bon pour qu'on dise : " Si tel est le serviteur, comment donc est le Maître ? " Le prêtre est un ostensoir, son rôle est de montrer Jésus; il doit disparaître et faire voir Jésus : m'efforcer de laisser un bon souvenir dans l'âme de tous ceux qui viennent à moi. Me faire tout à tous. Rire avec ceux qui rient, pleurer avec ceux qui pleurent, pour les amener tous à Jésus. "

Le 3 décembre, 1909, il écrit à Mgr Livinhac : " Ici, la situation reste la même, les progrès politique et matériel s'accentuent de jour en jour, le contact augmentant, la mise en mains se faisant, avec grande douceur mais avec persistance. C'est fait pour ouvrir les voies aux missionnaires et faciliter leur tâche : ils trouveront un pays de plus en plus sûr, des populations déjà habituées aux Européens, ayant perdu une partie de leurs préjugés contre eux, et appris à les respecter.., " Ma vie reste la même, très occupé d'achever les petits travaux de langue touarègue qui faciliteront l'œuvre des ouvriers évangéliques que mon cœur appelle. Je suis toujours seul, n'entrevoyant pas d'où viendra le compagnon si désiré. Bien que je ne sorte de mon ermitage que très rarement pour voir des malades, je vois beaucoup de Touaregs; ils viennent chercher des remèdes, des aumônes, de petits cadeaux, faire des visites amicales. " Frère Charles veut " ouvrir les voies ", c'est là sa vocation. Frère Charles est un pionnier, c'est-à-dire un ouvreur et un passeur de frontières, un homme qui recule les limites de l'exploration le plus loin possible. Mais cette progression de frère Charles, c'est d'abord un retour aux sources, c'est une progression continuelle vers la découverte de ce qu'est Jésus, de cette dernière place que le Maître a prise. Frère Charles ne veut découvrir rien d'autre que Jésus : il se fonde sur Jésus c'est-à-dire qu'il va de plus en plus profond dans la compréhension et la réalisation concrète de l'Amour qui est dans le cœur du Christ. La grâce qui s'offre à lui, frère Charles s'en empare avec passion; mais c'est Jésus, d'abord qui s'empare de frère Charles, qui rend son cœur ouvert à toute fraternité, ouvert à l'unité divine, qui transforme son regard et le fait transparent à la lumière de Dieu au point de reconnaître le Maître dans une grande dame touarègue, dans un haratin du Hoggar, dans un officier français, au point de vouloir l'introduire dans cette terre perdue qu'est le Sahara tout entier. Frère Charles écrit à l'abbé Caron, le 30 juin 1909 : " Revenons à l'Évangile; si nous ne vivons pas de l'Évangile, Jésus ne vit pas en nous. Revenons à la pauvreté, à la simplicité chrétienne. Après dix-neuf jours passés en France, ce qui m'a le plus frappé en ces quelques jours passés en France, c'est le progrès qu'a fait, dans toutes les classes de la société, surtout dans la classe la moins riche, même dans les familles très chrétiennes, le goût et l'habitude des inutilités coûteuses; avec une grande légèreté et des habitudes de distractions mondaines et frivoles, bien déplacées en des temps aussi graves, en des temps de persécution, et nullement d'accord avec une vie chrétienne. *Le danger est en nous*, et non dans nos ennemis. Nos ennemis ne peuvent que nous faire remporter des victoires. Le mal, nous ne pouvons le recevoir que de nous-mêmes. Revenir à l'Évangile, c'est le remède. »

Ce que frère Charles apporte, ce n'est pas une élaboration théorique, ce n'est pas un système de pensée, ce n'est pas une doctrine plus ou moins déduite de l'Évangile; frère Charles n'est pas un idéaliste qui fait de l'abstraction; ce qu'il apporte, c'est une observation concrète, ce sont des faits enregistrés, ce sont des étapes, des transformations, l'évolution de sociétés humaines : les Touaregs, les Français, les Arabes, les Nobles et les Imtad. Frère Charles fait sans cesse le point, non pas en économiste ou en politique, mais dans la lumière de l'Évangile. Il prophétise, c'est-à-dire qu'il regarde tout dans la lumière de la justice et de la fraternité évangéliques. Dans tous les actes de la vie de frère Charles, il y a, partout présente, partout pressante, la poussée de l'Évangile. Ce que les Touaregs voient, sans le savoir, ce que les officiers voient, quelquefois en le sachant, c'est un homme qui réalise l'Évangile en actes, l'Évangile avec ses absolus, avec son espérance d'une cité fraternelle ici-bas commencée. Frère Charles veut incarner la Vérité évangélique dans les vérités humaines de l'histoire.

Frère Charles ne s'abstrait aucunement des conditions historiques du temps et du lieu où il vit. Il réalise l'Église là où il est; l'Église qui n'a pas de frontière : il y a des hommes de Dieu aussi bien dans les pays de persécutions que dans les pays de chrétienté, dans les pays colonisateurs que dans les pays envahis.

Dès lors, frère Charles devient, dans le bon sens du terme, un aventurier, l'aventurier de Dieu. L'aventurier, un homme qui est seul, disponible, prêt à tout, prêt à partir sur le champ. Prêt à tout laisser. L'homme à cheval sur l'événement. L'homme qui laisse l'événement faire intrusion dans sa vie, et qui, immédiatement, saute dessus, saisit l'occasion. L'homme qui jamais ne s'arrête. Frère Charles de Jésus a toujours voulu bâtir des règles strictes et a sans cesse désiré les suivre avec précision. Or, il est sans cesse extrait de la lettre de sa Règle, et comme obligé d'en vivre l'esprit : le cœur de sa Règle qu'est l'obéissance aux événements et aux personnes. Beaucoup plus qu'une Règle qui serait une base de départ, un quai sûr où l'on peut toujours revenir en cas de tempête, la Règle de frère Charles devient une étoile qui est au-devant de lui, en pleine mer. La Règle de frère Charles, c'est de garder l'œil fixé sur sa mission, cette mission qui consiste à établir l'unité entre tous les hommes. La Règle de frère Charles, c'est d'être fidèle à cette mission, à cette étoile, et en même temps, de se laisser mener par les courants, par les circonstances, par la vie quotidienne des hommes et du monde. La mission de frère Charles, sa spiritualité, s'inscrivent au cœur du monde et s'adaptent au cours du temps.

Frère Charles croit de toutes ses forces que la grâce du Christ ne s'exerce pas seulement dans l'Église, mais aussi dans le temporel. Il croit, avec réalisme, que le monde et la société des hommes sont sous le regard de Dieu. Et sa foi exige de lui une entrée profonde dans le monde; sa vie religieuse n'est pas du tout pour lui évasion par en haut ni un art d'éluder les problèmes que posent l'État, les colonies, le travail; sa Règle est tout le contraire d'un prétexte pour ne rien changer, tout le contraire d'un alibi. Frère Charles n'est pas, d'un côté, un homme " intérieur ", pieux et bon, et de l'autre, un homme d'action. Frère Charles ne déserte pas la cité; et c'est parce qu'il répond réellement à l'exigence du christianisme, c'est parce qu'il s'insère dans la cité, sans s'évader, que frère Charles maintient la tension incessante entre la foi et le monde, qu'il n'admet jamais la tyranie cléricale et qu'il ne confond pas le politique et le religieux. Et, dès lors, frère Charles est un homme libre : il dit ce qu'il pense, il agit en toute vérité, il n'adore ni le Pouvoir ni le Chef, ni la Race; c'est, par là même, un homme universel, qui n'est ni totalitariste, ni partisan, mais qui est l'homme de tous, sans cesse capable d'être aux écoutes de tous, disponible à tous.

Frère Charles ne veut jamais faire deux parts dans sa vie, l'une pour le sacré, l'autre pour le profane, il vit toute la vie évangélique, il ne veut pas séparer ce que Dieu a uni : la vie d'union au Christ et la vie d'union à ses frères; frère Charles assume la détresse, la solitude, la pauvreté, la souffrance, le manque d'amour de chacun : lui qui sait ce que c'est que d'être orphelin, en est arrivé à un accueil étonnant de ceux qui se trouvent abandonnés. Un saharien, Lehuraux, dira plus tard : " Nous aimions le père de Foucauld parce que sa bienveillance paternelle atténuait les regrets qui s'emparaient de nous au souvenir de tout ce que nous avons quitté : parents, devoirs religieux, amis d'enfance, les endroits charmants et familiers où s'écoula notre jeunesse, tout ce vers quoi se reportaient invinciblement nos pensées dans les coups durs, lors des étapes sans eau sous un soleil torride, un épuisant sirocco ou de violentes tornades de sable qui mettaient les nerfs à vif. Une parole, un simple mot du père, opéraient un miraculeux revirement et faisaient vite disparaître ces défaillances que tous les sahariens sans exception ont connues. "

UN MÉDECIN PROTESTANT

Comment frère Charles vit-il à Tamanrasset ? Un médecin protestant, le Dr Hérisson, envoyé par Laperrine au Hoggar, à la fois pour le service des soldats et celui des populations, a connu de près cette existence de frère Charles. Il a raconté comment elle lui est apparue et aussi comment frère Charles voyait les Touaregs, et comment il partageait leur vie.

Le Dr Hérisson, dès son arrivée en août 1903, va trouver frère Charles. Il raconte : " Que me conseillez-vous de faire auprès des Touaregs, mon père ? lui dis-je. J'ai l'ordre de prendre vos instructions. " Il causa longuement.

" Il fallait être simple, affable et bon vis-à-vis des Touaregs, les aimer et leur faire sentir qu'on les aimait, pour en être aimé. Ne pas être aide-major, même pas le docteur avec eux, ne pas se froisser de leur familiarité ou de leur désinvolture; être humain, charitable, *être toujours gai*. Il faut toujours rire, même pour dire les choses les plus simples. Moi, comme vous le voyez, je ris toujours, je montre mes vilaines dents. Ce rire met de la bonne humeur chez le voisin, l'interlocuteur; il rapproche les hommes, leur permet de mieux se comprendre; il égaie parfois un caractère assombri, c'est une charité. Quand vous serez au milieu des Touaregs, il faut toujours rire.

" Donnez-leur vos soins médicaux avec patience, guérissez-les. Ils auront une haute idée de notre science, de notre puissance, de notre bonté. Si on vous demande de soigner une chèvre, n'en soyez pas vexé. Je suis d'avis que vous séjourniez longtemps près d'un campement touareg, non pas mêlé à eux, mais en bordure, pas gênant, mais prêt à les recevoir s'ils veulent venir. Restez ici, sans bouger de place, trois semaines; vous aurez le temps de les guérir et aussi de les connaître et de vous faire connaître. Ils nous ignorent. On a fait courir sur les Français des légendes absurdes. On raconte que nous mangeons les enfants, que la nuit nous nous métamorphosons en bêtes, etc.

" Racontez, en vous aidant d'un interprète, à ceux qui aimeront à venir causer avec vous, notre vie intime, familiale, nos mœurs, nos coutumes, la naissance, le parrainage, l'éducation religieuse des enfants, le mariage, les lois du mariage, les devoirs entre époux, vis-à-vis des enfants, les décès, les cérémonies, les legs, les testaments, quels faits on honore, quels faits on méprise...

" Il me conseilla de montrer aux Touaregs des photographies représentant les travaux des champs en France, nos troupeaux, la vie à la campagne, les rivières, les fermes, nos bœufs, nos chevaux... " Faites-leur comprendre que la vie des Français est faite d'honnêteté paisible, de labeur, de traditions, montrez-leur que le fond de la vie de nos paysans est le même que le leur, que nous leur ressemblons, que nous vivons comme eux, chez nous, mais dans un plus beau pays. Vous aurez sans doute des loisirs, car le pays est très sain, il y a peu de malades, et puis la population est très clairsemée. Que comptez-vous faire ?

— Le colonel, dis-je, m'a chargé de recueillir des échantillons de plantes pour les envoyer à Alger à M. Trabut, professeur de botanique, qui en déterminera l'espèce. Je vais essayer de créer un jardin potager à Tarhaouhaout.

— Il serait intéressant, me dit le père de Foucauld, de savoir si une autre race que les Touaregs a habité le désert. Il y a ici des tombeaux, très anciens, des tombeaux de païens, antérieurs à l'islamisme. Ce sont, très vraisemblablement les ancêtres des Touaregs, mais ils ne veulent pas en convenir. Vous pourriez faire des fouilles. Ils ne verront aucun mal à ce que vous exhumiez des ossements. Vous pourrez ensuite déterminer la parenté de race existant entre ces païens et les Touaregs d'aujourd'hui. "

A la première rencontre du docteur, à Fort-Motylinski, frère Charles l'invite à venir lui servir la messe; Hérisson lui répond qu'il est protestant. Frère Charles aussitôt :

" Suivez-vous votre religion avec régularité ?

— Que voulez-vous dire ?

— Lisez-vous la Bible ?

— Non, j'ai reçu l'instruction religieuse jusqu'à l'âge de ma première communion, à quinze ans. Dans ma famille, on est pieux. Mes souvenirs sont assez précis en histoire. Les préceptes chrétiens me sont familiers. Je n'ai pas besoin de livres sacrés.

— Vous avez tort. Il faut lire la Bible tous les jours,

remplir les devoirs de votre religion avec exactitude. J'ai dans mes caisses de livres, à Tamanrasset, une Bible, édition Ostwald, je vous l'enverrai.

— Je vous remercie, mon Père. Je vous la rapporterai dans quinze jours. Je compte aller me présenter à l'aménokal, Moussa Ag Amastane, dès que j'aurai pris un peu de repos.

— Non, gardez-la jusqu'à votre départ du Tidikelt. Il faut que vous la lisiez tous les jours. ”

Le docteur nous campe frère Charles : “ De petite taille, grisonnant, la barbe inculte, édenté, les cheveux coupés aux ciseaux par lui-même, sans glace, la coupe en escalier, les yeux vifs, le front intelligent. On sent en lui une chaleur, une flamme mystique intense; une ardeur dans la foi, dévorante. Il a le regard des voyants, des croyants, une personnalité très accusée, d'un esprit indépendant des autres esprits, mais entièrement soumis à sa règle. ” “ J'ai senti que le père de Foucauld est un gentilhomme d'une certaine courtoisie qui s'allie à l'humilité chrétienne, mais qu'il sera intraitable sur certaines questions : le devoir envers Dieu, envers la Patrie, envers les hommes, et qu'il exigera, si l'on veut être estimé de lui, des actes, du travail, des œuvres, sans répit.

” Le jour où j'ai vu le père de Foucauld réellement mécontent, c'est quand je lui ai avoué, quelques mois avant mon départ définitif du Hoggar, que je ne faisais plus de recherches anthropologiques depuis sept à huit mois. J'ai vu, lui disais-je, que je n'allais aboutir à aucun résultat, j'ignorerais, aussi bien qu'avant, à quelle race appartenaient ces païens. Étaient-ils les ancêtres des Hoggar, étaient-ils un autre peuple ? Mon travail était voué d'avance à la médiocrité. Le père de Foucauld me reprocha d'avoir manqué de persévérance : “ Le peu que vous auriez fait, et que vous auriez légué à vos successeurs, aurait été du travail fait; d'autres, en prenant les résultats, même négatifs, de vos recherches, et en continuant, auraient fait avancer la question. Vous la retardez, en vous abstenant de poursuivre vos recherches. Pour ce qui est d'être rebuté, à l'idée que votre travail serait une œuvre médiocre, ça n'est pas autre chose que de l'orgueil. Votre renoncement à poursuivre ces recherches peut décourager d'avance ceux qui viendront après vous.

» Il fallait travailler. Un jour, il vint un Noir, pendant que j'étais là, qui lui demanda l'aumône. Il mourait de faim, disait-il; il était bien constitué, mais il paraissait maigre, il avait environ vingt-cinq ans; le père de Foucauld lui demanda pourquoi il ne travaillait pas dans les centres de culture de Tit, Abalessa etc. Il répondit qu'il n'avait rien à faire. Alors le père de Foucauld lui montra un petit coffre en bois qui avait servi de moule à briques et lui dit : "Fais-moi vingt briques, et je te donne une mesure de blé. " Il y en avait à peine pour une heure de travail; il suffisait de faire vingt petits pâtés comme en font les enfants au bord de la mer. Le Noir refusa. Le père tint bon et ne lui donna rien, si ce n'est le conseil de travailler pour vivre.

» Le père de Foucauld est un travailleur acharné. Il n'aime pas à perdre son temps. " Prenez garde aux minutes. Le temps, c'est de l'action. " Dans son ermitage à Tamanrasset, son emploi du temps est réglé avec une précision d'horloge. Il a des instruments accrochés au mur, qu'il lit trois fois par jour et dont il enregistre les résultats. L'observatoire de la Bouzarea d'Alger les a mis à sa disposition. Il note les températures maxima, minima, la pression barométrique, la vitesse du vent et sa direction.

» Il reçoit un volumineux courrier de France, d'Algérie et d'ailleurs, vingt, trente lettres, il les lit, et découpe les enveloppes proprement, séparant les deux feuillets qui constituent la poche. Il passe une ficelle dans un angle de ces papiers et les suspend à sa ceinture, sur le côté, c'est son bloc-notes. Il a aussi un petit bout de crayon suspendu à sa ceinture par une ficelle. Il fixe, sur ce carnet, les notes, les croquis, les observations, sans attendre un instant de plus. Rentré chez lui, il remet tout au net et au propre. Quand il parcourait le Maroc insoumis, déguisé en Juif, n'avait-il pas un bloc-notes de cette espèce sous ses vêtements ? Pour une variante d'un vers à ajouter à une poésie du folklore targui, il recopie toute la feuille, et la replace le même jour où elle était. Tout est mis au net et sur l'heure.

" Après avoir lu les lettres, il remplit séance tenante les adresses de ses correspondants, il les pose droit sur sa table de travail comme un jeu de cartes debout. Il répond à chacun d'eux aussitôt. Le paquet des enveloppes diminue au fur et à mesure. Le père de Foucauld, ermite, reste en relations avec le monde extérieur, ne remettant jamais au lendemain, où à plus tard, son devoir de courtoisie de répondre. Chaque lettre est d'ailleurs pour lui, l'occasion de raviver le sentiment religieux de son correspondant. Il tient sa table de travail, une toute petite table pliante, nette. Rien ne traîne, n'attend en suspens, tout est en ordre. Ce n'est pas un contemplatif : "Veillez et priez "; sa règle de conduite est : "Travaillez et priez, car vous ne savez ni le jour, ni l'heure." Travaillez.

" Ce caractère de moine bénédictin l'apparente aux savants de laboratoire qui stupéfiaient, dans les facultés, notre ardente jeunesse. Il le rattache à l'espèce humaine vénérée de ces religieux et de ces laïques qui éclairent comme des phares la route obscure des hommes. Cette puissance de travail ordonnée me donne la plus haute idée de sa personne. J'en suis confondu d'admiration.

" Le colonel Laperrine invite à sa table les Français du voisinage : " Il les fait quelquefois servir les premiers. Ils ont autour du plat une place quelconque suivant le hasard. Le père de Foucauld vient toujours à midi, avec une bouteille de muscat blanc, de son vin de messe. Nous en buvons la valeur d'un verre à bordeaux, à la fin du repas; on proteste, on se récrie chaque fois en voyant la bouteille : " Mon Père, vous vous démunissez, c'est trop, vous allez épuiser votre provision, on ne la boira pas ! " Mais lui, en riant, insiste : " Vous pouvez la boire, je n'apporte que ce que je puis donner. " Et on la boit avec délices bien entendu. A table, on ne cause pas de choses sérieuses, on raconte des histoires, on plaisante, on taquine le cuisinier du colonel. Le père de Foucauld rit. Le colonel a un répertoire très varié, très amusant d'anecdotes qu'il dit être vraies. C'est un narrateur très séduisant. Le père de Foucauld sourit quand tout le monde rit, mais si l'histoire sort un peu des limites permises, il n'entend plus, il devient sourd, il paraît penser à autre chose. Alors quelqu'un fait remarquer que la conversation a pris " un ton badin " et que les oreilles du père doivent être scandalisées. Si l'on s'excuse, celui-ci proteste qu'il n'écoutait pas et n'a pas entendu, aucune gêne.

" Dans les palabres, il refusait de s'asseoir à côté du colonel, sur une chaise pliante; il voulait être accroupi sur le sol, à côté de lui. Le colonel se servait de lui comme interprète : il y avait là, en effet, des Touaregs, ignorant la langue arabe, ou la connaissant mal. Le père, non seulement les comprenait et s'exprimait parfaitement en langue targui, mais, par sa connaissance de leur caractère et de leurs mœurs, il savait ce qu'il fallait éclaircir dans leur esprit, quel doute ou quelle appréhension pouvait naître, etc. Enfin, sa valeur morale était si réputée et si hautement estimée que tout ce qui se disait par lui prenait encore plus de poids. Les Touaregs disaient : " Il connaît notre langue mieux que nous-mêmes. "

Le docteur Hérisson raconte encore : " Les indigènes avaient une telle estime pour lui qu'ils le prenaient pour juge. J'ai assisté, un matin, à cette scène fort curieuse. Il était devant sa porte, un peu incliné vers la terre, vêtu de blanc. Devant lui, au premier plan, deux immenses Touaregs, vêtus de noir, le visage voilé de noir, en grande tenue cérémonieuse, l'épée au côté, le poignard à l'avant-bras gauche, la lance dans la main droite. Derrière, d'autres Touaregs, quatre ou cinq accroupis, témoins ou auditeurs. Il s'agissait d'une histoire de vol de chameaux, et de coups donnés à l'esclave du propriétaire et gardien du troupeau. L'un accusait, l'autre niait. Tous deux avaient cette attitude emphatique, théâtrale, des Hoggar, le geste impérieux, la voix martelée, mais assourdie par le litham qui leur faisait comme un léger baillon. Finalement, on apportait un Koran, et l'accusé protestait de son innocence, en jurant sur le Koran devant le père de Foucauld. »

Le docteur Hérisson nous rapporte aussi que des Français ont pris pour femme, à la manière du pays, une jolie fille indigène. « Ce n'est là pour eux que matière à divertissement. » Le père de Foucauld voudrait que l'on donnât aux Touaregs un exemple de la solide vertu de nos mariages. Il souhaite qu'un sous-officier « épouse chrétiennement une jeune fille Hoggar et qu'il en ait des enfants, élevés dans le giron de l'Église. » « Il souhaite encore de voir un ménage français d'instituteur et d'institutrice, désigné par le Ministre, se fixer à Tamanrasset, pour éduquer et instruire les jeunes Kel-Rela. »

Le docteur Hérisson avait un violoncelle qu'il avait emporté avec lui au Hoggar. Il a plaisir à en jouer, le soir, sous le ciel calme et pur du Sahara. Un soir, le docteur annonce joyeusement à frère Charles : « J'ai vacciné contre la variole une dizaine de femmes touarègues nobles, Dassine la première. Elle n'avait jamais été vaccinée. » Dassine, nous la connaissons, c'est cette femme étonnante qui a amené peu à peu Moussa à regarder vers les Français ; cette femme qui avait reçu frère Charles avec faveur. Il y avait souvent des colloques entre frère Charles et Dassine ; s'il n'essayait pas de la convertir : « Tu aimes ton Dieu, j'aime le mien », lui disait-elle, il lui ouvrait pourtant l'esprit sans cesse davantage. Quand frère Charles, en janvier 1908, est tombé gravement malade, c'est Dassine qui est allée le voir immédiatement et l'a fait soigner fort intelligemment hors des pratiques étranges des sorciers tout puissants. Quand, plus tard, il est mordu par une vipère à cornes, dont la morsure est presque toujours mortelle, c'est encore elle qui conseille à Moussa de faire venir à grands frais, du Soudan, une vache dont le lait est réservé au malade.

Dassine, donc, a accepté d'être vaccinée : « Le père de Foucauld est tout surpris, émerveillé, et me demande comment j'ai pu obtenir ce résultat et comment il se faisait qu'il y eût tant de femmes nobles, chez moi, devant la porte de ma zéribà.

" C'est grâce au violoncelle ! Dassine est venue accompagnée de ses amies et de leurs suivantes. Elle m'a dit :

— Tu as un imzad (imzad, violon targui) extraordinaire. Où est-il ? "

— Je vais vous le montrer.

" Je le retire de sa boîte. Aussitôt, ce sont des rires et des petits cris :

— Comme il est gros... c'est le père des imzad !.. "

Le docteur Hérisson n'hésite pas. Il joue " sur la corde la plus basse, en faisant résonner l'instrument de toute sa puissance comme un orgue ". Et il ajoute :

" Voulez-vous que je vous joue des airs de musique de mon pays, des chansons d'amour ?

— Oui, oui. Nous le voulons. Joue ! Nous t'écoutons !

— J'y mets une condition. Faites-vous vacciner contre la variole d'abord.

" Dassine a été la première à tendre son bras. " Vaccine-moi. " Toutes en ont fait autant.

— Maintenant, pendant que ça va sécher, je vais vous jouer une belle chanson d'amour. Celle d'un homme qui meurt de ne pas être aimé comme il aime.

" J'ai joué langoureusement des valses lentes de Crémieux, *Je t'ai rencontrée simplement*, ... *Je suis lâche avec toi*...

Le père de Foucauld est extasié. Il n'a pas prévu cela...

" Quand je prends congé du père de Foucauld, dix jours après, pour rentrer à Fort-Motylinski, m'y approvisionner en vivres, livres de lecture, changer d'air, faire un tour ailleurs, il me dit : " Laissez votre violoncelle ici. Je vous le garderai à l'ermitage. J'en prendrai bien soin. Il est inutile et dangereux de le faire voyager à dos de chameau. Puisqu'il plaît aux dames touarègues de l'entourage de Moussa, quand vous reviendrez ici, vous l'y retrouverez. C'est un bon moyen de les attirer et de les gagner à notre influence. "

Un jour, en cette fin d'année 1909, des cavaliers arrivent à Tamanrasset, apportant une lettre : un rezzou de Touaregs Ajjers est signalé dans la région. Le lieutenant et son groupe de police sont très loin en tournée.

On demande au père de Foucauld de rallier le fort au plus vite. Le " fort protégera les gens qui lui demanderont asile, raconte le docteur Hérisson. Le rassemblement se fait à proximité de l'ermitage du père de Foucauld. Il vient nous voir. Nous lui demandons ce qu'il va faire. Nous l'engageons à venir avec nous à Fort-Motylinski. Il refuse : il demeurera seul, chez lui, sans armes, sans gardiens, sous la seule protection de Dieu. Moussa Ag Amastane et ses serviteurs sont absents. Il n'y a personne à Tamanrasset pour le protéger. Je comprends qu'il est résolu à mourir assassiné ; c'est la fin qu'il prévoit, ici, et qu'il souhaite. "

Le docteur Hérisson raconte encore : " Le soir, quand il se promenait de long en large, devant son ermitage, au coucher du soleil, le bras appuyé sur mon épaule, il me disait que la distinction personnelle n'est pas due à la naissance et à l'éducation, elle est innée, et qu'il avait trouvé chez des simples, à la Trappe, une élévation de sentiments remarquables. " Nous vivions les uns à côté des autres, sans connaître nos origines, notre nom, et chacun remplissait sa fonction suivant ses aptitudes. Il y avait un paysan, sans aucune instruction, qui avait des aspirations, des pensées qui lui venaient du cœur, d'une beauté parfaite. Il ne s'en rendait pas compte. J'étais dans le ravissement de l'entendre sans aucun art très naturellement et très simplement, il était éloquent. " Le docteur Hérisson dira dans une formule vigoureuse : " Le père de Foucauld, contrairement à ce qui se dit des hommes célèbres, grandissait démesurément quand on le voyait tous les jours et de près. "

C'est l'époque où on découvre, au Sahara, l'existence de cavernes aux gravures polychromes. Le capitaine Cortier a été le premier à les signaler : en 1909. C'est l'époque où, dans ces cavernes du Hoggar, commence la fabuleuse légende de l'Atlantide et d'Antinéa. Le Sahara apocalyptique garderait le souvenir — ou le mirage — d'anciennes civilisations de pêcheurs, de chasseurs, de paysans (les pays africains riverains du désert ont conservé comme une obscure mémoire de cette splendeur passée). Évoquant ces fresques sahariennes, le docteur Hérisson emploie une image qui exprime admirablement le travail d'évangélisation qu'accomplit frère Charles, un travail que l'on n'apercevra peut-être que dans des siècles : " Le cerveau des habitants du Aagar est encore pour longtemps comme ce terrain rempli de pierres de l'Évangile, où le bon grain semé ne peut germer. Le père de Foucauld le sait et en leur donnant l'exemple de sa vie pour enseignement, il imprime un souvenir impérissable dans la mémoire de ces êtres frustes. Ainsi, en des temps très anciens, des artistes primitifs ont fixé des images des êtres qui peuplaient le désert, en les gravant sur les roches polies du Aagar. "

Le docteur Hérisson raconte le Noël de 1909 à Tamanrasset : " Nous passons la soirée de Noël dans son ermitage, assis face à face sur des tabourets pliants, les coudes appuyés sur sa petite table de travail, éclairée par une petite bougie de paraffine collée sur la table, sans chandeliers. Pas de boisson : ni thé, ni café. Je note dans mon esprit, au cours de la conversation : " J'ai été orphelin, très jeune encore, et élevé par mon grand-père, le colonel de Morlet. Nous allions faire souvent des promenades dans les bois de Saverne, en Alsace. La solitude de ces lieux me plaisait. Elle m'invitait au recueillement par sa paix et son silence. On y entendait seulement quelques chants d'oiseaux et d'insectes. Je me trouvais bien dans ce cadre. Le père de Foucauld se revoit tout petit... Il est grave, il rêve à haute voix, il oublie que je suis là. Soudain, il revient à lui, il me voit et dit, avec l'air de s'excuser, d'un sourire mélancolique : " Vous voyez, j'ai toujours été un sauvage. "

" L'AUSTÉRITÉ DE SA SOLITUDE SAHARIENNE "

En cette année qui s'ouvre, frère Charles va perdre trois grandes amitiés. 1910 creuse pour lui un grand vide. Le 14 mai, il apprend la mort de Mgr Guérin, âgé seulement de trente-sept ans, épuisé par les fatigues de la vie saharienne. Frère Charles écrit le 16 mai, lundi de la Pentecôte, à sa cousine : " Cela me fait beaucoup de peine et cela me laisse un grand vide; je pouvais compter entièrement sur lui. Le même jour, j'ai appris sa mort, et celle d'un de mes plus vieux amis, un camarade de promotion, le commandant Lacroix, qui m'a rendu bien des services; il était à Alger, à la tête des Bureaux arabes, et je pouvais compter pleinement sur lui. Tous ces vides me laissent devant un avenir qui peut présenter des difficultés de bien des genres. Mais Celui qui peut tout est toujours là, et lui, ne nous manquera jamais. "

Frère Charles comptait tant sur Mgr Guérin pour une *Association* qu'il voulait fonder ! Ne lui écrivait-il pas, le 4 février 1910 : " Merci de ce que vous ferez; je ferai ce que je pourrai; et le bon Dieu fera ce qu'il voudra. Priez pour moi, pour que, par ma vie, je sois tel qu'Il puisse se servir de moi pour faire un peu de bien. Quoi qu'il arrive, si je suis bon, mon passage sur la terre sera utile aux hommes; si je suis mauvais ou tiède, j'aurai beau faire, nul bien ne se fera par moi. Au sujet de cette Confrérie, je n'ai rien à faire tant que je n'ai pas une réponse nette, favorable ou défavorable, aux démarches que vous devez faire à Rome. J'attends donc patiemment. Quand la réponse viendra, on verra. "

Il dira au père Voillard le 16 mai : " Je n'avais jamais songé que peut-être il ne me survivrait pas et je m'appuyais sur son amitié comme si elle ne pouvait jamais me manquer. Vous sentez le vide que me laisse son départ. Jésus reste. " Le 29 juin 1910, à un père blanc, il écrit au sujet de Mgr Guérin : " Il convenait parfaitement à l'apostolat du Sahara : si, partout, le prêtre est un ostensoir, qui doit disparaître pour montrer Jésus, sans autre rôle que de Le faire voir, c'est plus vrai que nulle part en des lieux où on peut atteindre la plupart des âmes, non en leur présentant le dogme, mais en les rapprochant lentement de la bonté de Jésus, et en tâchant de leur faire dire : " Puisque cet homme est si bon, sa religion doit être bonne "... Il espérait la conversion des musulmans du Sahara. Il l'espérait non en un temps déterminé, car rien ne peut faire prévoir l'époque. Il ne se dissimulait pas les difficultés. »

Frère Charles avait eu comme un pressentiment. Il écrivait, le 2 février : « Le bon Dieu m'a donné le lait des petits enfants depuis les neuf ans que je suis au Sahara. Mon vieil ami Lacroix à Alger, mon vieil ami Laperrine aux Oasis Sahariennes; à Béni-Abbès, à In-Salah, dans les postes intermédiaires, des officiers dont les bonnes grâces ne se sont jamais démenties et dont quelques-uns sont pour moi de vrais, de bons amis. En bénissant Jésus qui m'a fait ces faveurs, je me rends compte que, si elles continuent, Il se servira, pour me les faire, d'autres intermédiaires, car ni Lacroix, ni Laperrine, ne s'éterniseront. Je prie donc Notre-Seigneur de me faire mettre à profit les grâces présentes. »

Le 15 Août, il apprend la mort de l'abbé Huvelin, son père spirituel depuis tant d'années. « C'est un brisement pour moi, » écrit-il.

Nouvel arrachement en novembre : le colonel Laperrine, qui commandait les Oasis depuis neuf ans, a demandé à prendre le commandement d'un régiment en France. Frère Charles avait écrit le 11 avril, au capitaine Regnault : « Sous la direction du colonel Laperrine, le pays targui a fait les plus grands progrès comme mise en main, organisation, commerce, agriculture. Quand je pense à ce qu'était ce pays il y a encore six ans, et ce qu'il est maintenant, je bénis Dieu de ce qui s'est fait et je le prie de continuer ce qui est si bien commencé. » Pourquoi Laperrine veut-il quitter le Sahara ? Frère Charles le dit au père Voillard, le 1er août 1910 : « Le motif de son départ est qu'il trouve avec raison qu'il ne faut pas paraître tenir à ses fonctions : il commande les Oasis depuis neuf ans; il les laisse organisées, agrandies de tout le pays touareg; en état admirable. Il les a quittées au commencement de juillet pour ne pas revenir. J'ignore qui le remplacera. Vous le saurez avant moi. Pour cela comme pour tout, Jésus reste. » Laperrine et frère Charles ne se reverront plus au

Sahara. Mais avant de quitter le Sahara, Laperrine a décidé le voyage, en France, de Moussa Ag Amastane et de quelques nobles Touaregs. Ceux-ci sont enthousiastes : " Avant de partir, écrit le docteur Hérisson, ils nous demandaient s'il y avait beaucoup de méhara dans notre pays et si les pâturages étaient bons. Ils pensaient que les fonctions étaient héréditaires comme chez eux. Il y avait la tribu des officiers, celle des secrétaires, celle des marabouts, celle des médecins, celle des armuriers. Cela va paraître comique à un lecteur de France, mais les grands esprits français, rêvant de fraternité humaine, se représentent les Touaregs, les Perses, les Malgaches, les Turcs, comme des gens vivant à leur manière, ayant les mêmes goûts, aspirant au suffrage universel, aimant le vin, le tabac, la saucisse de porc, et les cartes et le jeu de boules. Ils conçoivent le genre humain à leur image, eux aussi. "

En France, la visite de Moussa Ag Amastane a un véritable retentissement. Tous les magazines relatent son voyage avec force photos à l'appui. On promène Moussa à travers la France, avec le capitaine Nieger, que Laperrine et frère Charles estiment tout particulièrement, comme accompagnateur. On lui fait assister à toutes sortes de spectacles : " Spectacles militaires : c'est au camp de Mailly qu'on leur présente nos pantalons rouges, raconte Nieger. Une manœuvre à grand orchestre, dirigée par un membre du Conseil supérieur de la guerre : le général Durand. Rien n'y manqua. La démonstration de notre force se termina par l'assaut final à la baïonnette, drapeau déployé, tambour battant, clairon sonnant, et par un tir de 75 à obus explosifs : quelque chose d'inédit et de très exceptionnel à l'époque, par crainte d'accidents, mais dont nous étions assez fiers. " Eh bien, Nieger, demandez-leur ce qu'ils en pensent ? " (c'était la question traditionnelle). Moussa se recueillit : " Dis au général que les peuples disposant de tels moyens de destruction sont fous de se faire la guerre !... "

Moussa est emmené chez Mme de Blic, la sœur de frère Charles : " Rien ne fut plus troublant pour moi, dit Nieger, que de voir l'émotion de Moussa en présence de la sœur de son ami. Pour qui l'eût ignoré, l'affection de cet homme pour Foucauld éclatait dans tous ses gestes, dans tous les mots, dans son regard, et jusque dans la douceur et la pudeur avec lesquelles il prononçait " Meryem ", prénom en arabe de Mme de Blic. A peine débarqué à Alger, Moussa écrivit à son ami, le marabout Abd Isa, le " serviteur de Jésus " : " J'ai vu ta sœur et je suis resté deux jours chez elle; j'ai vu de même ton beau-frère : j'ai visité leurs maisons et leurs jardins et toi, tu es à Tamanrasset, comme le *meskin* (pauvre, misérable, homme de rien). "

Cette vie que mène frère Charles à Tamanrasset, c'est vraiment une vie d'extrême pauvreté, et Moussa est très frappé du contraste violent qui existe entre la vie que le marabout mène et celle qu'il pourrait mener. Dans ses souvenirs, Nieger a lui aussi exprimé ce contraste, et il a montré en sa nudité la condition saharienne de frère Charles : " A Béni-Abbès, il ne vivait pas cloîtré au sens strict du mot, puisqu'il recevait Français et indigènes frappant à la porte de son ermitage, ou, comme il l'avait appelé de sa " fraternité ". Il s'interdisait toute sortie que ne justifiaient pas les cas d'urgence et l'exercice de son ministère. Il restait libre de doser sa solitude, de répartir son temps entre la prière et le travail comme il l'entendait. C'était voulu; cela correspondait exactement à la façon dont il avait envisagé son apostolat à cette époque. Ce qu'il accepte, en nous rejoignant, était aux antipodes. Les tournées auxquelles il participa pendant près de dix ans, duraient des mois. Les unes succédaient aux autres, sans répit, avec des déplacements de centaines et même de milliers de kilomètres. Elles comportaient obligatoirement la vie en commun avec les officiers, sous-officiers et méharistes. On y recherchait les contacts fréquents avec les Touaregs en modifiant les itinéraires au gré de la fantaisie de leurs campements...

" Si dure soit-elle par l'effort physique et intellectuel, par la sobriété nécessaire, cette vie des Sahariens lui paraissait encore trop douce; elle était au-dessus de sa règle. " Allons, Foucauld, on dîne, à table ! " ou bien : " Allons, Foucauld, ne suivez pas à pied, vous nous retardez, montez à méhari. " et Foucauld obéissait aux injonctions de Laperrine. Il s'accommodait du nouveau régime, tout en cherchant avec discrétion des prétextes à s'évader, à revenir à ses chères habitudes sans jamais y faire allusion. Ces premiers pas dans la vie saharienne n'étaient qu'une expérience qui lui laissait d'ailleurs bien des remords : le souvenir de son Béni-Abbès qu'il avait abandonné le hantait. L'attraction saharienne fut la plus forte...

" Il y a désert et désert. Béni-Abbès, palmeraie bien vivante, avec une population relativement nombreuse, dotée d'un poste militaire important occupé en tout temps... Tamanrasset : à sept cents kilomètres au sud de notre poste militaire le plus avancé , sans ressource matérielle d'aucune sorte, sans relation avec l'extérieur... Tamanrasset : c'était la coupure complète avec la civilisation occidentale, la solitude à peu près absolue, la vie avec les humbles des humbles...

" Quand on lit un ouvrage sur Foucauld, il me semble qu'on peut difficilement y mesurer l'austérité de sa solitude saharienne. Elle est noyée dans les témoignages de ceux qui l'ont vu sur place, de ceux qui ont entretenu avec lui une correspondance. L'amas de documents fait disparaître le facteur " temps ". Foucauld est resté onze ans à Tamanrasset. Pendant les premières années, des mois et des mois s'écoulaient sans qu'il rencontrât aucun de nous...

" Il ne recherchait de contacts avec nous que s'ils étaient utiles à sa cause. Sa bonté dissimulait mal son impatience à supporter les visites sans objet. Son indulgence et sa patience étaient dosées : sans égales pour les petits, les humbles, elles allaient s'atténuant avec les degrés du niveau intellectuel de ses interlocuteurs.

" Il avait un programme journalier très strict. Il consentait difficilement à le modifier. Il eût voulu qu'il en fût de même pour ceux qui avaient un rôle à jouer, une tâche à remplir. Son rigorisme dans cet ordre d'idées, explique l'emploi d'une expression devenue de mode : " Le marabout est *ouar* ", disaient officiers et sous-officiers. Je traduis : le père de Foucauld est dur, exigeant, difficile à satisfaire — ceci dit sur le ton de l'admiration...

" Quand les circonstances l'obligeaient à vivre avec nous, il prenait part gaiement à nos conversations. Si le sujet devenait scabreux, les propos lestes, il gardait le silence... L'objet favori de ses entretiens avec nous, c'étaient les Touaregs. Et il traitait le sujet sous les formes les plus diverses, cherchait à nous intéresser par les côtés originaux des vestiges de leur vieille civilisation. Il y trouvait l'occasion de conseiller sous une forme impersonnelle, évitant de paraître sortir de son rôle.

" Abdiquer son cher isolement exigeait de lui un effort de renoncement et d'abnégation. Je ne puis oublier que, déambulant un certain soir aux abords de son pauvre gourbi, il constatait : " J'ai horreur de ce monde et de son hypocrisie. " C'était évidemment de notre monde dont il voulait parler. Je ne puis croire qu'il ait attribué aux Touaregs, dont il connaissait parfaitement les défauts et les vices, un niveau moral supérieur au nôtre. Il est incontestable cependant qu'il vivait pour eux et paraissait heureux d'être au milieu d'eux...

" Sa vie au milieu des Touaregs se rapprochait tellement de la leur qu'elle était la même, souvent plus rude, et cet élément n'est pas négligeable, car il supprime les distances. Il adoptait d'aussi près que possible leur condition morale et matérielle. Il les aidait de ses conseils, et dans tous les ordres, sans craindre d'entrer dans les plus petits détails. Il soignait leurs malades; si on le lui demandait, il assistait leurs mourants. "

Non, frère Charles n'ignore pas les défauts des Touaregs. En juin 1910, il a ce cri : " Je ne suis pas étonné que vous soyez surpris des mœurs touaregs. On a beau nous le dire, c'est tellement loin de nous que nous ne pouvons pas le croire. Au fond, c'est à peu près la société des Apaches : les hommes vivent de pillage, les femmes applaudissant et vivant librement. " Sa voie lui paraît toute tracée : vivre au milieu des Touaregs, pour eux. Il peut écrire le 31 août 1910, à Louis Massignon : " En attendant qu'on connaisse la volonté divine et après qu'on l'a connue, le devoir est simple, aimer Dieu et le prochain; aimer le prochain pour arriver par là à l'amour de Dieu. Ces deux amours ne vont pas l'un sans l'autre : croître dans l'un c'est croître dans l'autre. Comment acquérir l'amour de Dieu ? En pratiquant la charité envers les autres. " Cette existence d'amour et de pauvreté, de solitude et de bonté est une existence très dure.

Nieger a raison : le désert de frère Charles, on le voit avec des yeux d'hommes des villes et des campagnes. Sa réalité est toute différente. Sans doute, le désert est un lieu sain : le paludisme est inconnu dans les Oasis; les blessures mal soignées ne s'infectent pas et se cicatrisent rapidement. Mais le désert est un lieu terrible. Un lieu propice à la folie. La sécheresse, l'air électrisé du désert, tout exerce une influence sensible sur les nerfs du plus flegmatique. Dans ces immensités vides, l'impression de solitude qui, malgré la différence de cadre est aussi vive que dans la cellule d'une prison est pour un cerveau une redoutable épreuve.

La vie quotidienne de frère Charles au désert, ce ne fut certes pas une vie facile : le désert laisse l'homme seul, il ne le soutient pas dans ses faiblesses, il l'écrase. Seul peut vivre et survivre celui qui mène la lutte. Frère Charles a cette force personnelle : cet homme fait des milliers de kilomètres dans le désert, c'est un marcheur infatigable. Cet homme qui ne tient pas en place a le courage de s'astreindre au long travail solitaire, à ce travail de bénédictin qu'est l'établissement de dictionnaires; cet homme qui aime la vie, qui aime observer la vie, qui aime créer, tient bon, de toutes ses forces, dans ces espaces désolés où la pensée ne peut s'accrocher, où l'activité semble sans cesse tourner court. Dans ce désert qui épuise l'homme, qui calcine son intelligence et son cœur, dans cet espace indéfini où tant d'hommes sont morts de soif à quelques centaines de mètres d'un puits qu'ils n'ont plus la force d'atteindre, dans ces horizons sans limite où quelques brebis sont dispersées à tout vent, frère Charles marche et travaille, frère Charles prie et se tait, frère Charles accueille et écoute. Le désert, c'est le lieu où il faut être fort, fort comme ces touaregs si bien bâtis. Le désert, c'est en même temps le lieu où , plus qu'en aucun autre, on a besoin d'amis; sinon, on est perdu. Frère Charles vit en lui-même ce paradoxe et cette contradiction : il a une personnalité très forte et il aime la solitude; et il est un homme seul qui a besoin des autres, qui désire l'amitié des autres. Cet homme du désert n'est-il pas la préfiguration de l'homme anonyme qui vit dans le désert des cités et des foules modernes ? Du fond de son désert, frère Charles crie que l'homme a besoin de la solitude avec l'Etre aime et de l'amitié avec tous, que l'homme ne peut vivre que dans le respect de Dieu et le don aux autres, que dans l'amitié et le respect des autres, indissolublement.

“ AVANT-GARDE ”

Pendant que Moussa est en France, frère Charles continue cette vie terrible. Il poursuit son travail. Il avait écrit, le 2 février 1910 : “ Depuis mon arrivée ici en juin, je n'ai pas quitté ma clôture (morale). Je n'en suis sorti que pour aller voir, à une journée de marche, un Français très gravement malade et pour visiter, une fois, quelques campements dans les montagnes voisines. La plus grande partie de mon temps est employée à des travaux de langue touarègue. Mon intention est de rester ici jusqu'à leur achèvement. J'ai hâte de les voir terminés afin de consacrer plus de temps aux âmes et plus de temps à la prière. Ils seront finis, j'espère, dans un an. ” Le 16 mai, : “ Mon temps est presque entièrement consacré aux études de langue touarègue; les relations avec les indigènes ont aussi leur place, mais en recevant de mon mieux tous ceux qui viennent, je ne vais voir personne, à moins d'être appelé pour maladie. »

De France, frère Charles reçoit des lettres qui lui parlent du voyage de Moussa, voyage trop officiel à son goût. Il espère pourtant que l'aménokal en tirera profit; il écrit, le 9 décembre 1910 à Mgr Livinhac : « Moussa Ag Amastane, chef de l'Aaghar, qui a fait, sous la direction du colonel Laperrine et du capitaine Nieger, chef du Bureau arabe d'In-Salah, un voyage d'instruction en France, est attendu ces jours-ci. Je voudrais qu'il ait rapporté de son voyage le désir de voir ses compatriotes élever et instruire leurs enfants au lieu de les laisser aussi libres et aussi ignorants que les gazelles de leurs montagnes. La question éducation et instruction est intimement liée à celle du nomadisme; Moussa si intelligent qu'il est, le sera-t-il assez pour réagir contre les goûts errants de sa race, et essayer de fixer peu à peu son peuple ? Cela se fera certainement avec le temps, si ce pays est bien administré, car l'Aaghar est plus un pays de culture qu'un pays de pâturages; ni la terre ni l'eau ne manquent pour les cultures, tandis que les troupeaux ont parfois beaucoup à souffrir de la sécheresse. Le grand obstacle au développement des cultures est la paresse et plus encore l'orgueil des habitants qui, par un malheureux préjugé, regardent comme au-dessous d'eux le travail de la terre; celui-ci est pratiqué pourtant, mais exclusivement par des étrangers, gens du Thouat ou esclaves affranchis qui forment un noyau de population important. Des religieux dont quelques-uns travailleraient de leurs mains dans une certaine mesure seraient un grand bienfait pour ce pays; leur exemple ferait avec le temps tomber le discrédit attaché au travail manuel. »

Frère Charles prépare donc le retour de Moussa : « A son retour, écrit-il encore, dans une longue note, je tâcherai de lui faire comprendre que trois choses sont nécessaires s'il veut travailler au salut éternel de son peuple :

1°) Procurer l'éducation de l'enfance et de la jeunesse, qui reste aussi abandonnée à elle-même que les animaux;

2°) Procurer son instruction dans une certaine mesure;

3°) Travailler à rendre le peuple sédentaire, de nomade qu'il est, tout en le laissant un peuple pasteur.

" Cette troisième chose est la condition des deux premières, car l'éducation et l'instruction semblent incompatibles avec la vie nomade.

" Pour les " Kel Ahagar ", ou du moins pour la grande majorité d'entre eux, le passage de la vie nomade à la vie sédentaire serait facile : les fortes tribus sont presque sédentaires; les chameaux, sous la garde de quelques bergers, vont paître à grande distance; mais les tentes, avec les familles et les troupeaux de chèvres sont presque fixes; elles ne se déplacent que dans un rayon de quarante kilomètres environ. De plus, la paix, due à ces trois années d'occupation française, a déjà eu un résultat dans le sens de la fixation des habitants. A mon arrivée, il n'y avait qu'une maison à Tamanrasset, les autres habitations étaient des huttes; maintenant, il y a quinze ou vingt maisons; on en construit sans cesse, les huttes auront bientôt disparu; il en est de même, dit-on, dans les autres villages... Les cultures se multiplient. Tout Touareg un peu à l'aise a des champs. Malheureusement, ils ne cultivent pas eux-mêmes, ils font cultiver par des haratins du Tidikelt, des Noirs. Surveiller les travaux, moissonner, les Touaregs le font, mais sans mettre la main à la houe, ils le dédaignent. L'installation, dans le pays, de religieux cultivant de leurs propres mains serait un grand bienfait. "

Plus que jamais, frère Charles souhaite qu'on vienne le rejoindre pour travailler à l'évangélisation du Hoggar. Etre ouvrier évangélique, c'est d'abord remonter à l'Évangile tel qu'il est, et le vivre là où l'on est. Frère Charles voudrait que quelqu'un comprenne cette voie de pionnier et poursuive cette insertion profonde en terre saharienne, en ce désert. Le 16 mai

1910, au père Voillard, il écrit qu'il espère un continuateur : “ Le contact est pris avec beaucoup d'indigènes, la confiance établie, la connaissance faite; cette connaissance, cette confiance augmentent chaque jour; dès que les travaux de langue touarègue seront achevés, je pourrai consacrer plus de temps aux relations avec les Touaregs, la confiance et l'amitié croîtront plus vite encore. D'autre part, je connais les personnes, et après six ans de séjour presque continu, je connais aussi les choses et la langue. Je demande à Jésus un prêtre pieux et dévoué qui se mette au courant de l'œuvre et puisse la continuer en faisant mieux que je n'ai fait. Il pourrait vivre à côté de moi en vivant de ma vie sans en vivre. Je ne demande pas à être son supérieur, mais son ami, prêt à le laisser seul dès qu'il sera au courant. ”

Le 13 mai 1911, il répondra à un trappiste de Notre-Dame des Neiges qui songe à le rejoindre : “ Vous me demandez quelle est ma vie; c'est la vie de moine-missionnaire fondée sur ces trois principes :

— *Imitation de la vie cachée de Jésus à Nazareth ;*

— *Adoration du Très Saint Sacrement exposé ;*

— *Etablissement parmi les peuples infidèles les plus délaissés, en faisant tout ce qu'on peut pour leur conversion.*

“ Vie d'austérité égale à celle de la Trappe, mais beaucoup plus dure par sa pauvreté plus grande; plus dure aussi parce que le climat est dur et fatigant, et que l'alimentation est toute différente de celle d'Europe; il ne faut pas penser à introduire ici l'alimentation européenne qui serait un luxe coûteux, mais vivre de ce dont on vit dans le pays : blé, dattes, laitage. Comme vêtements, comme habitation, vous ne trouverez que ce qu'il y a de plus pauvre et de plus rustique, rien qui ressemble aux vêtements soignés et aux maisons de France, mais cela ressemble beaucoup à ce que pouvaient être les vêtements et la pauvre maison de Jésus à Nazareth. Vous aurez une vie différente de celle de la Trappe en ce que, bien que tout s'y fasse à son heure, et selon une stricte obéissance, il n'y a aucune de ces petites prescriptions extérieures, minutieuses de la Trappe, mais une vie de famille, toute simple. Vous aurez une vie différente de celle de la Trappe en ce qu'il n'y a aucun office chanté, ni prière vocale autre que le Bréviaire, mais beaucoup d'adoration, d'oraison, de prière ou lecture silencieuse au pied du Saint Sacrement. Je suis et j'ai toujours été seul depuis dix ans. Si le bon Dieu me donne des Frères, étant donné l'immense étendue des pays infidèles à convertir, il vaut mieux, pour le salut des âmes se répartir en petits groupes de trois ou quatre, aussi nombreux que possible, que de former des monastères plus peuplés... Je vois ces postes, ces ermitages, de trois ou quatre moines-missionnaires comme des avant-gardes, faites pour préparer les voies et céder la place aux autres religieux à organisation de clergé séculier, lorsque le terrain serait défriché. " C'est la dernière fois, dans cette lettre, que frère Charles expose avec précision quelle est sa vie et quel est son projet de fondation. Son expérience de vie au milieu des Touaregs l'a confirmé dans ses vues. Ce qu'il écrit d'ailleurs, frères Charles le vit en ces semaines mêmes : " Il y a beaucoup de monde ici en ce moment, on vient me voir toute la journée; le pays fait beaucoup de progrès, j'en remercie le bon Dieu, mais en Lui demandant d'être moi-même ce qu'il faut pour faire du bien à ces âmes, et d'envoyer des ouvriers dans sa moisson. "

Moussa est de retour à Tamanrasset pour Noël. Il raconte ses impressions, longuement, interminablement . " A Paris, dit le docteur Hérisson, Moussa et sa suite n'ont pas envié les Français, et n'ont pas désiré séjourner longtemps dans notre pays. Ils se sont rendu compte qu'il était riche, populeux et fortuné. Ils m'ont dit à leur retour : " La France n'est qu'un vaste jardin. La paix règne parmi la multitude des hommes. On n'est ni attaqué, ni volé par ces gens qui vous croisent dans les rues, affairés, agités. L'on peut aller et venir au milieu d'inconnus innombrables sans porter un sabre ou un poignard pour sa sécurité. Il faut que Dieu aime les Français pour leur avoir donné tant de richesse. Mais il nous tardait bien de revenir chez nous, dans notre pays, notre famille, parmi les nôtres, nos serviteurs, nos troupeaux de chèvres et nos chameaux... » Ils pensèrent que Dieu leur avait donné un pays pauvre, et l'ignorance d'utiliser les forces de la nature, mais qu'ils avaient en partage la vraie religion, la sagesse, la vie calme, et l'assurance du Paradis dans la vie future. Aucun ne désirait revenir une deuxième fois à Paris, mais la France était pour eux « merveille et étonnement ».

Frère Charles va le suivre en France; il y fera un voyage qui durera trois mois : de janvier à mars 1911. Il quitte Tamanrasset dès le 2 janvier. Son voyage a deux buts, il le dit le 26 janvier au père Voillard : « Pour tâcher de trouver un compagnon — un prêtre qui soit appelé de Dieu à partager ma vie —, et pour tâcher d'intéresser le très petit nombre de prêtres que je connais au projet de Confrérie que vous connaissez. » A Paris, il retrouve sa cousine, Marie de Bondy. Pendant son séjour, frère Charles célèbre la messe en l'église Saint-Augustin, où il s'est converti. Parmi les assistants, se trouve souvent son ami Louis Massignon. A Lyon, il rencontre surtout un saint prêtre, l'abbé Crozier, sur qui il compte beaucoup pour faire connaître son Association.

Au retour, en passant chez les pères blancs à Maison-Carrée, il choisit le père Voillard comme père spirituel pour remplacer l'abbé Huvelin. Le père Voillard lui dit nettement d'aller tous les deux ans en France pour quelques semaines comme cette année-ci. Frère Charles accueille ce conseil avec joie. Sur la route, vers Tamanrasset, il passe au poste d'Aoulef : de ces quelques journées que frère Charles passe dans ce poste, un officier gardera le souvenir précis : « Son affabilité, sa douceur n'avaient d'égale que son extrême humilité à l'égard de tous, des plus élevés aux plus petits. » « Cette humilité nous gênait , car nous n'ignorions pas son brillant passé et nous savions que, s'il l'eût voulu, il eût pu devenir notre grand chef. » Ce même officier avait préparé, au moment du passage de frère Charles un copieux déjeuner avec couscous, poulet et omelette. Frère Charles ne prit quasiment rien : l'officier ne s'apercevra que plus tard que ce jour-là était précisément le Vendredi Saint. Il présenta des excuses par la suite, à frère Charles, qui fut le premier à en rire, et qui lui dit : " Le bon Dieu sait bien que les Sahariens ignorent le calendrier et qu'ils jeûnent pendant toute l'année. " Frère Charles passe à In-Salah. Le capitaine Charlet qui commande la compagnie saharienne du Tidikelt, relate aussi ce passage dans une lettre à sa famille : " C'est vraiment un caractère intéressant et sympathique. Nous l'avons eu à notre table tout le temps et il nous a charmés. Il connaît tout, en matière arabe, marocaine et touarègue. Mais aussi en matière mondaine . On peut tout dire devant lui, et il dit tout lui-même en baissant juste assez les yeux et le ton pour que cela ne choque pas le moins du monde. " C'est à In-Salah que frère Charles célèbre la messe de la Résurrection : " Le dimanche de Pâques, nous étions tous à la messe qu'il célébrait dans une petite pièce microscopique, une maison de terre, microscopique elle-même. Il a une table de campement pour autel, des bouteilles de Ricqlès comme burettes, une boîte de sardines comme plat d'ablutions et tout à l'avenant, excessivement propre, du reste, et bien rangé. Le Chemin de Croix est dessiné par lui à la plume sur de petites planches de sapin de 4 cm sur 6, microscopiques aussi. Seul le calice est une jolie timbale à pied. La chasuble est faite d'une toile fine bien blanche brodée d'un simple feston autour et d'une petite croix de soie au milieu. "

Le 3 mai, frère Charles est de retour à Tamanrasset; il reçoit un accueil enthousiaste de la part des indigènes : " J'ai été très bien reçu ici par toute la population, elle fait des progrès, les cultures augmentent, les huttes se remplacent par des maisons, le prix des denrées baisse et, ce qui est plus heureux que tout, les nomades commencent à se fixer. " Il espère beaucoup que le chemin de fer se réalisera, qui apportera d'énormes possibilités de progrès au Hoggar. Le 6 mai 1911, il écrit au capitaine Voinot : " J'espère qu'il finira par se faire, ce transsaharien, après avoir traîné longtemps, les choses vont quelquefois vite. " Il compte se rendre dans un mois dans ce qu'il appelle " ma maison de campagne d'Asekrem ".

AU POINT LE PLUS CENTRAL

Qu'est-ce que cette maison de campagne de l'Asekrem ? En mai de l'année précédente, frère Charles a commencé à faire bâtir un nouvel ermitage. Il s'était aperçu depuis longtemps que les Touaregs se rendaient pendant l'été dans la montagne pour y faire paître leurs troupeaux. Il a voulu les suivre dans leur nomadisation. " L'ermitage, écrit frère Charles, est à cinquante ou soixante kilomètres d'ici, en plein cœur de l'Aaghar, au point le plus central du massif montagneux, qui est la citadelle du pays... Il est sur une montagne en forme de plateau appelé Asekrem, à plus de 2 600 mètres d'altitude, il se compose de deux pièces : une chambre et la chapelle. "

Pour aller de Tamanrasset à l'Asekrem, on suit une piste vague qui serpente à travers d'immenses cañons, des gorges rocailleuses, des falaises abruptes. C'est un relief lunaire, incroyable amas d'éboulis de rochers et de sommets griffant le ciel. On comprend que les Touaregs appellent ce centre du Hoggar leur *Koudia*, leur " forteresse ".

Frère Charles ne part pas tout de suite à l'Asekrem. Il attend Moussa et celui qu'il appelle son " professeur ". Ils arrivent enfin et, le 4 juillet, frère Charles se met en route, accompagné par Ba-Hamou, un des meilleurs connaisseurs de la langue touarègue. Le 7 juin, il avait expliqué à un ami d'enfance, Gabriel Tourdes, le rôle de ces deux ermitages : " Dans l'Aaghar, j'ai deux ermitages, l'un à Tamanrasset, à trois cents mètres d'un village de cent habitants, dans un large cirque entouré de montagnes, à proximité, de tous côtés, de campements de nomades; l'autre, à Asekrem, à soixante kilomètres de Tamanrasset, à deux mille sept cents mètres d'altitude, au sommet d'une montagne avec des campements dans les vallées voisines. Le premier ermitage est une manière de grande ville, la poste y passe tous les quinze jours; un brave homme, monté à chameau, apporte les lettres d'In-Salah, qui est à six cent cinquante kilomètres. C'est le grand chemin entre l'Algérie et l'Aïr, entre In-Salah et Zinder; il vient des caravanes du Damergou, de l'Aïr, du Niger; on a de la bonne eau en abondance, de belles eaux de source courant dans les ruisseaux, belles et bonnes comme dans les Vosges, des poules et des œufs, des légumes, du blé et de l'orge, du beurre; on trouve des gens qui, pour quelques sous, apportent du bois, du pain, aident à n'importe quel travail; de plus, la vue est belle, les couchers de soleil sur les montagnes sont admirables. L'autre ermitage, Asekrem, est plus sévère. Je suis absolument seul au haut d'un mont qui domine presque tous les autres et le nœud orographique du pays; la vue est merveilleuse, le regard embrasse le massif de l'Aaghar qui va descendant vers le Nord et vers le Sud jusqu'aux immenses plaines désertes. Dans les plans rapprochés, c'est l'enchevêtrement le plus étrange de pics, d'aiguilles rocheuses, de roches à formes fantastiques et amoncelées. C'est une belle solitude que j'aime extrêmement; aux environs, il y a un grand nombre de ravins qui, dès qu'il pleut, se couvrent d'herbe parfumée, et aussitôt, les Touaregs y plantent leur tente pour boire le bon lait des montagnes... »

Cette lettre est fort intéressante : on y lit de nouveau comment veut vivre frère Charles. Il ne s'agit pas pour lui d'être au cœur même de Tamanrasset, ni de planter sa tente au milieu même des Touaregs nomades de l'Asekrem. A Tamanrasset, il est un peu à part, à trois cents mètres et en même temps très proche. A l'Asekrem, il se trouve au milieu des campements nomades et en même temps, il se trouve à l'écart : son ermitage de l'Asekrem se trouve à une centaine de mètres au-dessus du campement et, pour y arriver, il faut escalader une falaise abrupte par un difficile sentier de chèvres. Ce que désire frère Charles, c'est à la fois la solitude et le contact fraternel. Sa volonté, c'est de suivre ses amis, les Touaregs, vivre auprès d'eux, et en même temps mener la vie de solitude. Son cœur a d'ailleurs toujours aimé cette solitude qui ouvre le cœur à Dieu. Début juillet, il écrit de l'Asekrem : “ La vue est plus belle qu'on ne peut ni le dire, ni l'imaginer. Rien ne peut donner une idée de la forêt de pics et d'aiguilles rocheuses qu'on a à ses pieds : c'est une merveille. On ne peut la voir sans penser à Dieu; j'ai peine à détacher mes yeux de cette vue admirable, dont la beauté et l'impression d'infini rapproche tant du Créateur; en même temps, sa solitude et son aspect sauvage, montrent combien on est seul avec Lui et combien on n'est qu'une goutte d'eau dans la mer... Je suis arrivé ici par la pluie, le tonnerre et les éclairs; le tonnerre dans les montagnes, c'était bien beau... Il fait ici une température de fin d'octobre en France : 16° à midi. J'ai peine à me figurer que je suis en juillet et bien plus de peine à me figurer que je suis dans le Sahara. ” “ Je suis dans la plus belle solitude du monde, un ermitage au sommet d'une montagne, au centre du massif de l'Aaghar, entouré d'un hérissement de pics et d'aiguilles rocheuses fantastiques, un décor d'opéra, de nuit de Sabbat. C'est merveilleusement beau. ”

Frère Charles ne voudrait que contempler cette vue admirable. Mais il est avec Ba-Hamou : il faut travailler la langue de ses amis les Touaregs et il faut accueillir les Touaregs qui le rejoindront ici, dans cette solitude : “ Les environs sont pleins de monde quand il y a des pâturages, mais, en ce moment, règne une extrême sécheresse qui a fait le vide à trente-cinq kilomètres à la ronde. Cette solitude momentanée me va, car elle me laisse tout mon temps pour travailler à ces études de langue touarègue qui durent depuis si longtemps et que j'ai hâte d'achever. ”

Bientôt, il va recevoir un certain nombre de visites :

« Je suis très content de mon séjour ici. On vient m'y voir tous les quatre ou cinq jours au moins, bien qu'à cause de la sécheresse, les campements soient en ce moment éloignés; comme les visiteurs viennent d'un jour, un jour et demi, deux jours de distance, ils passent ici la fin de la journée et ils couchent. Un ou deux repas pris ensemble, une journée ou une demi-journée passée ensemble, mettent en relations plus étroites qu'un grand nombre de visites d'une demi-heure ou d'une heure, comme celles de Tamanrasset. De ce côté, l'ouvrage qui se fait ici est très bon. Pour travailler, je suis bien aussi... enfin ma présence est une occasion pour les officiers de venir ici, c'est-à-dire dans le cœur même du pays, et c'est un grand bien; j'ai déjà reçu la visite de quatre officiers. »

Ainsi, en s'enfonçant davantage dans la solitude et en allant se perdre dans la montagne, frère Charles ne veut pas se couper du monde, mais au contraire, avoir des rencontres plus profondes. Et n'est-ce pas une chose étonnante que de voir que, dans cet ermitage de l'Asekrem, frère Charles attire encore davantage à lui ? Et que les dialogues qu'il a avec les Touaregs et avec les officiers acquièrent une sorte de densité plus grande ?

Le 14 août lui apporte une série de colis. Il ouvre. Il y a, entre autres, un autel. Joie extraordinaire de frère Charles : cet autel est celui de l'abbé Huvelin. Son père spirituel l'avait fortement poussé à établir cet ermitage de l'Asekrem. Et voici que l'abbé Huvelin lui a donné en héritage l'autel où il célébrait la messe ! L'autel de ce prêtre, qui avait vécu en plein cœur de Paris, de ce prêtre qui avait été sans cesse bousculé par d'innombrables visites, arrive à dos de chameau dans ce haut lieu de l'Asekrem, ce lieu qui a été pour frère Charles un peu ce que l'Alverne a été pour François d'Assise. Le lendemain, 15 août, frère Charles célèbre la messe pour l'abbé Huvelin, dans l'immensité de l'Asekrem.

Frère Charles pense aux Touaregs et les Touaregs viennent auprès de lui et prennent soin de lui. Le

1er septembre arrive l'un d'entre eux, avec sa mère et ses frères et sœurs, Mohamed Ag Akroud. Le 24 novembre, frère Charles écrit : " Il n'y a pas de procédés gracieux, d'attentions délicates et marques d'amitié qu'ils ne m'aient donnés depuis lors. Pas de jour que je ne le voie lui ou l'un des siens; vous vous inquiétez pour moi de l'eau et du bois, il m'en a toujours fait apporter une bonne provision avant que la précédente fût épuisée. Tout le monde travaille, est gai dans la famille; ce sont les voisins les plus intéressants et les meilleurs du monde. " Frère Charles est l'hôte de Mohamed; frère Charles mène une vie de fraternel voisinage et en est heureux. Et le 24 novembre 1911, il écrit, de l'Asekrem, à la femme du commandant Nieger : " Je suis dans mon château de montagnes, comme vous dites, enchanté de toutes manières de cette résidence : la plus belle vue du monde qui, par sa beauté et son immensité, élève l'âme vers le Créateur, des couchers de soleil merveilleux qui font penser au déclin de la vie et à la paix éternelle, la solitude et en même temps de grands avantages pour les relations avec les Touaregs : quand on vient jusqu'ici, on ne peut partir tout de suite, il faut se reposer, manger, passer la nuit, et cela établit vite des relations très amicales; j'ai une famille à une demi-heure d'ici qui est devenue tout à fait une famille d'amis. On voit moins de monde que dans des centres, mais on fait tellement mieux connnaissance avec ceux qu'on voit. " Il demeure très présent à tous les problèmes du Hoggar. L'Asekrem n'est pas une pieuse retraite. Il écrit à Mgr Livinhac, le 7 décembre 1911 : " Il y a une plaie, dans l'Aaghar, à laquelle l'établissement de vos sœurs semble l'unique remède : le nombre des infanticides est inouï, peut-être le quart, peut-être le tiers des enfants périt à sa naissance; les mœurs sont fort libres, c'est admis par l'usage ; mais l'usage n'admet pas les naissances en dehors du mariage; lorsqu'il s'en produit, l'honneur est sauf lorsque l'enfant disparaît. Il semble que le remède — en attendant le grand remède : la conversion — serait d'abord l'établissement de religieuses toujours prêtes à recueillir les nouveau-nés, puis, lorsque les mères auraient ce moyen de cacher leur faute, des lois sévères de la part des officiers français qui commandent le pays; ces lois sévères, je les ai déjà demandées; on m'a répondu que j'avais raison, mais que l'établissement de ces lois dans l'état actuel des choses, était difficile à cause de la difficulté de la répression : mettre ces femmes en prison en les faisant garder par des soldats arabes ! On m'a dit : " Établissez des religieuses... et nous établirons immédiatement la loi. "

Il y a dans la vie de certains saints, des phénomènes extraordinaires; entre autres, celui où le saint se trouve à plusieurs endroits à la fois. On peut dire, d'une certaine façon, que frère Charles se trouve partout à la fois dans le Hoggar : il sait tout ce qui s'y passe, il est préoccupé de tout, il est en éveil sur tout. Le 24 novembre 1911, dans sa solitude de l'Asekrem, il a appris des événements graves; il s'indigne : " Il y a eu, pendant que Moussa était dans l'Aaghar, fin août, ou commencement septembre, des incidents regrettables au campement : le brigadier étant venu creuser un puits tout à côté, il y a eu des violences d'un soldat sur une jeune fille proche parente de Moussa, et on a si maladroitement rationné l'eau du point d'eau commun de Moussa que ceux-ci ont dû s'enfuir en abandonnant tous leurs bagages, et que les deux meilleurs méhara de Moussa sont morts de soif. " Il ajoute : " C'est triste de voir les officiers de tous grades se dévouer, se dépenser... pour qu'un jour des subalternes fassent tant de mal. "

Le vent souffle, très rude, sur le sommet de l'Asekrem; et il fait froid : " Mon informateur targui est si gémissant depuis son arrivée ici que je lui ai promis de le renvoyer à Tamanrasset pour la Noël : j'espérais, en lui faisant cette promesse, que le lexique serait fini pour Noël; il ne l'est pas. J'ai encore pour trois bons mois de travail. Je le suivrai donc à Tamanrasset. J'aurais beaucoup aimé célébrer Noël ici. " Ce séjour à l'Asekrem a d'ailleurs beaucoup fatigué frère Charles;

il a eu une défaillance : “ Ce n'est pas un mal pour moi d'aller à Tamanrasset : d'abord pour les gens de Tamanrasset qu'il est bon que je revoie; puis pour moi, qui suis un peu à bout de forces, par suite du manque complet de nourriture fraîche. Je vais bien, l'anicroche d'avant-hier n'est rien, mais je sens que je n'ai plus guère de forces : à Tamanrasset, je trouverai des œufs, et des légumes qui m'en rendront. Je vieillis... ” Le 15 décembre, dans la soirée, frère Charles est de retour à Tamanrasset. Noël 1911 ressemble fortement à Noël 1907. Ce jour-là, frère Charles écrit : “ J'ai trouvé Tamanrasset et les populations voisines dans un état de misère effrayante. Le motif de cette misère est double : 1° La sécheresse dure depuis vingt mois, il a plu un peu au commencement de l'été, mais cela a été insuffisant et le résultat a été nul; de là, il suit que le lait, le beurre et la viande de boucherie qui sont la principale richesse du pays, manquent depuis vingt mois. 2° En 1911, les deux récoltes ont été nulles. Résultat : il n'y a dans le pays rien à manger. 3° Personne n'a de vêtement parce qu'on se les procure en vendant du beurre, des animaux ou des grains... ”

De l'Asekrem, le 10 décembre, frère Charles avait écrit à Henry de Castries : “ Sera-t-il donné à des générations qui nous suivront de voir ces âmes du Nord de l'Afrique dire ensemble : “ Notre Père qui êtes aux Cieux, que votre nom soit sanctifié, que votre règne arrive, que votre volonté se fasse sur la terre comme elle se fait dans les Cieux ”, s'adressant à Dieu comme au Père commun de tous les humains frères en Lui ? ” Il répondait avec vigueur : “ Je ne sais, c'est le secret de Dieu, mais c'est le devoir d'y travailler de toutes ses forces : c'est la pratique du deuxième commandement, l'amour du prochain comme soi-même, si semblable au premier, l'amour de Dieu par-dessus tout. ” En descendant de sa montagne, frère Charles va s'employer, tant qu'il peut, à aider concrètement ses amis : “ Depuis mon retour ici, écrit-il le jour de Noël, ma vie n'a guère été occupée qu'à prier le bon Dieu et à recevoir les uns après les autres, tous mes voisins... il fallait que je voie tous mes pauvres voisins, qui commencent à être de vieux amis, car je suis dans ma septième année d'habitation à Tamanrasset. " De tout son être, frère Charles aime plus que jamais le silence et le recueillement : " Cette douceur de la solitude, je l'ai éprouvée à tout âge, depuis l'âge de vingt ans, chaque fois que j'en ai joui, même sans être chrétien, j'aimais la solitude en face de la belle nature, avec des livres, à plus forte raison, quand le monde invisible et si doux fait que, dans la solitude, on n'est jamais seul. L'âme n'est pas faite pour le bruit, mais pour le recueillement et la vie doit être une préparation du ciel, non seulement par les œuvres méritoires, mais par la paix et le recueillement en Dieu : mais l'homme s'est jeté dans des discussions infinies : le peu de bonheur qu'il trouve dans le bruit suffirait à prouver combien il s'égare de sa vocation. " Frère Charles écrit ces lignes le 7 janvier 1912. Or l'année 1912 sera une année comme jamais frère Charles n'en a vécue. Jamais il ne s'engagera autant dans la vie du Sahara, dans l'existence quotidienne des Touaregs et dans celle des officiers sahariens. Les six mois de l'Asekrem n'ont pas détaché frère Charles des problèmes du temps : tout au contraire, frère Charles y a trouvé une vigueur nouvelle de détermination pour se rendre plus présent encore au monde et s'engager plus fortement au service des hommes, ses frères.

CIVILISATION

Il y a d'abord la question du Transsaharien. On en parle depuis un moment. En mai 1911, en rentrant en France, frère Charles en avait déjà écrit un mot; il a certainement poussé à sa réalisation. Les choses maintenant se précisent. Le 1er février 1912, frère Charles écrit : " Nieger m'écrit que c'est très sérieusement entrepris par le Gouvernement. D'ailleurs, il aurait fallu être aveugle pour ne pas comprendre que cela s'impose; j'en suis extrêmement heureux, car le chemin de fer dans ces régions est un puissant moyen de civilisation et la civilisation une puissante aide pour la christianisation : des sauvages ne peuvent pas être des chrétiens. C'est donc dans la joie que je vous écris aujourd'hui... Ma joie du Transsaharien a pour cause le bien des âmes. " Le 16 février, il attend " le capitaine Nieger et quelques membres; ou tous les membres de la mission d'étude du chemin de fer transsaharien ". Le 19, il écrit : " Je suis extrêmement heureux de la mission du transsaharien. L'établissement de ce chemin de fer était un de mes plus ardents désirs. Ce m'est une joie profonde d'en voir la réalisation. " Très humainement, il écrit à sa cousine : " Le transsaharien est une joie profonde pour moi, non seulement pour le bien moral qu'il peut apporter à la population, si l'on fait pour elle ce que l'on doit mais combien nous serions rapprochés; ces voyages seront aussi bien moins chers, on fera la route en quelques jours; on aura le télégraphe. " Et frère Charles de bâtir de grands projets : " Il est très possible que l'Aaghar devienne une station sanitaire très fréquentée, une fois le chemin de fer fait; un beau temps imperturbable, un air très sec et très sain, y réunit des altitudes variables de 700 à 3 000 mètres, de sorte que l'on peut toujours y avoir la température qu'on veut selon l'altitude. " Le 31 mars, toujours à sa cousine : " Merci aussi de l'article sur la traversée du Sahara en aéroplane; cela se fera probablement quelque jour; c'est même plus facile que ne le croient ceux qui ont écrit l'article; ceux qui ne connaissent pas le pays sont hantés de rêves de sable et de simoun, qui existent dans certaines régions, mais qu'on peut facilement éviter et laisser bien loin de soi en allant d'Oran dans l'Aaghar et de l'Aaghar au Niger ou au Tchad... Mais cela se fera-t-il de notre vivant ? A mon âge, je compte, ou plutôt je pense plutôt voir le chemin de fer, qui sera moins cher et plus vite achevé. " Il parle encore d'aviation dans la lettre du 16 avril : " Cela deviendra peut-être un excellent procédé de locomotion, mais il y a encore du progrès à faire, et pendant la période d'expérience, j'aime mieux que Jean (son jeune cousin) ne s'y livre pas. » Le Transsaharien ne sera jamais construit et l'un des meilleurs connaisseurs du Sahara, François Vergniaud, écrira, en 1960 : « Les gouvernements se sont beaucoup plus préoccupés de politique à la petite semaine que de programme cohérent : l'histoire du transsaharien illustre le triomphe des petits esprits sur ceux qu'on traite si facilement — et c'est si vite dit, et cela est si définitif — de « visionnaires »... Le plus beau, ou le plus triste de l'histoire, c'est que le transsaharien eût été rentable, son exploitation devant se trouver excédentaire depuis la découverte des richesses du sous-sol. » Ainsi, frère Charles était non seulement de son temps, mais en avance sur son temps et ce qu'il avait souhaité pour le bien des âmes, des hommes qui ne voyaient que leur intérêt à court terme le feront échouer. N'est-il pas frappant de voir à quel point cet homme de Dieu, perdu au milieu des sables, à l'écart du monde, est un homme de progrès, en ouverture et en avance sur son époque !

Frère Charles aperçoit, en même temps, que le transsaharien empêcherait par exemple cette famine qui règne en ce moment au Hoggar, cette famine qui a de multiples conséquences graves. Le 16 février, frère Charles avertit le capitaine Charlet de la situation à Tamanrasset; le capitaine Charlet s'est étonné de ce que Mousssa ne lui ait pas livré, selon les conventions en vigueur, le beurre et le blé nécessaires aux méharistes de Tidikelt. Avant même d'avoir vu Moussa, frère Charles le défend devant le capitaine : « Pour ce qui lui reste de la fourniture de la compagnie, il faut distinguer; il lui reste à livrer des grains, surtout du blé, et du beurre, si je ne me trompe. Pour le blé, il est tout à fait dans son tort, bien qu'il ne soit pas seul à avoir des torts. » Et frère Charles explique ce que Moussa aurait dû faire; envoyer un homme sérieux et sûr dans chaque village au moment précis où l'on battait le grain, et se faire livrer ce qui lui était dû : " Au lieu de cela, Moussa buvait du lait et dormait dans l'Adrar. Avec de grandes qualités, il est paresseux " avec délices " ; il a, comme dit M. Gautier, " les longues indolences et les brusques réveils des grands fauves. " Mais après avoir indiqué les torts de Moussa, frère Charles montre les circonstances atténuantes : " La récolte a été horriblement mauvaise ; depuis huit ans, il n'y en a jamais eu de si mauvaise. " Pour le beurre, frère Charles rappelle d'ailleurs que Moussa n'en a promis que lorsque le Hoggar en produirait : en dehors des années de sécheresse, et " il ne s'est jamais engagé à faire venir du beurre du Niger, du Soudan ni de nulle part ".

En même temps, il met une autre question au point ; les rapports d'argent avec Moussa : " Comme vous avez bien fait de ne pas prêter trois mille francs à Moussa, je vous supplie de ne jamais lui prêter, lui avancer un centime ; et je vous demande instamment de prévenir tout le monde à In-Salah, boutiquiers Ahl Azzi ou autres que vous, que vous défendez de lui prêter ou vendre à crédit et que, si on le fait, ce sera aux risques et périls de celui qui aura enfreint la défense ; il faut, pour cette question-là, traiter Moussa en prodigue et le défendre contre lui-même. Moussa est à la fois une belle intelligence et un sauvage ; jamais, de mémoire d'homme, un noble Aaghar n'a payé ses dettes ; qu'on veuille qu'il paie ses dettes, cela lui paraît exorbitant et monstrueux. " Frère Charles est à même de comprendre cette prodigalité... Mais en même temps, frère Charles fait comprendre les services que rend Moussa, ce qu'on oublie quelquefois : " Je crois d'autre part qu'il serait, non seulement bien, pour récompenser de réels services passés et présents, mais juste, pour le dédommager des frais assez considérables qu'il supporte continuellement pour le seul service de l'État, sans avoir jamais demandé un centime pour cela, de lui faire de temps en temps des dons assez importants en argent. Quels sont les frais qu'il supporte pour le seul service de l'État ? A tout moment, on exige de lui, inopinément, des convois pour aller ici ou là. " Et frère Charles explique tout ce que cela peut lui coûter; il montre alors la noblesse d'âme de Moussa : " Il n'a jamais dit un mot des frais qu'il (l'État) lui occasionne; il a été aussi digne pour cela qu'il est " grand seigneur " avec ses créanciers, en ne les payant pas. " En même temps, frère Charles écrit à Nieger, pour lui exposer la même situation et défendre une fois de plus Moussa.

Frère Charles est parfaitement lucide sur la situation. Il connaît les défauts de Moussa. Il sait par ailleurs que la détresse où se trouve le Hoggar amène Moussa à commettre de véritables exactions. Le 16 mai, il écrira au capitaine Charlet : " N'ayez pas confiance en Moussa, en ce qui concerne les affaires d'argent avec ses administrés : ses besoins, ses dettes le rendent rapace; quand il était très riche, il donnait à pleines mains; maintenant qu'il n'a plus rien, il tâche de prendre de tous côtés et est toujours à flairer à qui il pourra emprunter, par qui il pourra se faire donner. Il baisse tous les jours. " Pauvreté fait gens méprendre " et " Faim fait sortir le loup des bois "... Tous les jours aussi, il devient plus menteur; c'est très regrettable... " Ainsi, frère Charles mène une dialectique simple et subtile, c'est la dialectique de la charité : il demande aux Français de ne pas exiger de Moussa plus qu'il ne peut donner; il montre aux Français que Moussa a beaucoup de frais; il fait comprendre aussi qu'il s'agit de donner à Moussa uniquement l'argent qui lui revient, et non pas de lui donner de l'argent qu'il distribuerait lui-même à ses administrés. Et c'est l'occasion pour frère Charles de dénoncer un des défauts graves qui peut faire beaucoup de mal : " Un des défauts graves des Grands Chefs indigènes, écrit-il encore au capitaine Charlet, c'est que ceux-ci éloignent leurs administrés de nous, d'une part en s'efforçant d'empêcher leur contact avec nous, de l'autre, en interceptant à leur profit les bienfaits qui viennent de nous et en ne leur laissant à eux que les charges. " Frère Charles conclut dès lors d'une façon nette : " Je souhaite... que le dernier des Touaregs, des haratins, etc. soit toujours payé par nous, reçoive tout directement de nous, rien par des intermédiaires indigènes. "

Le 18 février Moussa vient voir Abd Isa, le " serviteur de Jésus ", qui est pour lui " un ami conseiller et souvent grondeur ". Frère Charles essaie de lui faire comprendre comment il peut être davantage au service de tous. Et le jour de Pâques 1912, frère Charles écrira une suite de conseils très simples et très précis pour Moussa. Voici quelques-unes de ces recommandations :

" 1°) S'entourer de braves gens, ne pas garder dans son entourage des vauriens;

" 2°) Se défendre des Arabes étrangers qui ne viennent s'installer ici que pour manger le pays, et le manger, lui, Moussa;

" 3°) Favoriser la sédentarisation;

" 4°) Réduire ses dépenses, se faire petit. Dieu seul est grand. Celui qui se croit grand, ou qui cherche à être grand, ne connaît pas Dieu;

" 5°) Le premier devoir est d'aimer Dieu de tout son cœur et par-dessus toute chose, le deuxième, d'aimer tous les hommes comme soi-même. De cet amour du prochain comme soi-même suit la triple loi de la *Fraternité*, de l'*Egalité* (Imrad), de la *Liberté* (esclave). Quand Adam bêchait et qu'Eve filait, où était le Noble, où était l'Imrad, où était l'Esclave ? S'il veut connaître comment pensent, parlent et agissent les prophètes, qu'il vienne me voir, je lui lirai l'Évangile;

" 6°) Ne pas demander et ne pas accepter de cadeaux. En demandant des cadeaux à des amis, il pèse lourdement sur eux; en acceptant des cadeaux de n'importe qui, il devient l'esclave des canailles;

" 7°) Payer ses dettes et ne pas en faire de nouvelles; ne pas en faire auprès de ses amis, parce que cela n'est pas digne de lui, que cela pèse lourdement sur eux. Ne pas en faire auprès d'inconnus, parce que cela le rend leur esclave. Dieu, dans les Livres Saints, recommande maintes fois aux chefs de n'accepter aucun cadeau; si celui de qui ils ont reçu un cadeau, leur demande une chose injuste, ils ont peine à la refuser ; s'ils font le mal, ils ont peine à les punir; il est à craindre qu'il ne les préfère à d'autres aussi bons ou meilleurs qu'eux, qui n'ont rien donné;

" 8°) Ne pas faire de cadeaux et ne pas donner l'hospitalité sans nécessité, sans quoi il est toujours : 1°) dans la difficulté d'argent et de dettes; 2°) entouré de canailles, car c'est elles et non les braves gens qu'attire l'hospitalité; 3°) il est obligé pour y suffire de se faire faire des cadeaux considérables par ceux des Imrad qui lui sont les plus dévoués, lesquels finiront par le haïr à cause de ses demandes d'argent, de son gaspillage et de son mauvais entourage;

" 9°) Diminuer le nombre de ses esclaves, bande de vauriens qui le mangent, le rendent ridicule et ne lui servent à rien;

" 10°) Quand il se trouve à proximité d'un officier, aller fréquemment le voir *tout seul*, bien des choses se traitent mieux en tête à tête, et parler avec lui sans interprète, s'ouvrir entièrement, en toute sincérité à l'officier comme à son plus réel ami : *ne jamais dire l'ombre d'un mensonge*. Pour toutes les affaires graves, traiter toujours en tête à tête, sans interprète avec l'officier ;

" 11°) *Ne jamais mentir à personne ;* tout mensonge est contraire à Dieu, car Dieu est vérité;

" 12°) Donner toujours comme guides des gens remarquablement bien, parce que souvent on juge d'après eux les autres Touaregs;

" 13°) Ne jamais louer personne en face; quand on aime et estime quelqu'un, cela paraît par la confiance et les actes; inutile de le dire; flatter est une bassesse bonne pour les thalebs arabes;

" 14°) Ne pas être lent et paresseux, savoir ménager son temps... "

" UN DEMI-SIÈCLE "

Frère Charles n'en reste pas au seul problème de Moussa vis-à-vis des siens : il aborde avec lui la question politique de la présence de la France. Quelles sont les vues de frère Charles ? Il a parlé de Liberté — Egalité — Fraternité pour ce qui est des nobles et des esclaves au Hoggar. Mais comment aperçoit-il les rapports entre Français et Touaregs ?

Parmi les conseils qu'il donne à Moussa, il y a, en conclusion, celui-ci : " Faire apprendre vigoureusement le français à son monde, pour être naturalisé Français, pour être, non nos sujets, mais nos égaux, être partout sur le même pied que nous, ne pouvoir nulle part être ennuyé par personne. Cela viendra tôt ou tard; ceux qui voient venir de loin les choses prendront les devants; grâce à cela et probablement dans un laps de temps très court, tous les militaires et employés de l'Aaghar seront de la race du pays. "

Au moment même où frère Charles donnait ces conseils à Moussa, il écrivait à un capitaine français, Pariel : " Quel bel empire : Algérie-Tunisie-Maroc-Soudan-Sahara ! Quel bel empire ! A condition de le civiliser, de le franciser et non de se contenter de le maintenir et de l'exploiter. Si nous cherchons à civiliser, à élever à notre niveau ces peuples qui sont trente millions maintenant et qui seront, grâce à la paix, soixante millions dans cinquante ans, cet empire africain sera dans un demi-siècle un admirable prolongement de la France. Si, oublieux de l'amour du prochain commandé par Dieu, notre Père commun, et de la Fraternité écrite sur tous nos murs, nous traitons ces peuples, non en enfants, mais en matière d'exploitation, l'union que nous leur aurons donnée se retournera contre nous, et ils nous jetteront à la mer à la première difficulté européenne. " Ces perspectives sur l'avenir, ces perspectives d'une extraordinaire acuité, frère Charles l'écrit, non seulement au capitaine Pariel, mais, le 30 janvier, à sa sœur; le 15 août, il écrira dans les mêmes termes au commandant Brissaud et le 21 septembre, à sa cousine. Toutes ces lettres datent de 1912,

En rapprochant ce que frère Charles exprime à son ami l'aménokal du Hoggar et ce qu'il dit à ses compatriotes, que découvrons-nous ? Si nous reprenons les trois termes de Fraternité-Egalité-Liberté, dans l'ordre selon lequel frère Charles nous les donne, nous voyons que frère Charles demande que s'établisse d'abord la Fraternité. Toute sa vie au Sahara crie qu'il refuse le séparatisme racial : il veut vivre fraternellement avec les Touaregs, avoir le même logement qu'eux, la même nourriture. Cette fraternisation, frère Charles veut qu'elle s'épanouisse bientôt en égalité : que les Touaregs aient les mêmes droits, les mêmes privilèges que les Français. Et c'est ainsi que, pour arriver à cette égalité il propose à Moussa de faire apprendre le français aux siens. Mais ce n'est pas tout : frère Charles veut que le Hoggar soit administré par des militaires et des fonctionnaires qui soient " de la race du pays ". Il envisage donc le remplacement des Européens qui amènent l'équipement du Hoggar, par des Touaregs capables de réaliser eux-mêmes cette promotion de leur peuple : que les Touaregs parviennent ainsi réellement à la liberté administrative et économique !

Il voit plus loin encore : dans la lettre à sa sœur, aussi bien que dans celle adressée au capitaine Pariel, frère Charles, parle " *d'union* ", et il ne faut pas oublier ce terme. Ce dont frère Charles a au fond la nostalgie, ce dont il a eu toute sa vie la nostalgie, c'est de l'*union*. Au moment où frère Charles a désiré être prêtre en 1900, au moment où il a pris pour devise " Jésus Caritas ", Jésus-Amour, il écrivait : " Cette *bénie* charité dont je prends avec celui de Jésus le nom pour devise... *La Charité*... c'est ce qui règne le moins dans le clergé et surtout entre les nombreux religieux de Terre-Sainte, et toute ma vie sera employée à la resserrer avec tous et entre tous ! " Qu'ils soient un comme nous sommes un "... " C'est à cela qu'on reconnaîtra que vous êtes mes disciples. " Cette volonté de l'*Union*, entre tous, préoccupation fondamentale de son sacerdoce, frère Charles ne cesse de la vivre, de la réaliser. Ce que frère Charles voit comme le plus grand bienfait que la France a pu apporter à l'ensemble de ces peuples d'Afrique, c'est l'union. Il avait vu, en 1881, et au cours de son exploration du Maroc, un état monstrueux de divisions entre hommes de différentes races; cette constatation qu'il avait faite en étant incroyant, il la renouvelle, plus fortement que jamais, devant l'ensemble des races, qui, à travers tous ces pays, s'entredéchirent. Pour lui, la France a fait accomplir un grand pas en avant: c'est un immense recul de la barbarie que la disparition progressive des razzias, et c'est une forte avancée du respect de l'homme que tout le travail positif de paix qu'ont essayé d'accomplir bien des officiers français. Mais frère Charles veut aller jusqu'au bout de cette perspective évangélique de l'*union*. Il n'y a de possibilité vraie d'union que das le respect réciproque et l'échange continuel : frère Charles veut donc que chacun des peuples demeure lui-même, et que chacun des peuples, tout en demeurant lui-même, profite des richesses des autres, connaissant ainsi une croissance nouvelle. Frère Charles veut que le monde moderne, le monde du chemin de fer, de l'aéroplane, du télégraphe, soit un monde de paix, de progrès de l'homme et d'union. Que chacun garde son entière personnalité, et que chacun contribue en même temps à former un immense ensemble de justice et d'amour.

Ces principes qu'il clame à tout vent — Liberté, Égalité, Fraternité — ce message de l'*union* qu'il crie sur les toits, frère Charles nous en donne le témoignage simple et admirable dans le fait qu'il passe une grande partie de ses journées sahariennes à sauvegarder la langue des Touaregs, à lui donner pignon sur rue et droit de cité : il veut établir cette langue en la liant à une langue reconnue. François Vergnaud, dans son livre sur *le Sahara*, écrit : « Il a mené à bien un énorme labeur scientifique. Sait-on bien qu'aujourd'hui encore, l'essentiel de nos connaissances sur la langue, la littérature et les mœurs des Touaregs lui est dû ? » Frère Charles s'est mis effectivement au rang des pauvres : ainsi il a empêché que sombre dans l'oubli cette langue qui était le lien entre quelques milliers d'hommes. Ainsi, cette langue, qui était parmi les dernières langues des hommes, parmi les plus abandonnées, les plus méconnues, les plus ignorées, frère Charles, en se faisant petit, l'a ressuscitée.

Les savants d'aujourd'hui, qu'ils soient croyants ou incroyants, voient avec une terrible souffrance la civilisation technique moderne dévaster les coutumes des peuples primitifs et les perdre à jamais. Frère Charles respecte l'inestimable richesse de cette langue si peu connue; il ne réduit pas les hommes à être de purs esprits. Pour lui, c'est tout l'être humain que le Christ a voulu sauver, corps et âme, pour lui, c'est tout l'être humain qu'il faut respecter dans sa singularité et promouvoir tout entier, comme le Christ l'a voulu et en a montré l'exemple. Comme Jésus, son ami, frère Charles croit à l'amitié.

Cette amitié, ce n'est pas une réalité à sens unique : ce que frère Charles recherche de tout son cœur, c'est une réciprocité. Il est si heureux — il le dit à sa cousine le 16 mars 1912 — de voir que de " véritables et sérieuses relations d'amitié s'établissent " ! Frère Charles est d'ailleurs tout le contraire d'un homme qui arrive à l'étranger comme en pays conquis, se croyant supérieur, et pensant qu'il apporte tout à ceux vers qui il vient. Frère Charles est venu en pauvre au Hoggar, et il accueille avec joie tout ce que lui donnent les Touaregs qui l'ont reçu. Oui, frère Charles s'enrichit, littéralement, lui, le petit pauvre, de la culture et de l'expérience séculaires des Touaregs.

Il continue d'être explorateur, mais c'est maintenant un explorateur qui a un cœur d'enfant et qui découvre sans cesse davantage, avec émerveillement et gratitude : " Dans ces pays où tout est inconnu, écrit-il le 16 février 1912, chaque chose qu'on apprend en laisse entrevoir une foule qu'on ignorait; plus on sait, plus on voit, au-delà de ce qu'on sait, d'autres choses qu'on ne sait pas. C'est mon histoire de chaque jour depuis que je suis en pays targui; c'est ce qui retarde infiniment l'achèvement des travaux auxquels je travaille de toutes mes forces depuis longtemps. " Frère Charles n'en a jamais fini de découvrir : c'est une immense preuve de l'authenticité de son amour pour les Touaregs et leur pays que cette humble exploration, quotidienne autant que passionnée, de la réalité humaine inépuisable de leur vie.

Quand frère Charles est descendu de l'Asekrem, il n'y avait pas seulement la famine et la misère à Tamanrasset : l'ensemble de la région se trouve d'un seul coup dans un profond malaise : on prêche la guerre sainte au Sahara. Le jour de Noël 1912, frère Charles écrit à sa cousine; et, en ce jour de Noël, dans sa lettre, il parle de guerre : " Les Turcs font certainement leurs efforts pour faire prêcher la guerre sainte parmi les tribus arabes de Tripolitaine; mais cela ne nous touche pas : les Touaregs, *très tièdes* musulmans, ont, dans une égale indifférence, la guerre sainte, les Turcs, et les Italiens. Tout cela leur est parfaitement égal ". Mais frère Charles veut rassurer sa cousine " Soyez sans inquiétude au sujet des prédications de guerre sainte dans le Sahara. Le Sahara est grand ", avait-il écrit au début de sa lettre. En fait, la situation est sérieuse. Les Turcs, en Tripolitaine, redoublent leurs efforts; la guerre a été déclarée entre l'Italie et la Turquie le 3 novembre 1911. Toute la région est donc en effervescence. Deux groupes de chefs Touaregs se sont rendus, en septembre 1910, à Tripoli, pour y défendre leurs revendications. L'Agger, qui se trouve entre Tamanrasset et la Tripolitaine, est particulièrement troublé. Un rapport du lieutenant Gardel en 1911 met l'accent sur les infiltrations turques et sur les conséquences de cette guerre : que certaines tribus en profitent pour réaliser des razzias. On peut lire entre autres, dans ce rapport, qu'il faut essayer de protéger à El Barka, les " droits imprescriptibles " que possède Moussa Ag Amastane, dont tous les habitants se réclament. A la déclaration de guerre entre la Turquie et l'Italie, le capitaine Charlet est chargé, aussitôt, d'occuper Djanet et de prévenir des désordres qui pourraient arriver dans cette région.

On a vu que, dans sa lettre à sa cousine, frère Charles a souligné que les Touaregs étaient de très tièdes musulmans. La situation politique et la situation religieuse sont, dans cette affaire, inextricablement mêlées. Les Turcs prêchent la guerre sainte pour parvenir à leurs fins, et frère Charles voit dans le fait que les Touaregs sont peu fidèles à l'Islam, une assurance qu'il n'y aura pas de troubles. C'est dans cette perspective que l'on comprend la lettre qu'il écrit alors au duc de Fitz-James : " Ma pensée est que, si, petit à petit, doucement, les musulmans de notre empire colonial d'Afrique ne se convertissent pas, il se produira un mouvement nationaliste analogue à celui de la Turquie. Une élite intellectuelle se formera dans les grandes villes, instruite à la française, élite qui aura perdu toute foi islamique, mais qui en gardera l'étiquette pour pouvoir, par elle, influencer les masses. D'autre part, la masse des nomades et des campagnards restera ignorante, éloignée de nous, fermement mahométane, portée à la haine et au mépris des Français, par sa religion, ses marabouts, par les contacts qu'elle a avec les Français (représentants de l'autorité, colons, commerçants), contacts qui, trop souvent, ne sont pas propres à nous faire aimer d'elle. Le sentiment national ou barbaresque s'exaltera donc dans l'élite instruite, quand elle en trouvera l'occasion. Par exemple, lors des difficultés de la France, au dedans ou au dehors, elle se servira de l'Islam pour soulever la masse ignorante et cherchera à créer un empire africain musulman indépendant. L'empire nord-ouest africain de la France, Algérie, Maroc, Tunisie, Afrique Occidentale Française, a trente millions d'habitants; il en aura, grâce à la paix, le double dans cinquante ans. Il sera alors en plein progrès matériel, riche, sillonné de chemins de fer, et peuplé d'habitants rompus au maniement de nos armes, dont l'élite aura reçu l'instruction dans nos écoles. Si nous n'avons pas su faire des Français de ces peuples, ils nous chasseront. Le seul moyen qu'ils deviennent Français est qu'ils deviennent chrétiens. " Cette phrase, pour la comprendre, il faut la relier à une autre qu'il écrit le 22 décembre 1912 au père Voillard : " Notre très médiocre, pour ne pas dire mauvaise administration, provenant du nombre trop restreint d'officiers, et de divers autres vices, est de nature à éloigner de nous la population, qui ne demande qu'à se donner. Pas à l'éloigner de moi personnellement : je suis au contraire le confident des peines, mais à l'éloigner des Français en général, et pour elle, Français et chrétien ne font qu'un. " Et il faut en même temps la relier au contexte. Frère Charles a devant lui en ces mois de fin 1911 et de 1912, une situation dramatique. Il regarde alors tout spécialement ce qui se passe en Turquie. Il voit que des hommes, qui ne sont musulmans que de nom, se servent de l'Islam comme d'un " levier " pour " influencer les masses " et " amener à la haine ". Comment s'étonner que frère Charles veuille s'opposer à ces hommes qui ne sont pas véritablement croyants, mais qui se servent démagogiquement de leur religion pour faire naître la violence et la division ? Comment frère Charles, qui lisait si bien dans l'avenir, ne pouvait-il pas désirer, pour que la paix et la prospérité règnent en Afrique, comment ne pouvait-il pas désirer que l'ensemble de ces peuples se détourne de cette fausse guerre sainte, et établisse des liens d'amitié avec la France ? Devant ses amis les Touaregs, qui sont de si tièdes musulmans, frère Charles ne peut donc pas ne pas souhaiter qu'ils quittent l'Islam " auquel ils tiennent si peu ", qu'ils deviennent chrétiens et ainsi puissent vraiment se dégager de la passion injuste que créent de soi-disant guerres saintes, vivre en union avec la France et réaliser ainsi un immense espace de paix.

S'il regarde les Touaregs, et s'il éprouve pour eux un très grand désir de les voir établis dans une profonde paix humaine et dans la connaissance de Jésus, s'il en voit les moyens pratiques, frère Charles est pourtant à l'opposé de ceux qui imposent leurs désirs et font violence pour les faire accepter. Dans une lettre au duc de Fitz-James, le 11 décembre 1912, frère Charles montre bien, dans l'ordre, les deux responsabilités successives des Français en Afrique. La première c'est " l'administration et la civilisation " de ces pays " ayant cette unité pour la première fois ".

Frère Charles regarde l'ensemble des habitants de ce pays. Il voit " les uns, les Berbères, capables d'un progrès rapide, les autres, Arabes, plus lents au progrès ", " les Noirs, très différents les uns des autres ". Après ce regard sur l'ensemble de ces habitants de l'Afrique, il conclut : " Mais tous sont capables de progrès. " Voilà donc la première responsabilité que frère Charles aperçoit : la responsabilité du progrès de l'ensemble des peuples d'Afrique.

La seconde, c'est " l'évangélisation ". Comment y travailler ? Par des méthodes de contrainte ? ou de propagande ? Aucunement : " Il faudrait de bons prêtres, en assez grand nombre (non pour prêcher; on les recevrait comme on recevrait dans les villages bretons des Turcs venant prêcher Mahomet, et plus mal, la barbarie aidant), mais pour prendre le contact, se faire aimer, inspirer estime, confiance, amitié; il faudrait ensuite de bons chrétiens, laïques des deux sexes, pour remplir le même rôle, prendre un contact plus étroit encore, entrer là où le prêtre ne peut guère entrer, surtout chez les musulmans; donner l'exemple des vertus chrétiennes, montrer la vie chrétienne, la famille chrétienne, l'esprit chrétien : il faudrait aussi de bonnes religieuses, soignant les malades, élevant les enfants, très mêlées à la population, éparpillées par deux ou trois là où il y a un prêtre et quelques chrétiens... cela se faisant, les conversions, au bout d'un temps variable, vingt-cinq ans, cinquante ans, cent ans, viendront d'elles-mêmes, comme mûrissent les fruits, à mesure que l'instruction va se répandre.. "

Frère Charles regarde comment il faudrait faire; et il voit comment on agit. Il s'indigne, une fois de plus : " Si ces malheureux musulmans ne connaissent aucun prêtre, ne voient comme soi-disant chrétiens que des exploiteurs injustes, tyranniques, donnant l'exemple du vice, comment se convertiront-ils ? Comment ne prendront-ils pas en haine notre sainte religion ? Comment ne seront-ils pas de plus en plus nos ennemis ? " Et il s'agit, non seulement, de ne pas être “ exploiteurs injustes ” mais, très positivement de connaître la vie de ces peuples, de partager leur mode d’existence quotidienne. Frère Charles, dans la même lettre, avec une logique implacable, continue : “ Il est d’abord nécessaire de connaître sa population. Or, nous la connaissons extrêmement peu. Cela vient en partie des mœurs musulmanes, mais c’est un obstacle qu’on peut vaincre; il reste ce fait déplorable que nous ignorons, à un degré effrayant, la population indigène de notre Afrique. Depuis trente-deux ans, je n’ai guère quitté l’Afrique du Nord (si ce n’est pendant dix ans, de 1890 à 1900, temps que j’ai passé en Turquie d’Asie, Arménie et Terre Sainte); je ne vois personne, ni officier, ni missionnaire, ni colon, ou autre, connaissant suffisamment les indigènes; moi-même, je connais passablement mon petit coin de terre touarégue, mais très superficiellement le reste... Il y a un vice auquel il faudra remédier : il faudrait aux administrateurs, aux officiers, aux missionnaires, un *contact bien plus étroit* avec les populations, de *longs séjours* dans les mêmes postes. ”

C’était écrit en 1912, il y a cinquante ans exactement.

“ LA VIE EST UN COMBAT ”

En décembre 1911, le capitaine Charlet chargé de prendre Djanet, capitale des Ajjers, manœuvre très rapidement; il parvient à rejoindre Attici. Attici, c’est le chef Ajjers qui, trente ans plus tôt, en 1881, a tendu une embuscade au colonel Flatters et a réussi à massacrer sa colonne. Attici a pris la fuite et le capitaine Charlet est parvenu à ramener au Hoggar tous les Touaregs dissidents que l’assassin de Flatters avait emmenés avec lui dans sa fuite, trente ans plus tôt. Attici a profité de tous les désordres, il est de toutes les razzias. On comprend donc que, lorsque le capitaine Charlet lui annonce la nouvelle de la fuite d'Attici, frère Charles lui réponde : " Comme vous le dites, la fuite d'Attici ne gêne que lui : elle est pour nous ce qu'il y a de mieux, à une condition : qu'on ne lui accorde jamais l'aman, à lui, ni à Sisi Ag Khatkhat, et qu'il soit à tout jamais expulsé du territoire français, avec ordre de les fusiller, sans autre forme de procès, si jamais ils y remettent le pied... L'expulsion est ce qu'il y a de mieux, et ils ont fait d'eux-mêmes ce qu'il y a de mieux pour nous. Leur présence en quelque lieu que ce soit aurait eu des inconvénients sur notre territoire; les tuer aurait eu quelque chose d'odieux; l'expulsion perpétuelle sous peine de mort arrange tout. Je souhaite bien qu'Ahmoud [c'est un autre chef touareg qui faisait partie de la dissidence et qui était allé avec Attici à Tripoli] ne remette jamais, lui non plus, le pied sur notre territoire. Il ne sera jamais qu'une gêne; d'une façon générale moins il y aura de Nobles, mieux cela vaudra. Je souhaite que les Imrad rentrent tous, bien que ceux qui sont à la remorque des Nobles ne soient pas les meilleurs; et je souhaite que les Nobles ne rentrent pas; la France n'est pas si pauvre en hommes qu'elle ait besoin de quelques individus de plus, et quand ces individus sont des apaches, il vaut bien mieux qu'ils soient expulsés à jamais. " Attici et ses comparses sont purement et simplement des pillards et ce sont d'abord ses amis les Touaregs que frère Charles défend quand il contribue par ses renseignements à faire pourchasser de tels malfaiteurs, et quand il souhaite une mesure d'expulsion.

En avril 1913, aura lieu un événement important qui est un tournant dans l'histoire du Hoggar. Ahmoud a formé, à Rat, un commando; il prépare un raid sur Djanet. Le 8 avril, le lieutenant Gardel, à la tête de quarante spahis, est attaqué à Esseyen, à 35 km au sud de Rat, par trois cent cinquante Touaregs dissidents : " Nos adversaires, raconte Gardel, emploient très intelligemment le terrain. Ils vont, par petits groupes, traversant les espaces découverts, passant au pas, le dos arrondi, derrière les moindres abris, leur tactique se devine. Ils sont exactement renseignés sur nos forces : ils vont chercher l'enveloppement, On croirait avoir à faire à une troupe dressée pour la guerre européenne... Je ne serais nullement étonné d'apprendre que les Turcs de Rat ou d'autres dirigeaient la bonne manœuvre. " Le combat va durer trois jours : " On s'insulte de part et d'autre... en arabe et en tamahaq, les adversaires crient entre autres choses : " Abandonnez les infidèles, ô musulmans ! Venez avec nous, nous n'en voulons qu'aux chrétiens, lâchez-lez... " Le Saharien Aflane Ag Salem, un Targui noble de l'Ahaggar, répond : " Les Français sont nos frères, nous n'avons eu que du bien de leur part, nous ne les abandonnerons pas jusqu'à la mort. " Gardel reste maître du terrain.

Esseyen est aussitôt partout à l'ordre du jour. La presse relate cet exploit, qui rend pour quelque temps la tranquillité à ce coin du Sahara. Mais ce n'est pas seulement une victoire des Français; Moussa y reconnaît une victoire des Hoggar; Ben Messis compose un poème à la gloire de Gardel : " Bénie soit sa mère ! " Quant à frère Charles, il écrira à Gardel, le 24 août 1913 : " Comme vous, je souhaite qu'Ahmoud et Inguedazzen restent décidément aux Italiens, et parce que c'est la juste punition de ceux qui se sont si longtemps et si souvent joués de nous, et surtout parce qu'il serait difficile de les empêcher de percevoir des redevances dues par leurs anciens Imrad, ce qu'il faut absolument éviter : par là même que des populations ont fait leur soumission à la France, elles doivent être sous un régime de justice, elles ont droit à l'équité sociale, à la suppression des castes, à l'abolition des abus et à la protection contre toute violence injuste et toute exaction. "

Le 28 décembre, à Gardel encore, qui veut quitter les Affaires indigènes, il dit vigoureusement : " Il est vrai que l'institution des Affaires indigènes a des défauts, il est vrai qu'elle permet à certains caractères vils d'y éclore, de se développer et de se tremper dans le cynisme; mais soyez sûr qu'on ne vous confondra jamais avec de tels gens. Permettez-moi de vous énoncer un principe qui est une directive pour toute la vie : il est du grand Africain saint Augustin : " Sachez que vous aurez progressé d'autant dans la perfection que vous aurez plus recherché l'intérêt général que votre intérêt personnel. " L'intérêt général veut que nos indigènes soient dignement administrés; il veut que des hommes d'honneur et de valeur se consacrent à cette administration. Bien des choses ne sont pas ce qu'elles devraient : mais au restant, un bon officier peut atténuer les maux, faire du bien ; il avance en grade, et, à mesure qu'il s'élève, il peut de plus en plus pour le bien et contre le mal : la vie est un combat; pour le bien, le progrès des indigènes, pour le règne de la justice et de l'humanité, pour l'honneur de la France, il faut que les officiers dignes de ce nom ne se découragent pas devant le mal et n'abandonnent pas la partie, mais restent pour lutter contre lui et s'efforcer de faire à la longue prévaloir le bien. " Il faut dire que Gardel avait été victime de " basses manœuvres ". Et frère Charles, dans une lettre du 19 août, avait dû l'encourager très fermement : " La paume de la main ne cache pas le soleil, comme dit le proverbe targui; la vérité finit par se faire jour... Je ne suis nullement surpris de la jalousie et des basses manœuvres dont vous êtes l'objet. Mais ne vous en troublez pas... En marchant dans une droiture irréprochable, dans la recherche continuelle du bien public, et l'oubli de son propre intérêt, on vit dans cette paix intérieure et ce sentiment du devoir accompli, qui sont le plus grand bonheur ici-bas... L'ambition, les basses manœuvres, les laides actions qu'elle inspire et tout ce qui excite la cupidité de tant d'âmes font grand'pitié à celui qui se tient au-dessus de toute cette boue et qui, l'esprit dans la lumière, ne cherche qu'à faire le bien dans le temps et attend l'espérance du Bien infini dans l'Éternité. "

Ainsi frère Charles n'est aucunement agent de renseignements, il est au service de l'intérêt général.

Et il demande aux officiers français, comme à Moussa, de consacrer leur vie à cet intérêt général.

Moussa lui-même demande souvent aide et assistance à frère Charles : c'est souvent lui qui le charge de prévenir les officiers français. Le 31 mars 1912, frère Charles écrit au capitaine Charlet : " Le représentant de Moussa, ici, est venu le 17 mars, me dire qu'un hartani appelé Ben Beidari, originaire, croit-il, du Tidikelt — qui vient de faire un assez long séjour dans l'Adrar, et a passé en dernier lieu quelques mois à Tarhaouaout, faisant du commerce — ayant traversé Tamanrasset et y ayant passé la nuit du 16 au 17 mars, y a, dans la hutte du hartani qui lui avait donné hospitalité, tenu le propos suivant : " Il vient d'arriver à Tarhaouaout des lettres des autorités françaises supérieures, ordonnant qu'un certain nombre de jeunes touarègues soient faites femmes publiques de force et mises à la disposition des soldats; et qu'un certain nombre d'enfants soient désignés pour apprendre de force " la lecture des *roumis* ", le mot targui dont il s'est servi pour exprimer la lecture est à double ou à triple sens; il signifie " lecture ", et plus souvent " lecture religieuse ", et par suite " religion "... Le représentant de Moussa, oncle de notre brigadier Ouenné, est fort bien et s'évertue à dire aux Touaregs qu'ils n'ont aucune injustice, aucun acte tyrannique à craindre de nous. J'ai promis au représentant de Moussa de vous écrire par le premier courrier pour vous demander de faire saisir Ben Beidari qui se rend à In-Salah, dès son arrivée, et de lui infliger une punition sévère, capable non seulement de lui ôter envie de recommencer, mais encore de servir d'exemple aux autres. "

C'est dans l'ensemble de ce contexte que frère Charles, au mois de mai, rédige une longue note sur " la réorganisation de l'annexe d'In-Salah ". Il fait parvenir cette note à Laperrine.

Depuis l'arrivée de frère Charles au Sahara, la situation avait profondément changé. Or, on avait laissé telle quelle l'administration de ce territoire. Pour l'annexe d'In-Salah, il y avait seulement un lieutenant et ses deux cents méharistes pour assurer la police et l'administration de l'ensemble. Comment cet officier pouvait-il faire de fréquentes et indispensables visites aux tribus et en même temps diriger son territoire en demeurant au bureau du chef-lieu ? Frère Charles avait vu, très justement, que c'était une entreprise impossible. Il ne cessera dès lors de réclamer — jusqu'à sa mort — le " fonctionnement de l'annexe actuelle du Tidikelt en trois annexes " : chacun des territoires du Tidikelt, de l'Ahaggar et les Ajjers possédant son annexe personnelle avec ses propres garnisons. Tel est l'objet de cette note qu'il envoie à Laperrine, tel est ce plan dont frère Charles ne manquera jamais de s'entretenir avec tous ceux qui sont susceptibles de près ou de loin, d'en faciliter l'application. Mais toutes ces démarches seront inutiles, la note restera dans les archives du Gouvernement général. Le 1er décembre 1915, il écrira au capitaine Duclos : " Après trois ans et demi, je ne vois rien à changer à ce que j'ai écrit alors, et la réalisation m'en paraît plus désirable, je dirai même plus nécessaire que jamais. " Un an plus tard, jour pour jour, frère Charles sera assassiné à Tamanrasset. Le 10 avril 1916, il avait lancé un nouvel appel angoissé au commandant Meynier : " Plaise à Dieu qu'on se décide à appliquer ce remède et qu'il ne soit pas trop tard. " L'évolution de la situation devait donner raison à frère Charles.

Cette note est admirable de concision, de précision et de largeur de vues. Frère Charles prévoit tout, balayant une à une les objections. En voici quelques passages qui montrent le souci très concret que frère Charles a violemment au cœur, de l'ensemble de la population du Sahara : " Aujourd'hui, la période d'administration est arrivée. Le lieutenant qui commande le pays le connaît; il voit les injustices, les abus, les délits à réprimer; il voit les progrès à effectuer; la population se tourne vers lui, attend et demande de lui un régime de justice; mais il est débordé; il ne peut pas être en même temps dans les tribus, dans son chef-lieu, au milieu de ses soldats. Une autre cause rend impossible l'administration du pays par un seul officier : que cet officier soit relevé et remplacé par un autre, toute la connaissance qu'il a acquise est perdue; ce n'est pas en quelques jours de passage de consignes qu'elle peut se transmettre. »

La deuxième partie de la note est consacrée à un plaidoyer émouvant, mais ce plaidoyer est pourtant profondément objectif : « Intérêt que présentent les Touaregs de l'Ahaggar. » Frère Charles écrit : « J'attire l'attention sur l'intérêt que présente la population touarègue. Elle se compose de deux classes : l'une vassale de l'autre, égales entre elles depuis cette occupation. Celle des plébéiens — vassale jusqu'en 1908, de race berbère pure, établie depuis longtemps dans le pays, laborieuse, économe, paisible, attachée au sol, douce, intelligente, presque sédentaire bien qu'habitant sous la tente, vivant de ses chèvres et de ses jardins — forme la presque totalité de la population et possède à peu près toute la richesse du pays. Celle des nobles — suzeraine jusqu'en 1908, de race berbère, mais qui s'est implantée dans le pays par la conquête à une époque relativement récente, paresseuse, gaspilleuse, batailleuse, violente, intelligente et hardie, nomadisant à grande distance, vivant de ses troupeaux de chamelles, et avant la conquête française, vivant surtout de pillage — ne forme aujourd'hui qu'une minorité infime et appauvrie. Les nobles sont appelés à se fondre avec les plébéiens ou à disparaître. Les plébéiens sont susceptibles de faire de rapides progrès dans la civilisation pour peu qu'on les dirige dans cette voie. »

La troisième partie de la note est très simple : frère Charles indique la condition indispensable pour permettre aux Touaregs d'avancer dans la voie du progrès. La condition indispensable, c'est qu'ils aient des officiers qui connaissent profondément les conditions de vie et les mœurs des Touaregs et qui les respectent. Afin de faciliter l'implantation des officiers dans le pays de l'Ahaggar, et leur faire mener la vie des Touaregs, frère Charles propose une mesure révolutionnaire : que l'avancement des officiers se fasse sur place, et que ne soient choisis comme chefs d'annexe que des officiers ayant occupé des fonctions inférieures dans la même contrée : “ Il faut que les officiers choisis pour administrer soient bien connus; qu'on les sache d'un caractère digne d'estime et de confiance; qu'on sache que le mobile de leurs actes sera le bien public et non l'intérêt personnel; qu'on sache qu'ils ne commettront eux-mêmes aucune injustice; qu'ils réprimeront les abus malgré les oppositions; qu'ils diront à leurs supérieurs toute la vérité sur les choses, dût-elle déplaire, que leur but sera de faire un bien réel et durable par des œuvres sérieuses, et non de se faire valoir par des œuvres ayant belles apparences sans vraie utilité; qu'on leur sache la sagesse et l'activité nécessaires pour travailler avec fruit au progrès. Un mauvais fait plus de mal que beaucoup de bons ne font de bien. ”

Frère Charles ajoute une conclusion à cette note : elle n'est autre que ce qu'il a déjà dit à sa sœur, à sa cousine, à plusieurs soldats, à ses amis. Elle est un avertissement terrible pour l'échéance des “ cinquante ans ” : “ Si nous n'avons pas su nous attacher ces peuples, ceux-ci nous chasseront. Non seulement nous perdrons cet empire en entier, mais l'unité que nous lui avons donnée, et qu'il a depuis la première fois depuis que le monde existe, se tournera contre nous. ”

“ DES SURSAUTS D'INDIGNATION ”

Frère Charles avait dit, le 2 février 1910, au père Voillard : “ Par la grâce de Dieu, les premiers officiers venus dans ce pays, ont tous, le colonel Laperrine en tête, été avec les Touaregs d'une bonté, d'une douceur admirables. Aussi, partout où a passé un officier, la population, de farouche et de méfiante, est devenue amicale. ” Laperrine, cet “ ami incomparable ”, nous le connaissons un peu. Le docteur Hérisson nous le décrit en même temps que frère Charles : “ Avec beaucoup de franchise et d'humour, il se moque des politiciens anticléricaux, à courte vue, sans culture générale, qui ont été à son contact, mais il est d'autre part, lui-même, quelquefois désinvolte et irrévérencieux dans ses expressions. Il juge les gens sur les actes. Les apparences ne l'impressionnent pas. Comme tous les vrais colonisateurs, il a une grande largeur de vues, un esprit tolérant et compréhensif. Le but de sa vie : pacifier le Sahara, relier l'Algérie au Soudan, connaître le pays, les gens du désert, leur faire connaître la France, améliorer le sort des habitants de ce pays déshérité. ”

Quand les événements s'aggravent au Sahara, Laperrine, on le sait, n'est plus au Sahara, mais en France. En 1912, il est tombé malade. Est-ce pendant ces semaines de convalescence qu'il a écrit un article, pour la *Revue de Cavalerie*, sur frère Charles ? Sans doute. Il est intéressant de lire, à ce moment de la vie de frère Charles, ce que dit de lui son ami, le fougueux Laperrine. Si l'article est écrit à l'emporte-pièce, avec une verve très colorée, le tableau n'en est pas moins pourtant précis, fidèle, authentique. On y trouve bien frère Charles, on y trouve aussi tout entier Laperrine que Charles-André Julien évoquait en disant : “ Ce perpétuel renouvellement de l'âme que ne rebute aucune tâche, les élans de visionnaire sans lesquels on ne domine point la réalité, le don de soi, la foi dans l'œuvre à accomplir, le sens du devoir, le goût de la lutte, l'aptitude à mener les hommes, l'amour du pays neuf et de ses peuples... ces pur-sang ne souffrent pas de mors. ” Voici quelques passages de ce récit cavalier, où Laperrine parcourt, à bride abattue, *les étapes de la conversion d'un hussard :*

“ J'essaierai simplement de répondre de mon mieux aux nombreuses questions que l'on se pose journellement sur son compte et de donner une idée aussi nette que possible de la vie qu'il mène au Hoggar, et du bien qu'il y fait :

“ Lors de son arrivée au Sahara, désirant par humilité conserver l'incognito, il avait pris l'étiquette anonyme de frère Charles de Jésus. Mais sa personnalité était trop connue sur la frontière algéro-marocaine et cette dénomination n'eut aucun succès. »

Laperrine parle ensuite des deux ermitages, il décrit celui de Tamanrasset : « 1,80 de large, 8 mètres de long, et en moyenne 1 m, 70 de haut. Je dis : en moyenne car, comme l'on a été obligé de se servir, en guise de poutres, de branches d'éthel plus ou moins contournées, le plafond est un assemblage de trous et de bosses de l'effet le plus inattendu. Les architectes futuristes devraient aller voir ça, il y a peut-être une idée d'art nouveau à exploiter.

» Cette maison est divisée dans sa longueur en trois pièces à peu près d'égale dimension : à l'ouest, l'antichambre contenant la réserve de vivres, puis la chambre-cabinet de travail, enfin la chapelle.

» La porte mérite une description, son seuil est surélevé de 70 cm, ce qui oblige à se livrer à une véritable gymnastique pour le franchir ; cette disposition a un avantage, paraît-il : en interdire l'entrée aux scorpions et aux vipères à cornes, ces animaux ayant une réelle répulsion pour les exercices acrobatiques.

» Les autres ouvertures sont des fenêtres de 50 cm de côté, fermées par des cadres de bois sur lesquels, pour remplacer les vitres absentes, on a cloué de la toile calque.

» Le Palais de l'Acekroum est plus grand. Il comprend quatre pièces de deux mètres de large sur quatre mètres de long chacune. Quant à la hauteur du sous-plafond, elle est presque de deux mètres, c'est du luxe. »

Laperrine parle ensuite du style de vie de frère Charles : « Il ne fait pas étalage de son ascétisme ; lorsqu'il se trouve à une table d'officiers, ou de sous-officiers, il prend de tous les plats, mange comme tout le monde se contentant de ne pas prendre de viande le vendredi. Il faut presque l'espionner pour se rendre compte du régime sévère qu'il impose à son malheureux corps ; probablement pour lui faire expier les bons dîners de

Saumur. Nous n'apprîmes sa maladie de 1908 que par des lettres de Moussa Ag Amastane, qui était fort effrayé de ses longs et fréquents évanouissements.

» Le père de Foucauld n'a du reste pas la piété grognonne; resté très gai de caractère, c'est un causeur charmant qui a un véritable talent pour faire profiter ses auditeurs de son érudition tout en les amusant. D'ailleurs, persuadé que la plupart des malentendus entre Français et indigènes viennent de ce que les premiers ne connaissent pas suffisamment la religion et les mœurs de ceux-ci, il considère comme un devoir ses causeries où il initie les officiers gradés des troupes sahariennes à la mentalité arabe et targui, qu'il connaît à fond.

» A côté de sa gaîté, il a une bonté, un tact, une largeur de vue qui conquiert les cœurs. Il a fait la conquête de tous les Européens qui l'ont connu au Sahara; la plupart sont restés en correspondance suivie avec lui, lui confiant leurs peines et leurs joies, souvent lui demandant conseil. Parmi ces derniers, je connais un israélite, plusieurs protestants et un ex-secrétaire de la Jeunesse révolutionnaire du Midi !

» Même succès auprès des indigènes. On ne compte plus les Chambas et les Touaregs qui ont pour lui une véritable vénération doublée d'une solide amitié.

» Dans ses longues causeries avec eux, il essaie d'une part d'en tirer le plus de renseignements possibles concernant leurs coutumes, leurs traditions, leur histoire et leur langue; d'autre part, de leur faire connaître la puissance de la France, l'âme des officiers chargés de les commander, tous les avantages qu'ils peuvent tirer de notre civilisation, sans rompre avec leur religion.

» Son influence personnelle est très grande. L'aménokal des Touaregs Hoggar, Moussa Ag Amastane, ne prend pas une décision importante sans le consulter. »

Laperrine, lui qu'on a appelé « le général des enfants », lui qui, de son bon sourire attirait tous les enfants, évoque ensuite combien frère Charles est lui-même l'ami des enfants et des adolescents : « Les adolescents et enfants Touaregs, en particulier, sont absolument en confiance avec lui; à leur vénération, se mêle une grande familiarité, ils le considèrent comme un grand frère qui les comprend et avec lequel on peut plaisanter. Ces plaisanteries ne sont pas d'ailleurs bien méchantes : c'est ainsi qu'en l'honneur des incisives absentes du père, ils ont baptisé la *mâchoire du marabout* une crête rocheuse au milieu de laquelle se trouve une brèche remarquable, que la légende attribue au coup de sabre d'un géant.

" Chez certains jeunes gens, cette confiance va jusqu'aux confidences intimes, jusqu'à la confession en quelque sorte. S'il ne donne pas l'absolution à ces pénitents musulmans, bien souvent, après leur avoir copieusement lavé la tête, il s'est entremis pour obtenir leur pardon, soit des autorités, soit de leurs parents, soit de leurs bonnes amies, suivant le genre de faute commise. Dans ce dernier cas, le drame s'est le plus souvent terminé en vaudeville : par un mariage. "

Cette confiance que les enfants ont en frère Charles et ce compagnonnage qu'il a avec eux, une histoire que Laperrine raconte les montre bien. Elle se passe à l'Asekrem : " Dans un campement situé à quelques mètres de son " château ", un accident grave arriva au chef de famille : tout le monde perdait la tête ; une gamine de treize ans, seule, conserve son sang-froid : voyant l'affolement général, elle s'élance en pleine nuit demander aide au père de Foucauld. Celui-ci se lève au premier appel, prend les médicaments et les objets de pansements qu'il juge indispensables d'après le récit de la fillette, et la suit. Mais si la petite sauvageonne, élevée dans les rochers comme une jeune chèvre avait escaladé l'Asekrem sans difficultés, il n'en fut pas de même lorsqu'il fallut dégringoler la montagne en compagnie d'un homme bien moins ingambe. A la pointe du jour, des méharistes qui allaient à l'affût du mouflon, virent ce spectacle peu banal et qui aurait fait un bien joli tableau : la petite fille tenant le marabout par la main pour le guider, au milieu des éboulis de rochers et lui indiquant avec une baguette où il fallait poser les pieds pour ne pas tomber. "

Laperrine nous brosse ensuite un autre tableau : frère Charles au travail. “ Dès son arrivée au Hoggar, il s’est mis d’arrache-pied à l’étude de la langue tamahaq, des mœurs et de l’histoire des Touaregs. Et, toujours avec le même esprit de méthode non seulement il profitait de toutes les occasions pour initier officiers et gradés aux connaissances qu’il avait acquises, mais, dès qu’il possédait bien une question, il la condensait dans un rapport ou dans un livre, suivant son importance, pour permettre aux autres de s’instruire.

” C’est ainsi qu’il a déjà fait un lexique français-tamahaq, et tamahaq-français, un lexique de noms propres; recueilli et traduit plus de trois mille poésies; traduit et analysé de nombreux textes qui sont l’exposé fait par des Touaregs intelligents des coutumes et de l’histoire des Kel Ahaggar. Actuellement, il travaille à un énorme dictionnaire tamahaq-français, dans lequel, à propos d’un mot, d’une expression, il expose une tradition locale, une coutume, un fait historique. Ce sera une sorte de Littré touareg.

” Par une originale humilité, il ne veut pas que ses ouvrages paraissent sous son nom. Un ouvrage anonyme étant sans valeur, il a trouvé la combinaison suivante : il avait appelé au Hoggar, en 1906, un de ses anciens camarades de l’Armée d’Afrique, l’interprète militaire Motylinski, savant berbérisant, pour y étudier le tamahaq sur place. Déjà âgé, Motylinski avait trop présumé de ses forces, il mourut peu de temps après son retour à Constantine. De Foucauld se chargea de mettre ses notes au net, et il en profita pour y incorporer tous les travaux qu’il a faits depuis sur les Touaregs, leurs mœurs et leur langue, sous prétexte que c’était Motylinski qui, en recueillant les premiers textes, lui avait indiqué la méthode de travail à adopter. De sorte que ce pauvre Motylinski sera censé avoir fait en quatre mois un travail qui a demandé à son ami sept ans d’un labeur acharné.

” Pour mener à bien sa tâche, Foucauld avait absolument besoin d’un homme connaissant parfaitement l’arabe et la tamahaq; au Hoggar, il n’y en avait qu’un,

Ba Hamou, fils du cadi de Rat, devenu, à la suite de toutes sortes d'aventures, secrétaire de Moussa Ag Amastane. Ce Ba Hamou, gras et dodu comme un moine des contes de Balzac, très intelligent mais flemmard comme une couleuvre et aussi gourmand que paresseux, forme un contraste amusant avec le père de Foucauld. D'ailleurs, celui-ci a su tirer un excellent parti des qualités et des défauts de son associé. Grâce à de larges libéralités en sucre et en thé, il a obtenu de lui une dose de travail vraiment remarquable.

" On m'a souvent demandé à quoi pouvait bien s'occuper de Foucauld pour tuer le temps pendant ses séjours à Tamanrasset et à l'Asekrem. En réalité, il n'a pas une minute à lui : aux longues heures de travail avec Ba Hamou, s'ajoutaient les causeries avec les nombreux visiteurs touaregs, les soins à donner aux malades, les tournées de charité, etc. Il est obligé de prendre sur ses nuits pour prendre le temps de dire sa messe et de lire son bréviaire ! Quant à la Théologie, en sept ou huit volumes, (saint Thomas d'Aquin, je crois) qui garnit une des caisses placées sous son lit, elle n'a pas encore une seule page coupée...

" Certaines des visites de Touaregs auxquelles j'ai fait allusion plus haut revêtent une certaine couleur locale. C'est une bonne aubaine pour le père de Foucauld lorsqu'il peut mettre la main sur quelque vieille dame de la haute noblesse targui, car ce sont elles qui sont le plus ferrées sur les traditions, légendes, généalogies, poésies, etc. Rien n'est amusant alors comme de le voir trôner, son crayon à la main, au milieu d'un aéropage de vieilles douairières assises par terre et causant tout en sirotant leur thé et fumant la pipe. "

Laperrine raconte une autre méthode qu'emploie frère Charles pour mieux comprendre la langue targuie. Frère Charles s'est procuré un stéréoscope : " Les vues sahariennes sur lesquelles les Touaregs retrouvent les personnages de connaissance et les sauts d'obstacles au concours hippique de Paris ont un succès particulier. Une manie des Touaregs pendant ces séances fort amusantes : dès que l'un d'eux regarde dans un stéréoscope, il fait, à haute voix, pour la galerie, la description de ce qu'il voit : tout cela avec emphase, et accompagnement de grands gestes. Cette manie a été fort utile à de Foucauld pour ses études linguistiques; il connaissait la vue qui était dans le stéréoscope, il écoutait la description et faisait son profit des mots et des tournures de phrases. "

Laperrine ajoute : " On demande souvent si le père de Foucauld fait beaucoup de conversions. Non, il n'en a pas fait une seule ; et qui plus est, il ne cherche pas à en faire. Il dit que la conversion du peuple musulman ne peut se faire en quelques années. Il prêche simplement la morale chrétienne et s'impose à tous par la droiture de son caractère, sa bonté, la justesse de son jugement et son désintéressement. "

Dans sa conclusion, Laperrine écrit : " Jusqu'ici, j'ai parlé longuement de la bonté du père de Foucauld et de son inépuisable indulgence. Je donnerais une idée fausse de son caractère si je ne faisais une restriction. Son indulgence a des limites dès qu'il s'agit de gens foncièrement malhonnêtes, de gens qui abusent de leur force pour opprimer les faibles ou encore de lâches. Il a alors des sursauts d'indignation. "

OUKSEM, SON ENFANT

1912 se termine. Frère Charles est seul au cœur du Sahara; il est heureux : " Le saint temps de l'Avent, toujours si doux, l'est particulièrement ici. Tamanrasset, avec ses quarante feux de pauvres cultivateurs, est bien ce que pouvaient être Nazareth et Béthléem au temps de Notre Seigneur... Je suis toujours dans les travaux de langue touarègue, je ne fais plus que de la copie, mais il y en a tant ! "... Il ajoute : " Depuis le mois d'août je n'ai pas vu un militaire français. "

En cette année 1912, un projet ancien prend forme : celui de venir passer quelques mois en France avec un jeune Targui. Frère Charles avait écrit, le 16 mai 1912, à sa cousine : " C'est le moyen unique de faire tomber une foule d'erreurs, de rapprocher beaucoup de nous, d'élargir les horizons, de faire apprendre un peu de français : et tout cela sont des moyens de rapprocher de Jésus, d'amener doucement à lui. Il y a en ce moment un jeune Targui, remarquablement bien, que je connais depuis que je suis ici, avec qui et avec la famille duquel la confiance et l'affection sont maintenant très grandes. Il est si bien lui-même qu'on peut espérer de sa part tout progrès. » Et le 19 octobre au père Voillard; « J'ai toujours beaucoup désiré amener un Touareg choisi préparé et bien dispos, en France, pour lui faire voir notre vie, lui faire prendre le contact avec nous, lui ouvrir les idées sur bien des choses; monsieur l'abbé Huvelin m'y encourageait beaucoup; je crois devoir le faire cette année : cette année cela me paraît possible : le Touareg le mieux parmi tous ceux que je connais, le plus propre par son caractère, son intelligence, sa confiance en moi, à profiter de ce voyage, très propre, par sa condition sociale, à en faire profiter les autres, ne demande pas mieux que de m'accompagner. »

Le 12 juillet, il avait bien précisé au père Voillard ce que serait ce voyage : « Il va sans dire qu'il n'est pas question de faire visiter des musées ni des curiosités, mais de faire partager la douceur et l'atmosphère d'affection de la vie de famille, dans des intérieurs chrétiens, et de laisser entrevoir ce qu'est la vie chrétienne et combien la religion imprègne toute la vie. Le jeune Touareg que je compte emmener a vingt-et-un ans environ; il y a sept ans que je le connais et je suis intimement lié avec ses parents, lui-même et tous les siens. Il est intelligent, sérieux, bien de toutes manières, et de la meilleure famille plébéienne du pays. Nous sommes ici en pays de castes. Il y a plébéiens et patriciens, les premiers incomparablement supérieurs aux seconds comme valeur morale et faisant toute la force et l'espoir du pays. »

Le 27 avril 1913, frère Charles quitte Tamanrasset avec Ouksem; ce voyage est une grande joie : il va revoir longuement les siens; n'écrivait-il pas, le 9 avril, à un ami : « Depuis vingt-trois ans, j'ai vu mon unique sœur quatorze jours; et mes cousines germaines dix jours; ce sont mes plus proches parents. " Le 11 juin 1913, à bord du *Timgad*, il écrit à Mgr Livinhac : " Les deux premiers tiers de notre traversée se sont accomplis à souhait : par une mer si belle qu'Ouksem n'a pas été le moins du monde incommodé, il trouve la mer ravissante et déclare le paquebot supérieur même à l'automobile. Je me félicite d'être en première classe, car Ouksem s'y trouve aussi bien, aussi agréablement que possible. " Tous deux arrivent à Marseille le 12 juin. Frère Charles a donc son plan bien arrêté : il ne veut absolument pas que son jeune ami Touareg soit reçu comme l'avait été Moussa. Il ne veut pas entendre parler, comme pour l'aménokal du Hoggar, de remise de la Légion d'Honneur en grand apparat, ou de défilé du 14 juillet. Lui, qui est l'hôte des Touaregs, souhaite que son ami Ouksem soit à son tour l'hôte de sa famille. Il fait tout pour qu'on ne le reçoive jamais en indigène, mais en ami, en membre de la famille. Il désire que le jeune Touareg connaisse des familles chrétiennes; il désire aussi, en même temps que des familles chrétiennes connaissent le jeune Touareg. Voici donc Ouksem chez la sœur de frère Charles, en Bourgogne, chez son cousin, dans le Périgord, chez Marie de Bondy, dans le Berry. A Lyon, on retrouve Laperrine qui fait visiter, au jeune admiratif, la Mer de glace. Partout, c'est la simplicité, c'est la vie de famille. Charles est avec les siens; Ouksem est de la famille : " Je me rappelle, raconte un témoin, je me rappelle ce sympathique enfant, son admiration pour le père, et la bonté de ce dernier pour lui. Je les vois à quatre pattes, tous les deux, dans le fumoir, taillant sur le parquet, avec un couteau à découper, le pantalon que le jeune Touareg devait coudre pour occuper ses loisirs. " Le Touareg apprend aussi à tricoter, afin de donner des leçons, plus tard, aux femmes de sa tribu; s'il devient vite adroit, Charles, lui, s'embrouille dans les aiguilles et les points. On apprend à Ouksem à monter à bicyclette. Charles vit totalement l'existence familiale; il mange ce qu'on lui sert; ses prières, sa correspondance, il les fait la nuit, quand Ouksem, son « enfant », est endormi. »

Le 3 juillet, au père Voillard : « Grâce à Dieu, Ouksem n'a pas cessé un seul instant d'être en bonne santé, de bonne humeur, sans apparence de tristesse ni de mal du pays. Tous ceux qu'il a vus ont été bons pour lui, de la plus extrême bonté. Il a visité écoles, hôpitaux, couvents et il en verra d'autres encore; il a toujours vécu de la vie de famille parmi les miens. »

« Sa présence me prend beaucoup de temps », écrit frère Charles le 8 juillet; et le 20 août : « La présence de mon Touareg complique ma vie; je ne veux pas lui imposer trop de nuits en chemin de fer et en ce séjour en France, il me faut subordonner bien des choses à son bien à lui. » Car frère Charles est très attentif à son compagnon; et heureusement, tout se passe bien : « Grâce à Dieu, il ne s'ennuie pas et il n'a pas le mal du pays. » Frère Charles a d'ailleurs fait à Ouksem le plus beau cadeau que celui-ci pouvait espérer : un magnifique Lebel à quatre coups; il a fait acheter ce qu'il y avait de meilleur : « Il va sans dire que je ne veux surtout pas de camelote, je veux donner quelque chose de bon. » Ouksem, au comble de la joie, veut « faire parler la poudre » dans la propriété de Marie de Blic, la sœur de Charles. Juste avant de repartir pour l'Afrique, frère Charles écrira à sa sœur en la remerciant de son « extrême bonté pour Ouksem, bonté qui fait tant de bien à son âme. » Et il ajoutait : « Je me rends compte que sa joie de retrouver les siens est très tempérée par le chagrin de quitter ceux qui l'ont si bien reçu en France. L'apostolat par la bonté est le meilleur de tous. »

Les amis de frère Charles et ses parents s'attendaient peut-être à trouver en lui un homme du désert, vivant dans l'irréel. Or, ils l'ont découvert, à travers ce dernier voyage en France, le plus long qu'il ait fait, ils l'ont découvert comme un homme terriblement réaliste, d'une simplicité désarmante, d'un dépouillement contagieux. Ils l'ont vu tel qu'il était devenu, tel que son visage avait été buriné par sa vie fraternelle avec ses amis les Touaregs et les officiers qui s'étaient, avec lui, consacrés à eux. Frère Charles est, non pas la figure d'un héros de légende, idéale et lointaine, mais un ami des hommes, simple et quotidien.

Les Touaregs retrouveront frère Charles et Ouksem le 22 novembre. Abd sa, le " Serviteur de Jésus ", est revenu parmi eux, et a repris sa vie habituelle au milieu d'eux. " Mes voisins Touaregs continuent à être très bien pour moi, écrit-il à sa cousine le 18 décembre, du côté des proches d'Ouksem, on me témoigne une affection et une confiance très grandes. " Il avait dit, le 25 novembre, au père Voillard : " Il m'est doux de retrouver la solitude et la vie réglée. Les Touaregs viennent beaucoup à moi, encore plus qu'avant; il est évident que le voyage d'Ouksem, ce qu'il raconte, son heureux retour, augmentent et augmenteront la confiance qu'on a en moi; si je le voulais, les conversations se prolongeraient chez moi du matin à la nuit; il m'est dur d'être obligé, pour achever les travaux de langue touarègue, de les limiter : aussi ai-je hâte d'achever ces travaux pour profiter de ces bonnes dispositions. " Et le 10 février 1914, au père Marchal : " Le voyage d'Ouksem a fait un bien évident; autrefois je voyais souvent son père, maintenant, c'est chaque jour qu'il vient me voir; ceux qui étaient déjà mes amis le sont devenus davantage; ceux qui se tenaient à l'écart viennent à moi. Pourtant l'heure de leur parler de Jésus n'est pas venue, il faut s'en tenir à la religion naturelle. "

" TELS QU'ILS SONT "

Ce voyage de 1913 en France — le dernier de frère Charles — est très important. Il n'a pas consisté uniquement à faire vivre Ouksem au contact de familles chrétiennes. La vie des Touaregs et l'état du Hoggar ont été sans cesse présents à l'esprit de frère Charles. Et c'est une sorte de grand bilan de la situation au Sahara qu'il établit.

Il examine d'abord la question de l'esclavage. On se souvient que, dix ans plus tôt, à Béni-Abbès, il avait réfléchi à l'esclavage dans la Saoura et qu'il avait agi. Aujourd'hui, il est établi à Tamanrasset : comment se présente, là, ce problème monstrueux ? Il écrit, étant en France, une *Note sur l'esclavage dans l'Ahaggar*. Il y rappelle d'abord les règles édictées par l'autorité française en 1905 : règles qui interdisaient l'achat et la vente des esclaves sur tout le territoire de l'Ahaggar. Il constate d'abord que ces règles ont été respectées; puis il fait le point : " Il y a environ six mille Kel Ahaggar, qui possèdent environ trois mille esclaves, tous des Noirs. " Il constate ensuite que les esclaves sont, dans l'ensemble, bien traités, mais que moralement " la population esclave de l'Ahaggar est ce qu'il y a de plus mauvais dans le pays ". Il fait une liste précise des conflits les plus fréquents entre maîtres et esclaves. Et il conclut : " La plupart des Kel Ahaggar savent qu'en principe la France n'admet pas l'esclavage, que c'est pour éviter le désordre d'un changement brusque qu'elle tolère l'esclavage mitigé actuel, que cette tolérance n'est que temporaire et qu'ils doivent en prévoir la fin et prendre, dès maintenant, des mesures en conséquence. Mais ils ont peine à se faire à l'idée de se passer d'esclaves, ne voyant pas comment, sans eux, ils pourvoiront à la garde du bétail et aux lointaines caravanes. Il est d'ailleurs difficile de leur faire admettre l'injustice de l'esclavage, car ils ont foi en l'Islam et savent que celui-ci affirme la légitimité de l'esclavage, le permet formellement, et précise les droits des maîtres. Plus l'attachement des Kel Ahaggar est grand, plus il importe que les autorités françaises travaillent par des efforts constants, profitant des occasions pour amener le progrès et ne tolérant aucun recul, à l'atténuation progressive de l'esclavage et à son abolition finale dans l'Ahaggar. "

Frère Charles travaille aussi à susciter le désir chez des Français, de venir s'établir à Tamanrasset. C'est dans ce sens qu'il rencontre M. Bourdarie, directeur de la *Revue indigène*; il lui parle tout spécialement de trois projets :

« 1° Qu'un jeune savant voulût consacrer sa carrière à l'étude totale du plateau Ahaggar, histoire, linguistique, archéologie, minéralogie.

2° Que fût instituée une œuvre hospitalière locale à destination spéciale des enfants Touaregs nés hors mariage; le concours de la Société anti-esclavagiste étant accepté [on se souvient que, dans une lettre de 1912, frère Charles avait expliqué que les règles de l'honneur touareg permettaient aux femmes et leur conseillaient même de faire disparaître les enfants nés hors mariage].

3° Qu'un ou deux ménages d'instituteurs acceptassent d'aller là-bas fonder une école franco-touareg. »

Son idéal de fraternité et d'union, frère Charles veut le faire passer dans les faits. Ouksem est reçu à la table de sa famille; Ouksem est vraiment, aux yeux de frère Charles, de sa famille. Et frère Charles fait tout ce qu'il peut pour que des Français viennent s'établir au Hoggar, pour apprendre à mieux connaître les Touaregs et leur pays. Frère Charles promet même à M. Bourdarie de lui trouver des articles; reste que frère Charles ne confond pas les plans, comme il le dira très nettement le 28 décembre 1913 à un jeune lieutenant saharien : « Pour la *Revue indigène*, je suis dans ses sentiments : dans le sens que je désire le même résultat final qu'elle, c'est-à-dire que ceux qui sont maintenant nos sujets deviennent un jour nos pareils et nos frères; mais je diffère beaucoup d'elle dans les moyens d'arriver à ce résultat. Pour moi, les conditions *sine qua non* d'y parvenir se réduisent à quatre, suffisantes mais indispensables : 1° Choix rigoureux des administrateurs (civils ou militaires); 2° Augmentation de leur nombre, de telle sorte qu'ils puissent être en étroit contact avec la population; 3° Prolongation considérable du temps de leur séjour dans le même poste (ce qui exige l'avancement sur place dans une certaine mesure); 4° Suppression progressive mais rapide des grands Chefs indigènes. »

« Dans sa rédaction, la *Revue indigène* est souvent encombrée d'articles d'ambitieux, voulant faire parler d'eux, ou voulant obtenir des avantages personnels; c'est le malheur des journalistes et des directeurs de revues, que les gens modestes se tiennent à distance et que les ambitieux se jettent à leur tête. Je l'ai dit à M. Bourdarie en qui j'ai confiance, il m'a répondu : " Tâchez de me trouver de bons correspondants, je ne demande que cela. " Sans doute, vous ne pouvez pas faire d'articles d'appréciation, mais je crois qu'une étude courte sur un sujet algérien quelconque, présentant un intérêt pour le genre de lecteurs auxquels s'adresse la revue, serait la bienvenue : par exemple quelques contes touaregs ou chambas, un extrait formant un petit tout de votre travail sur les Ajjers, tout ce qui intéresse les amis des indigènes, les fait voir tels qu'ils sont, *avec vérité*, serait une bonne œuvre : cela remplirait dans quelque chose de bon et d'utile quelques pages de la revue, et fermerait ces pages aux productions de gens peu recommandables. Cela relèverait le niveau de la revue. Celle-ci a d'ailleurs fait de grands progrès depuis quelques années : mais elle en a encore à faire et dans l'intérêt général, cet *intérêt général* auquel il faut toujours revenir puisqu'il est la grande directive de la vie. "

Il parle de ses projets à sa famille, veut faire naître des vocations " sahariennes ". Et c'est ainsi que, le 26 avril 1914, frère Charles enverra à l'une de ses nièces une note en réponse à une question qu'elle lui a posée : " Que faut-il à une Française pour faire du bien chez les Touaregs ? " Voici la réponse : " Il faut : 1° La volonté de passer chez eux assez longtemps pour savoir leur langue (qui n'est pas difficile), et être connue d'eux, car on ne fait du bien qu'une fois qu'on connaît et qu'on est connu :

2° Beaucoup de patience et de douceur : les Touaregs manquent de nuance, ne savent pas la qualité des personnes, ils passent vite de l'extrême sauvagerie à l'excessive familiarité;

3° Des connaissances élémentaires de médecine, surtout en ce qui concerne les maladies des jeunes femmes et des petits enfants, de manière à pouvoir soigner les malades sans médecin et sans pharmacie;

4° Savoir vacciner et avoir ce qu'il faut pour vacciner;

5° Etre capable d'élever des enfants que leur mère abandonne dès leur naissance;

6° Pouvoir donner des notions élémentaires d'hygiène;

7° Savoir un peu laver par les moyens les plus simples, un peu repasser (mais non amidonner), faire un peu de cuisine afin de l'enseigner;

8° Etre capable, et pour soi, et pour enseigner par l'exemple, de donner les ordres nécessaires à l'installation d'un jardin potager, d'un poulailler, d'une étable contenant quelques chèvres. "

Il ajoute : " Il serait bon, mais ceci n'est pas indispensable, de savoir quand et comment on tond les brebis et les chèvres, comment on file leur laine et leurs poils... Il serait bon aussi de savoir le tricot et le crochet, pour pouvoir, au besoin, les apprendre aux femmes. Celles-ci cousent très bien, préparent très bien les peaux, et font, avec beaucoup d'habileté et de délicatesse, une foule d'ouvrages en peau. Elles regardent comme indigne d'elles de filer, tisser, tricoter, etc. Conservatrices à l'excès, elles sont on ne peut plus récalcitrantes devant tout travail nouveau. "

A cette note, il y a une addition, qui est assez pittoresque : " Une des choses qui seront le plus à enseigner aux femmes touaregs, c'est la propreté personnelle. Elles ne se lavent jamais, ne lavent guère plus souvent leurs vêtements, se couvrent les cheveux de beurre, n'ont pas de puces, car la puce n'existe pas dans le pays, mais ont, en abondance, d'autres parasites. Elles disent que cela les rend malades de se laver; c'est un peu vrai, pour elles qui ne se lavent qu'en plein air sans s'essuyer; il faudrait leur apprendre l'usage de la serviette, et celui de faire sa toilette à l'abri. Une Française en pays touareg fera bien d'avoir une bonne provision de savon de Marseille et des serviettes très communes pour en donner aux femmes. Il ne manque pas de femmes qui viennent demander un remède qui noircisse les cheveux blancs qui commencent à paraître sur leur tête; des flacons de teinture *noir jais* entreraient avec avantage dans l'approvisionnement de pharmacie : ce serait une charité et le moyen d'avoir des amies fidèles. "

MISSIONNAIRES LAÏQUES

C'est dans ce contexte et à travers cet ensemble de préoccupations qu'on peut comprendre le sens et le but de l'*Association* que frère Charles veut fonder. Cette *Association* il en avait l'idée depuis longtemps; il en avait écrit les statuts à Pâques 1908. Son idée ? Qu'il y ait beaucoup de " bons chrétiens restant dans le monde, qui prennent le contact avec les musulmans ". Quelle action leur fixe-t-il ? " Les instruire, les civiliser, et enfin, quand ils seront des hommes, en faire des chrétiens : avec les musulmans, on ne peut pas d'abord en faire des chrétiens, et civiliser ensuite : la seule voie possible, est l'autre, bien plus lente : instruire et civiliser d'abord, convertir ensuite. Mais il faudrait pour cela un effort. Autant on peut patienter pendant des siècles, jusqu'à la fin du monde quand il ne s'agit que de bâtir des églises en pierre, autant la lenteur est défendue quand il s'agit de sauver des hommes qui se perdent ", écrit-il dans une lettre à Mme de Bondy le 4 juin 1908.

Son premier voyage en France, en 1909, avait été consacré à ce projet, et l'abbé Huvelin l'avait fortement encouragé. Cette *Association*, écrit alors frère Charles, vise un triple but : " Produire un *retour à l'évangile* dans la vie des personnes de toute condition; produire un *accroissement d'amour à la Sainte Eucharistie*, produire une *poussée vers l'évangélisation des infidèles*. " Il s'agit de provoquer l'établissement chez les non-chrétiens, " à titre de cultivateurs, de colons, de commerçants, d'artisans, de propriétaires fonciers etc. d'excellents chrétiens de toutes conditions, destinés à être un précieux appui pour les missionnaires, à attirer par l'exemple, la bonté, le contact, les infidèles à la foi ". Frère Charles veut susciter des " sortes de missionnaires laïques " : " L'Association portera de bons chrétiens à s'expatrier pour être missionnaires laïques parmi les brebis les plus perdues. "

Ces " missionnaires laïques ", comment doivent-ils vivre au milieu des non chrétiens ? Frère Charles écrit : " Ils se feront tous à tous, pour les sauver tous. Tout en haïssant le mal, ils aimeront les hommes. Ils éviteront les procès " ne débattront pas devant les tribunaux " mais cèderont de leurs droits plutôt que de disputer, " accepteront l'injure ", " supporteront la fraude ", se souvenant des paroles de leur divin Maître : " Je vous envoie comme des brebis au milieu des loups ", et de ses exemples, Lui qui se laissa " comme une brebis conduire à la mort " et qui fut " comme un agneau devant celui qui le tond ". Ils auront sans cesse devant les yeux que tous les hommes sont les enfants du Père céleste qui veut voir dans sa grande famille humaine l'union qu'un bon père veut voir entre ses fils : " Vous êtes tous frères, vous avez un seul Père, qui est dans les cieux. " Si des hommes sont agressifs, injustes, cédons-leur lorsqu'il ne s'agit que de biens matériels et lorsque cela peut se faire sans léser la justice et sans détriment pour les âmes. "

" Si nous sommes pauvres, ne cherchons pas à gagner beaucoup pour pouvoir faire de grandes aumônes ; ce serait très contraire à l'exemple de Jésus, prenons en cela, comme en tout, modèle sur lui ; Il était pauvre à Nazareth et ne pouvait faire que de très petites aumônes comme un pauvre ; mais le peu qu'Il pouvait, Il le donnait avec une bonté, une charité infinies ; Il donnait son cœur, sa tendresse, sa compassion, ses bonnes paroles, ses soins, ses services. Les maisons des Frères et Sœurs doivent être connues des malheureux et on doit savoir dans le voisinage que ce sont des maisons de charité. "

" On fait du bien, non dans la mesure de ce qu'on dit et de ce qu'on fait, mais dans la mesure de ce qu'on est, dans la mesure de la grâce qui accompagne nos actes, dans la mesure en laquelle nos actes sont des actes de

Jésus agissant en nous et par nous... Par leur exemple, les Frères et Sœurs doivent être une prédication vivante : chacun d'eux doit être un modèle de vie évangélique. En les voyant, on doit voir ce qu'est la vie chrétienne, ce qu'est la religion chrétienne, ce qu'est l'Évangile, ce qu'est Jésus. La différence entre leur vie et la vie des non-chrétiens doit faire paraître avec éclat où est la vérité. Ils doivent être un Évangile vivant. »

« Dieu, pour nous sauver, est venu à nous, s'est mêlé à nous, a vécu avec nous dans le contact le plus familier et le plus étroit, de l'Annonciation à l'Ascension. Pour le salut des âmes, il continue à venir à nous, à se mêler à nous, à vivre avec nous dans le contact le plus étroit, chaque jour et à toute heure dans la sainte Eucharistie. Ainsi, nous devons, pour travailler au salut des âmes, aller à elles, nous mêler à elles, vivre avec elles dans un contact familier et étroit. »

Frère Charles montre cet apostolat de l'amitié réalisé par les prêtres et les laïcs ensemble. En parlant des laïcs, il dit : « Avant tout, que, comme les chrétiens de la primitive Église, ils ne fassent avec eux [les prêtres] qu'un cœur et qu'une âme. « Aimez-vous les uns les autres, c'est à cela qu'on reconnaîtra que vous êtes mes disciples. » « Qu'ils soient tous un comme nous sommes un. » « Je suis en eux et vous en moi, afin qu'ils soient consommés dans l'unité et que le monde connaisse que vous m'avez envoyé. » C'est l'accord, l'union, l'amour fraternel que Jésus indique comme la note à laquelle on reconnaît ses disciples. Il veut qu'ils soient un comme Il est un avec son Père, par substance. Il leur montre la cause et le principe de leur union et de leur amour dans sa présence en chacun d'eux, et par la communion sacramentelle et par la grâce : ceux qui le laissent vivre en eux et agir en eux sont nécessairement un. Il annonce que cette union et cet amour fraternel seront ce qui convertira les âmes et les amènera à la Foi. » Un peu plus loin, frère Charles insiste sur cette union entre les Frères et les Sœurs : « Qu'ils soient doux entre eux;

que la colère, la dureté, la rudesse, l'amertume, la raideur, l'impatience, la froideur soient aussi loin de leur cœur et de leurs lèvres qu'elles étaient loin du cœur et des lèvres de Jésus. Qu'ils soient unis, qu'ils ne soient " qu'un cœur et qu'une âme ". C'est à cela qu'on verra que le Cœur de Jésus vit également en tous. C'est à ce prix qu'ils feront du bien : " qu'ils soient un comme nous sommes un ". "

En conclusion, frère Charles ouvre des perspectives immenses; il fait regarder vers tous les non-chrétiens du monde entier. Il demande aux membres de l'union de se consacrer aux peuples non chrétiens : " Ces peuples sont comme sans parents, sans famille, ils sont spirituellement des orphelins, des enfants abandonnés. C'est un devoir pour eux de recueillir et d'élever les orphelins et les enfants trouvés. "

Ces principes qu'il inscrit dans les statuts, nous savons que frère Charles les vit à Tamanrasset. Il veut essayer de les faire naître dans des cœurs. A partir de 1909, il va écrire de nombreuses lettres à de jeunes Français et à de jeunes Françaises pour les inviter à cette vocation. Ainsi à un Lyonnais, Joseph Hours : " Il faudrait que beaucoup de Français vertueux et de toute condition, de tout état, des célibataires et des mariés, des religieux, des prêtres, des religieuses, des laïques, aillent s'établir dans les pays d'Islam. " Pour frère Charles, il n'y a qu'un moyen de faire connaître Jésus : " Par un ardent amour pour ses frères, entrer en contact avec eux, devenir leurs amis; les aimer le premier et se faire aimer d'eux, les porter à la vertu, et de la vertu et de la bonne volonté à toute vérité, vivre pour les sauver. Voilà leur programme : Amour, amour, bonté, bonté. " Pour frère Charles, les laïques ont une place de premier ordre dans le travail d'évangélisation : " Les mondes ecclésiastique et laïque s'ignorent tellement que l'un ne peut donner à l'autre. Il est certain qu'à côté des prêtres, il faut des laïques, voyant ce que le prêtre ne voit pas, pénétrant où il ne peut pénétrer, allant à ceux qui le fuient, évangélisant par un contact bienfaisant, une charité débordante, sur tous, une affection toujours prête à se donner. " Pourquoi y a-t-il tant de non-chrétiens ? : " Ce sont les vertus fondamentales qui manquent, ou sont trop faibles, les vertus fondamentales elles-mêmes : Charité, Humilité, Douceur. " Frère Charles insiste sur la charité : " C'est le fond de notre religion; elle oblige tout chrétien à aimer le prochain, c'est-à-dire tout humain comme soi-même et par conséquent à faire du salut du prochain, comme de son propre salut, la grande affaire de sa vie. *Tout chrétien doit donc être apôtre*. Ce n'est pas un conseil, c'est un commandement, le commandement de la charité. "

Qu'est-ce qu'être apôtre ? Frère Charles le dit en un seul mot : " Regarder tout humain comme un frère bien-aimé. " Il continue : " Condamnation de toute méthode de force : bannir de nous l'esprit *militant* [agressif] : Jésus nous a appris à aller " comme des agneaux au milieu des loups ", non à parler avec aigreur, avec rudesse, à injurier, à prendre les armes. " Comment arriver à vivre de cette manière ? " Lire et relire sans cesse le saint Évangile, pour avoir toujours devant l'esprit les actes, les paroles, les pensées de Jésus, afin de penser, parler, agir comme Jésus. " Est-ce une entreprise impossible ? " L'application en est difficile parce qu'elle touche aux choses fondamentales, aux choses intérieures de l'âme, et que le besoin en est universel. Mais la difficulté n'est pas pour arrêter : plus elle est grande, plus il faut au contraire se mettre en hâte à l'œuvre et y travailler de toutes ses forces. Dieu aide toujours ceux qui Le servent. Jamais Dieu ne manque à l'homme : c'est l'homme qui manque si souvent à Dieu. "

L'Association est devenue aussitôt pour lui sa préoccupation essentielle. En février 1910, il n'a pas encore trouvé un prêtre qui, en France, veuille bien se charger de cette Association; il a envoyé les *Statuts* à Rome, mais pas de réponse depuis 1911 : " Ce silence ne m'étonne pas car moi aussi, j'ai vécu quelque temps à Rome, il y a une quinzaine d'années; je ne désespère pas, je ne désespérerai jamais. "

Pendant le voyage de 1913, frère Charles travaille de toutes ses forces pour l'établir. Il voit même l'Archevêque de Paris. À Viviers, le 25 septembre 1913, frère Charles passe toute la journée auprès de son évêque, Mgr Bonnet, qui s'intéresse beaucoup à son Association. Frère Charles explique : " Ce n'est pas seulement par des dons matériels qu'on doit travailler à la conversion des infidèles, c'est plus encore en provoquant l'établissement, chez eux, à titre de cultivateurs, de propriétaires fonciers, etc. d'excellents chrétiens de toute condition, destinés à être de précieux appuis pour les missionnaires, à attirer, par l'exemple, la bonté, le contact, les indigènes à la Foi, et à être des noyaux auxquels peuvent s'agréger un à un les infidèles à mesure qu'ils se convertissent. " Son projet ne se limite d'ailleurs pas aux " colonies françaises ", mais il regarde le monde entier. Il écrit sur la route du retour, le 5 novembre 1913, au père Marchal : " Seriez-vous assez bon pour m'envoyer le titre exact, l'éditeur et le prix de l'Atlas des Missions, dont vous m'avez parlé, ou de tout autre document renseignant sur les missions établies dans les diverses parties du monde ? "

De plus en plus, frère Charles va compter très fortement sur son Association : il voudrait en effet que beaucoup de Français prennent conscience exactement de la situation humaine et spirituelle où se trouvent les Touaregs, et son cœur s'est élargi aux dimensions du monde. Mais il ne pense pas que son Association sera source de bien uniquement pour les Touaregs ; il pense au bien qu'elle peut faire en France-même. C'est ainsi que, par un admirable retournement de perspective, lui qui s'est consacré à des non-chrétiens très loin de France, lui qui a fondé cette Association pour les pays non-chrétiens, il regarde le bien que peuvent faire les membres de cette *Union*, là où ils sont, en France, au milieu des chrétiens, et des non-croyants. Il donne en effet ces quelques conseils à ceux qui, en France, voudront faire partie de l'Association : " Il y a toujours à faire par l'exemple, la bonté, la prière, en se liant de relations plus étroites avec des âmes tièdes ou éloignées de la foi, pour les amener, peu à peu, à force de patience, de douceur, de bonté, par l'influence de la vertu plus que par des conseils, à une vie plus chrétienne ou à la foi, en entrant en relations amicales avec des personnes tout-à-fait contraires à la religion, pour faire, par la bonté et la vertu, tomber leurs préventions et les amener insensiblement à Dieu... Il faut étendre nos relations avec les bons chrétiens, pour nous soutenir dans l'amour ardent de Dieu, et avec les non-pratiquants en cherchant à avoir avec eux, non des rapports mondains, mais des rapports d'affection cordiale, les amenant à avoir pour nous estime et confiance, et, de là, à se réconcilier avec notre foi. Il faut être, en France, missionnaire comme on l'est en pays infidèle, et cela, c'est notre œuvre, à tous, ecclésiastiques et laïcs, hommes et femmes. »

Et ces autres précisions, en juillet 1914, au cours d'une analyse très judicieuse de l'incroyance des jeunes de son époque, et d'une constatation douloureuse des luttes entre hommes de classes différentes : « Il faut réagir par la simplicité, la modération dans notre vie, par les efforts pour les inspirer autour de nous; réagir en comblant, par la fraternité chrétienne, le fossé creusé par la différence des conditions, dans nos relations de toute heure... Je ne crois pas qu'il faille beaucoup parler, ni beaucoup écrire, mais il faut se réformer soi-même, réformer les siens, tâcher de réformer doucement, amicalement, ceux sur qui on a de l'influence et tâcher d'étendre cette influence pour tâcher d'étendre la réforme. Il faut surtout agir avec constance, sans découragement, se souvenant que la lutte contre soi-même, contre le monde, et contre le démon durera jusqu'à la fin des temps. Agir, prier, souffrir, ce sont nos trois moyens. »

Le 24 août 1914, il écrit à sa cousine qu'il pense toujours partir de Tamanrasset en février suivant et demeurer en France jusqu'en octobre : « C'est la petite

Confrérie que vous savez qui me fait projeter ce long séjour en France. »

L'HUMANITÉ TOUT ENTIÈRE.

L'abbé Crozier n'avait pas manqué de travailler de toutes ses forces à l'extension de l'Association. A Lyon, est édité, en 1914, un petit opuscule très simple de trente-deux pages, sans nom d'auteur : c'est l'abbé Crozier qui l'a fait éditer. Le titre : *Union apostolique universelle*. Sur la couverture, un Christ avec le Cœur et la Croix.

L'opuscule est divisé en deux parties : la première, qui a dix pages, a pour titre : « Un apôtre au Sahara ». C'est la première biographie de frère Charles de Jésus. On n'y trouve pas, comme dans l'article de Laperrine, le nom de Foucauld; on parle simplement de frère Charles de Jésus. On montre d'abord la vocation de cet apôtre, une vocation envers les musulmans. On explique ensuite ce qu'il fait : « Le frère Charles de Jésus, tel est le nom qu'il porte devant Dieu, exerce un apostolat de charité auprès des Touaregs en les soignant dans leurs maladies et leurs infirmités; il est quelquefois leur conseiller... Le frère Charles de Jésus donne à chacun ce qu'il peut porter. Il leur parle de Dieu, de sa Justice, de sa Bonté, de son Amour, de la Loi morale que nous portons dans nos consciences et dans nos cœurs. Il n'a pas fait une conversion. « Comme le grain de l'Évangile, je dois pourrir en terre, dans le Sahara, pour préparer les moissons futures. Telle est ma vocation, dit-il. »

L'abbé Crozier affirme ensuite, avec vigueur, que frère Charles regarde beaucoup plus loin que le monde de l'Islam : « La conversion des mahométans ne suffit plus aux ardeurs de son zèle : il lui faut l'humanité tout entière, il pense à toutes les âmes éloignées de la vérité et de la Vie catholique, spécialement à tous les infidèles. » L'abbé Crozier nous donne ainsi le fond même de la pensée et du cœur de frère Charles arrivé à cette époque de sa vie. Il a commencé par se consacrer aux musulmans, il regarde maintenant vers les non-chrétiens du monde entier.

Et dans cet opuscule, qui sera, en quelques années, diffusé à des centaines de milliers d'exemplaires, l'abbé Crozier fait passer le cri d'appel de frère Charles : " Comme Jésus-Christ, il appelle à son secours les ouvriers et les ouvrières de bonne volonté pour répondre au désir du Maître de la moisson... Il a pu, récemment, accompagné d'un de ses Touaregs, revoir la France et sa famille. Il y a visité des amis dévoués, confidents de ses peines et de ses espérances, et leur a redemandé plus instamment des auxiliaires pour la mission qui remplit son âme et son cœur en plein Sahara. " " Pour susciter et multiplier ces auxiliaires par des moyens faciles et pratiques, il propose une extension et une nouvelle forme de la grande œuvre de la Propagation de la Foi : l'*Union apostolique universelle*." " Si les catholiques veulent pour eux-mêmes conserver et féconder leur foi, qu'ils se fassent tous apôtres pour la donner à tous les peuples. " Au XIXe siècle, à Lyon, une humble fille, Pauline Jaricot, avait fondé cette œuvre de la *Propagation de la Foi* qui avait eu un immense retentissement : il s'agissait d'intéresser tous les catholiques aux non-chrétiens du monde entier. L'abbé Crozier voit donc dans l'*Association* que propose frère Charles une " nouvelle forme ", pour le XXe siècle, de cette œuvre, de cette mission. Si, au XIXe siècle, de nombreux missionnaires avaient donné aux nations non-chrétiennes le témoignage du martyre, il s'agit, pour le XXe siècle, de susciter des missionnaires qui, à travers toute une longue vie donnée au cœur des masses non-chrétiennes, leur apportent le témoignage de l'amitié, de l'Amour.

La seconde partie de l'opuscule de l'abbé Crozier est fort intéressante. Elle donne l'esprit de l'Association telle que frère Charles la veut, et indique les moyens proposés. Les premiers mots de cette seconde partie sont significatifs : " Jésus-Christ a été le premier apôtre, l'apôtre de son Père : " Comme mon Père m'a *envoyé*, je vous envoie. " Chaque chrétien est, lui aussi, envoyé par le Père pour faire connaître Jésus-Christ aux peuples de toute la terre. *L'Association* n'a rien d'une société qui demande toutes sortes d'exercices et d'obligations à ses membres; elle est très simple : " *L'Union apostolique universelle* n'impose pas des charges nouvelles : elle oriente activement vers le but de l'Incarnation, de la Rédemption, de l'Église entière qui n'existe et ne travaille que pour éclairer, sauver et vivifier tous les hommes en les conduisant à Jésus-Christ. "

C'est extrêmement simple, et les moyens proposés sont, eux aussi, tout simples : " Pour exercer cet apostolat universel, il faut :

" Prier;

" Agir;

" Souffrir. "

" Or, prier, agir, souffrir, c'est toute la vie chrétienne. Je puis et je veux, moi, simple chrétien, et simple chrétienne, faire de ma vie, mieux comprise et mieux pratiquée, une *vie apostolique perpétuelle et universelle.* "

Après avoir développé le premier point : *prier*, — en disant, entre autres " Une prière apostolique très efficace, c'est la simple offrande de Jésus : " O Père, je vous offre Jésus votre Fils Bien-Aimé ", l'abbé Crozier parle du deuxième moyen : *agir*. Il demande instamment des apôtres laïques. Il souhaite que tous les chrétiens comprennent leur vocation et travaillent à faire connaître l'Amour du Christ : " Telle a été la pratique de l'Église dans tous les siècles. Aquila et son épouse Priscilla ont rendu de grands services à saint Paul à Corinthe, en Asie, à Rome. Il les appelle ses coadjuteurs dans le Christ Jésus, il leur exprime non seulement sa reconnaissance, mais la reconnaissance de toutes les Églises fondées parmi les païens. " Le troisième moyen, c'est *souffrir*. Après avoir regardé " dans le cours des siècles ", " les travaux des hommes apostoliques ", l'abbé Crozier s'écrie : " Chrétiens, qui travaillez et souffrez, cessez de travailler et de souffrir sans secours, sans mérite et sans but. "

Ces trois moyens, c'était bien le but que frère Charles s'était fixé à travers toute sa vie. Il ne cessait de prier pour les Touaregs, pour les hommes du monde entier, pour les non-chrétiens du monde entier; il ne cessait d'agir efficacement, avec courage, pour ses amis à qui il avait donné sa vie, jour par jour; il ne cessait de souffrir, de travailler de toutes ses forces pour eux, pour leur épanouissement, pour leur bonheur. A tous, par ces trois moyens, il veut faire connaître que Jésus est Amour, il veut faire saisir " la Vérité de sa Bonté et de son Amour ". Ce que frère Charles désire par-dessus tout, c'est que tous les hommes s'entendent comme frères, vivent en union réelle les uns avec les autres. Et n'est-il pas frappant de voir que la petite brochure de l'abbé Crozier, inspirée par lui, se termine par la prière ardente de Jésus, la veille de sa mort : " Que tous soient un. "

Dans une lettre écrite à la Pentecôte 1916, au père Voillard, frère Charles avait raconté que l'abbé Huvelin, en 1909, lui a demandé de confier son projet d'Association à Mgr Bonnet :

" Quelques jours après, j'ai présenté le projet à Mgr Bonnet qui m'a dit de m'occuper de toutes mes forces de sa réalisation, ajoutant les conseils suivants :

" 1°) Extraire du projet des statut très brefs;

" 2°) Mettre mieux en relief le but de l'*Association*;

" 3°) Rester moi-même au Sahara sans changer ma vie habituelle, mais trouver une personne qui fasse les démarches nécessaires pour donner la vie à l'œuvre;

" 4°) Tâcher d'établir la confrérie dans une grande ville d'œuvres, Paris, Lyon ou Marseille; de préférence Paris, en m'adressant à l'évêque du lieu, et en allant à Rome, au besoin, demander pour l'œuvre la bénédiction du Saint-Père...

" Depuis lors, les choses n'ont guère avancé. Mgr Bonnet m'encourage toujours. Tout en n'étant qu'à l'état de projet, la confrérie compte quelques Frères et Sœurs dont certains très fervents. En dehors des pères blancs et de la Trappe, je ne connais que quatre ou cinq ecclésiastiques : à deux d'entre eux, j'ai demandé de se mettre à ma place et de faire le nécessaire pour l'établissement de la confrérie; leur piété, leur zèle et leur autorité les rendaient aptes à cette œuvre; l'un d'eux, le chanoine Caron (Versailles) se récusa à cause de ses nombreuses occupations; l'autre, l'abbé Crozier (Lyon) à cause de son âge et de ses infirmités; un troisième, l'abbé Laurain (Saint-Sulpice, Paris), après avoir essayé, y renonça aussi sous le poids de ses nombreuses occupations. Un frère laïc, très fervent, a tout ce qu'il faut pour assurer la publication du Bulletin, et, si Dieu lui prête vie (il est au front), il pourra rendre de grands services à la confrérie. Mais un ecclésiastique prenant l'œuvre à cœur et se dévouant pour sa réalisation, je ne le vois pas. Je me crois moins capable que la presque totalité des prêtres des démarches qu'il faudrait faire, n'ayant appris qu'à prier solitaire, à me taire, à vivre avec des livres, et tout au plus à causer familièrement en tête à tête avec des pauvres. En dehors de cela (hélas !, et cela même je le fais bien mal), je ne suis qu'ignorance, timidité, incapacité. »

Le 18 juillet 1916, on lui annonce la mort, à Lyon, de l'abbé Crozier, le principal recruteur de l'*Association*. A celui qui lui avait appris cette nouvelle, Joseph Hours, frère Charles répond aussitôt : « Plus que jamais je pense à notre Confrérie; j'ai refait mon projet, et consulté. Je pense aller en France aussitôt après la Paix et faire tous mes efforts pour son établissement et sa mise en fonctionnement; je voudrais ne quitter la France qu'après son installation définitive. » Deux mois avant sa mort, frère Charles donnera en quelques mots l'esprit profond et les grandes orientations de l'*Association* : « Nécessité des Priscille et des Aquila; union nécessaire entre eux; leur action individuelle et leur action collective; besoin qu'ils ont de se connaître entre eux, sacerdoce mystique de l'âme fidèle qui s'offre et offre Jésus à toutes les intentions du Divin Sauveur (gloire de Dieu, avènement de son Règne, accomplissement de sa Volonté, salut des âmes), et qui, comme Jésus, fait du salut des hommes l'œuvre de sa vie ». Et si frère Charles avait vécu, nous l'aurions probablement trouvé en France, travaillant à étendre, après la guerre, l'*Association*. N'écrit-il pas, le 1er octobre

1916, deux mois, jour pour jour, avant sa mort : " Je regarde les longs mois pendant lesquels la guerre me retient au Sahara comme un temps de retraite pendant lequel je prie, je réfléchis, demandant à Jésus de me faire connaître la forme définitive à notre *Union*, à notre confrérie. "

PAIX AUX HOMMES DE BONNE VOLONTÉ.

Le voici de nouveau à Tamanrasset. La situation dans le Hoggar continue à être difficile. Le 13 décembre 1913, frère Charles " met en ordre ses petites affaires " et refait son testament. Il veut surtout que " le peu " qu'il a puisse servir à l'évangélisation : il donne donc l'essentiel de ses papiers et de ses propriétés à ceux qui se consacrent davantage à l'évangélisation du Sahara : les pères blancs. Il conclut : " Je désire être enterré au lieu même où je mourrai et y reposer jusqu'à la Résurrection. J'interdis qu'on transporte mon corps, et qu'on l'enlève du lieu où le Bon Dieu m'aura fait achever mon pèlerinage. Enterrement très simple, sans cercueil, tombe très simple sans monument, surmontée d'une croix de bois. "

Son cœur vit dans la paix : " Il faut prier et espérer toujours; l'amour espère tout : quand c'est au Cœur de Jésus qu'on s'adresse, comment ne pas espérer ? " avait-il écrit le 27 novembre. Et le 10 février 1914 : " Dieu est le *Bon Dieu* : Il sait de quelle boue Il nous a formés; Il voit notre désir, notre volonté de faire ce qu'Il veut, en même temps que notre misère, Il nous aime plus qu'une mère, plus qu'un époux... Notre amour, l'union de notre volonté à la Sienne, l'acquiescement à tout ce qu'Il veut de nous, sont tout ce qu'Il demande de sa pauvre créature : paix aux hommes de bonne volonté. " Le 17 février : " Ma vie reste la même; je vais bien, il fait froid et sec. Pas une goutte d'eau. Je viens de finir un premier dictionnaire. J'estime qu'il me faut cinq ans de travail pour achever ce que j'ai commencé. Le bon Dieu me les donnera-t-Il ? Que sa volonté bien-aimée se fasse ! » Le 17 mars : « Soyez sans inquiétude; je n'ai plus la force de me tuer de travail; quand je dépasse un peu la mesure, je le vois tout de suite et je ralentis; je donne tout ce que je peux, mais c'est bien loin d'être ce que je donnais autrefois; d'ailleurs, je suis si souvent interrompu par les visites que j'ai bien des récréations imprévues. » Il suffit, pour se convaincre de ces incessantes interruptions, de jeter un coup d'œil sur le petit carnet où frère Charles note ses visites; on a retrouvé les feuillets qui indiquent février 1914 : ils sont bourrés de noms. Frère Charles n'a jamais fini d'accueillir ses amis les Touaregs.

Un officier, Meynier, vient passer quelques jours à Tamanrasset au cours de cet hiver 1913-1914; il raconte ce qu'il a vu :

« Le programme de notre seconde journée de séjour a été dressé par le père. Celui-ci pense que, dans ces tribus qui ne manquent pas d'une certaine culture, il est nécessaire d'avoir pour soi l'élément féminin. Nul n'ignore en effet le rôle social important que jouent les femmes dans ce milieu à mœurs patriarcales (on dit parfois à mœurs matriarcales). Il nous a donc proposé de réunir sous notre grande tente toutes ces dames de l'aristocratie targuia qui sont restées attachées à leur foyer, y maintenant la flamme familiale, et de leur offrir « une tasse de thé ».

» L'après-midi, nous recevons en effet, à la porte de notre vaste demeure de toile, les « dames » des environs qui arrivent précieusement enveloppées dans des couvertures de laine bariolées, et accompagnées de leurs jeunes suivantes ou de leurs jeunes amies.

» Il y a là, entre autres, l'illustre Dassine, que sa beauté, son talent de poétesse, et l'amour tout platonique que lui porte son cousin Moussa Ag Amastane, ont rendue célèbre dans tout le pays Hoggar. Ces dames se sont assises sur le tapis qui orne la tente. Nous-mêmes, le docteur, le journaliste, mon secrétaire et moi, nous sommes assis en face de leur demi-cercle. Le père de Foucauld se tient à l'écart sur un modeste escabeau. C'est lui qui nous servira d'interprète et qui rompra la glace entre les assistants. Plusieurs guerriers nobles (dont mon cher Ouenni, mon sous-officier porte-fanion) se sont modestement introduits dans la salle et, litham baissé sur leur front, en signe de respect pour ces " hautes dames ", sont allés se placer derrière elles. La conversation débute par des demandes polies sur l'état de santé, les nouvelles des absents. Dassine, qui reste obstinément cachée, sauf un œil, sous un coin de son voile, répond à nos questions d'une voix bien timbrée mais assourdie.

" Pourquoi restez-vous ainsi cachée, alors que chacun dans le désert, connaît la réputation de Dassine, la grande poétesse, et joueuse d'imzad ?

— C'est que je ne mérite plus cette réputation. Je suis maintenant une vieille femme et il appartient aux jeunes filles de briller à leur tour.

" Les jeunes filles, par contre, se sont dévoilées et ont posé près d'elles leurs lourdes couvertures, montrant avec plaisir leur jeune visage, malheureusement trop fardé suivant les us du pays...

" Je fais passer parmi ces dames les photographies représentant ma femme, mes enfants. On s'exclame. Est-il possible que les femmes des *Nassaré* mettent sur leur tête des édifices aussi encombrants et qu'elles portent des robes aussi curieuses ? Les questions se croisent. De notre côté, nous demandons à connaître la musique targuia. Alors Dassine, n'hésitant plus à découvrir son visage, resté fort beau, prend son violon, son imzad, et nous joue quelques-unes de ces mélodies en sourdine, exécutées sur une seule corde avec un archet primitif, dans lesquelles les femmes des guerriers nomades ont voulu dépeindre les diverses émotions de leur existence. Romance d'amour, chants en l'honneur des guerriers, joie des retours, plaintes sur les disparus. "

Le docteur dont parle Meynier, ce n'est plus Hérisson, mais un autre, Vermale, qui s'est proposé de lui-même à venir au Hoggar. Frère Charles en a éprouvé une joie très vive : " Je suis on ne peut plus heureux de vous voir désireux de faire dans l'Ahaggar des études d'ethnologie, d'anthropologie, d'anthropométrie, des mœurs et des coutumes, etc. Il va sans dire que, de tout mon cœur, je ferai mon possible pour vous être utile. Je vous dirai à loisir le peu que je sais. J'ai quelques livres touchant ces questions; ils sont à votre service. »

Dans son *Journal*, le docteur écrit : « Son ermitage est tout un poème. Imaginez une pièce ayant quinze mètres de long; voilà la demeure du père, un vrai boyau. Là-dedans, une quantité prodigieuse de choses : livres, caisses, etc. le tout installé dans des bibliothèques de fortune, mais dans un ordre parfait. Je ne puis comprendre comment tant de choses peuvent tenir en un si petit espace et qu'on puisse encore s'y loger. Ah! par exemple, on ne peut passer deux de front, si maigre soit-on. » Ce long bâtiment étroit, Laperrine l'avait appelé, en son langage expressif : « La Frégate ». Le docteur Vermale remarque aussi que frère Charles travaille tout le jour à son dictionnaire et qu'il reçoit une multitude de visites. Il constate aussi que Tamanrasset est bien différent des autres ksours du Hoggar : il n'y a presque plus de petites huttes : elles ont disparu pour faire place à de nombreuses maisons : « Ces constructions donnent à Tamanrasset l'aspect d'un petit village agricole. » « C'est grâce au révérend père de Foucauld que Tamanrasset est dans une situation relativement florissante ; ce sont ses conseils et son exemple qui ont amené de nombreux Touaregs à travailler la terre généreuse qui les fait vivre. Parmi eux, les Dag-Rali, et leur chef Ouksem, se sont intéressés tout particulièrement aux travaux agricoles, et leur persévérance porte aujourd'hui ses fruits. »

C'est vrai qu'il y a un changement à Tamanrasset et au Hoggar; frère Charles peut écrire, à un officier, le 21 juillet 1914 : « L'Ahaggar, si longtemps repaire de bandits, est devenu le pays de la grande paix et du grand calme. Les Nobles, qui étaient des bandits, sont appauvris, annihilés, et leur nombre, déjà minime, va en décroissant; ils commencent à s'engager à la Compagnie, c'est ce qu'ils ont de mieux à faire; quant aux Imrad, c'est-à-dire aux plébéiens, ce sont en général de braves gens, paisibles et laborieux; ils ont fort accru leurs cultures, les augmentent de jour en jour et tendent à se sédentariser : c'est le commencement de la civilisation. Quand vous avez vu Tamanrasset, il n'y avait que deux maisons, le reste était des huttes; maintenant il n'y a que deux huttes, le reste est des maisons."

" La sécheresse continue, mais elle a une conséquence paradoxale : il y a quatre ans et huit mois qu'il n'y a pas plu, écrit frère Charles le 23 juillet 1914; cette sécheresse a réduit à presque rien les troupeaux de chèvres et de moutons que nous avons vus si nombreux... Cependant le pays ne meurt pas de faim; il ne souffre même pas. La sécheresse prolongée a eu l'avantage de pousser les gens vers la culture : champs et maisons se multiplient; il n'y a plus de zeribas, toutes sont remplacées par des maisons. "

Reste qu'il y a encore beaucoup à faire; s'il peut dire " Mes voisins Touaregs continuent à être très affectueux " il a fort à faire avec Moussa qui " fait sans cesse de nouvelles dettes, et ne paie pas les anciennes ", et qui ne se tient guère en paix : " La situation est, paraît-il très tendue entre Moussa et les Kel Rela, d'une part et les Taïtoq de l'autre. Je ne sais pas encore exactement la vérité et il n'est pas facile de la savoir. Les Taïtoq et leurs Imrad, pauvres, et la plupart accoutumés aux rapines, ont dit-il, volé un nombre excessif de chameaux aux pâturages libres appartenant aux Kel Ahaggar. Moussa aurait fait des reproches à Imri, on en serait venu à des paroles, à des messages tels que la guerre s'en serait suivie si l'autorité française n'était pas là. "

UN HOMME DE PRIÈRE

Devant ces multiples occupations de frère Charles, on risque d'oublier qu'il est d'abord un homme de prière. Bien sûr, frère Charles prie les événements dans lesquels il est plongé, et les actes dans lesquels il s'engage. Mais il y a, au centre de sa vie, au cœur de chacune de ses journées, de grands moments de seule contemplation de Dieu.

Il est intéressant, à ce point de vue-là, d'examiner l'horaire que frère Charles a établi, pour lui-même, le 21 décembre 1911, horaire qu'il a suivi jusqu'à sa mort, le plus scrupuleusement possible. Le voici, intégralement :

3 h ½ - 6 h : PRIÈRE	3 h ½ - 4 h : Angélus ; *Veni Creator* - Matines - Laudes
	4 h - 5 h : Prép. messe - Messe - action de grâces
	5 h - 6 h : ménage et *frustulum* (petit déjeuner) prime, tierce, sexte, none S. Évangile et méditation écrite Élévations - Imitation.
6 h - 11 h ½ : TRAVAIL	
11 h ½ - 12 h ½ : PRIÈRE et dîner	: Angélus - *Veni Creator* - Examen.
12 h ½ - 6 h : TRAVAIL	
6 h - 8 h : PRIÈRE et collation.	6 h - 7 h : vêpres et Rosaire
	7 h - 8 h : collation et ménage complies - consécration Angélus, *Veni Creator* - Examen.

Tel est donc le rythme de ses journées : sept heures et demie de sommeil, onze heures de travail (bien distribuées en deux parts de cinq heures et demie, l'une le matin, l'autre l'après-midi) (ce travail est un travail intellectuel, il faut le noter). Reste le temps de la prière et du ménage et repas ; les repas devaient être fort rapidement pris : trente minutes pour l'ensemble des trois repas de la journée. On peut donc compter à peu près cinq heures de prière chaque jour, réparties surtout entre deux grands moments, matin et soir. On remarquera que ces temps de prière sont avant tout occupés par la Messe et le Bréviaire pour lesquels frère Charles devait prendre à peu près trois heures. Par ailleurs frère Charles ne mentionne pas d'heure d'adoration du Saint Sacrement; si ses temps de prière se passaient dans sa petite chapelle, devant le tabernacle, il n'avait pourtant pas donné une place proprement dite à l'adoration eucharistique. Il y a là un changement par rapport à Nazareth et à Béni-Abbès, un changement dû aux circonstances.

Au bas de cet horaire, frère Charles nous indique les lectures des temps libres (sans doute par exemple le dimanche)

Moments libres – vie de Notre-Seigneur (Fouard)
– 2 pages du règlement
– 2 pages Union
– lectures sur Missions.

Quelle est donc la vie spirituelle de frère Charles à travers les cinq dernières années de sa vie ? La correspondance qu'il adresse au père Voillard, qui est devenu son père spirituel après la mort de l'abbé Huvelin, nous l'indique discrètement. Frère Charles ne parle guère de ses états d'âme — ce qu'il avait longuement fait à l'abbé Huvelin entre 1890 et 1900 — mais des événements qu'il vit et de ses projets d'évangélisation. Et si frère Charles garde fortement le souci de retrouver, après de longs travaux, une vie avant tout de prière, les événements ne le lui permettront jamais, et il s'y accommodera : " Combien je vous reste reconnaissant, écrit-il le 14 mai 1911, d'avoir bien voulu accepter la succession de M. l'abbé Huvelin (...) Mon âme a un besoin évident de solitude, de prière, de méditation. Je ne les lui donne cependant qu'à demi, parce qu'il faut absolument, et pour les âmes des autres et pour la mienne, en finir avec ces travaux linguistiques. " " Je ne donne pas assez de temps à la prière, à la méditation, aux lectures religieuses, dit-il le 6 décembre de la même année; pourtant je crois bien faire en continuant comme je fais, car je ne veux rien retrancher au temps consacré aux Touaregs. » Si frère Charles avait pu terminer ses travaux linguistiques avant sa mort, aurait-il consacré tout ce temps disponible à la prière ? On peut en douter : « Les divers travaux commencés seront, je pense, entièrement terminés dans trois ans, si le bon Dieu me prête vie, écrit-il le 19 octobre 1912. Je me réjouis de pouvoir, dans trois ans, donner beaucoup plus de temps aux âmes que je ne fais maintenant, faire plus de visites, laisser les conversations se prolonger plus longtemps, prendre un contact plus intime. » Le 7 décembre 1915, un an avant sa mort, il dira : « Si rien n'interrompt mes petits travaux de langue touarègue, ils seront sans doute achevés dans un an. Ce sera un grand soulagement. Cela me donnera du temps pour l'œuvre, la Confrérie dont je désire tant l'établissement. Cela m'en donnera aussi pour m'occuper plus des âmes ici, aller plus souvent voir les indigènes, prolonger les conversations, faire plus activement le travail de préparation. » Et sa dernière retraite, à la Pentecôte 1916, est occupée avant tout par cette réalisation de l'Association : « Pendant les jours qui viennent de s'écouler, entre l'Ascension et la Pentecôte, jours que j'ai passés en demi-retraite, j'ai prié particulièrement le bon Dieu de me faire sa Volonté à ce sujet (...) Il me semble que le bon Dieu m'a aidé. J'ai refait un projet de statuts extrêmement abrégé et extrêmement simplifié. »

Ce qu'il faut souligner dans la vie spirituelle de frère Charles en ces années, c'est l'aspect à la fois « actif » et confiant de sa contemplation.

Sa prière est devenue une prière « active » : il prie les difficultés et les souffrances qui lui adviennent; celles-ci, comme il le dit admirablement à son ami Louis Massignon, sont « l'occasion de Lui déclarer et de Lui prouver notre amour. » Le 31 juillet 1909 : « Par les combats et la souffrance soutenus pour Lui, il se fait faire par vous une déclaration d'amour quotidienne; plus que quotidienne, aussi souvent répétée que l'épreuve — non une déclaration seulement, mais une déclaration avec preuve. » Le 31 août 1910, il lui écrit encore : « Ces périodes d'angoisse, d'attente, d'incertitude, sont d'ailleurs pour l'âme des temps de grâces : parce qu'elle souffre, elle prie. " Il va plus loin : " Il faut prier nos faiblesses elles-mêmes et notre pauvreté ". N'écrit-il pas, le 29 mai 1914 : " Que chaque constatation de misères fasse naître un double acte d'humilité et d'amour, confiance, espérance "; et le 15 juillet 1916 : " Racontons-nous la double histoire des grâces que Dieu nous a faites personnellement depuis notre naissance et celle de nos infidélités; nous y trouverons, nous surtout qui avons vécu longtemps loin de Dieu, les preuves les plus certaines et les plus attendrissantes de son amour pour nous, ainsi, hélas ! que les preuves si nombreuses de notre misère. De quoi nous perdre dans une confiance sans borne en son amour. "

Pour frère Charles, la prière consiste donc à saisir activement les occasions de déclarer à Dieu qu'on veut L'aimer, et à se perdre dans la confiance en Lui.

C'est ce qu'il exprime à sa cousine — à qui il rappelle les paroles de saint Jean de la Croix que l'abbé Huvelin lui avait transmises vingt ans plus tôt : " Travailler, souffrir, se taire. " — le 10 février 1914 : "... Je comprends l'apparente insensibilité et l'incapacité de prier où vous jette cette douleur après tant d'autres. C'est l'effet de l'excès de douleur ou de préoccupation; l'esprit est absorbé, il semble qu'on ne sente rien et on reste devant le bon Dieu sans pouvoir suivre aucune pensée. " Et le 24 août : " On souffre très utilement quand on souffre dans l'amour de Dieu, c'est-à-dire en ayant la volonté de L'aimer, la volonté de faire Sa volonté, en voulant qu'en toute chose Sa volonté se fasse, et non la nôtre... Aimer Dieu, c'est vouloir ce qu'Il veut, vouloir que Sa volonté se fasse en tout; ce n'est pas sentir qu'on L'aime, faveur gratuite, très douce, indépendante de nous, qui n'est pas un mérite... Quand on souffre en sentant qu'on aime, on souffre moins, on produit donc peut-être moins de fruits. Il faut que le grain de blé meure... "

RENSEIGNEMENTS AUX OFFICIERS

Le 3 septembre 1914, à cinq heures du matin, un courrier rapide arrive de Fort Motylinski; il apprend à frère Charles que c'est la guerre entre la France et l'Allemagne, et que l'ensemble de l'Europe est en feu. Cette nouvelle éclate dans l'atmosphère paisible du Hoggar. Frère Charles regarde vers Strasbourg, sa ville natale et pense à ses anciens compagnons d'armes, qui sont sur le front.

Le 15 septembre, jour de ses cinquante-six ans, il écrit à sa cousine : " Mon devoir est, avec évidence, de rester ici pour aider à y tenir la population dans le calme. Je ne quitterai pas Tamanrasset jusqu'à la paix. " Et, le même jour, à sa sœur : " Les Touaregs ignorent de l'Allemagne jusqu'à son nom; ils ignorent tout de nos affaires d'Europe; ils resteront certainement dans leur calme habituel, uniquement occupés de leurs intérêts matériels, sans se douter de la tempête qui gronde chez nous, à moins que de très violentes excitations ne viennent d'Algérie, du Soudan ou de la Tripolitaine. " Madame de Bondy l'a abonné à *l'Echo de Paris* : frère Charles sera bien au courant des événements; il prendra connaissance des nouvelles avec avidité. Pour lui, le sens de cette guerre est simple : " C'est une lutte pour la liberté de l'Europe gravement menacée ". *L'Echo de Paris* lui apporte la liste de ceux qui sont morts au combat. Le 24 novembre : " Dans la liste des morts au feu, je compte jusqu'à présent dix amis, amis d'Afrique pour la plupart, dont quelques-uns très aimés. " " J'ai écrit à Laperrine qui est sur la ligne de combat; il voit de près les choses, est sage et de bon conseil, lui demandant si, au cas où l'Ahaggar et l'Algérie resteraient dans leur calme parfait, je ne ferais pas mieux d'aller en France tâcher de servir jusqu'à la paix comme aumônier, brancardier. " Laperrine répond aussitôt un seul mot : " Restez ! "

Frère Charles a plus que jamais la confiance des Touaregs : " Envers moi, la confiance des Touaregs ne cesse de s'accroître, écrit-il le 7 décembre. Le travail de lente préparation à l'Evangile se poursuit. » Depuis deux mois, une fièvre pernicieuse sévit dans le pays, et c'est pour cela que frère Charles a fait appeler un médecin. Autour de Noël, frère Charles est lui-même atteint : poussées de fièvre presque quotidiennes, gros maux de tête, difficulté de respirer. Il se résigne à faire appeler le docteur Vermale qui se trouve à Fort Motylinski. Le docteur écrit, début janvier, dans son carnet : « Marabout atteint de scorbut, trouvé en état pas très brillant; je prévoyais cela depuis longtemps car il mène la vie la plus antihygiénique qu'on puisse rêver : travail incessant, jamais de sortie ni d'exercice, nourriture invraisemblable. Je suis arrivé à temps. Grâce à une médication énergique et à un changement complet de régime, que j'ai pu imposer, le mal est enrayé. »

Le calme ne dure pas longtemps au Hoggar. En Tripolitaine, les Italiens ont progressé de Rhadamès à Rat; mais ils ont dû se replier : « Les Italiens avaient avancé très vite; trop vite, sans assez s'affermir, et s'organiser dans le sud de la Tripolitaine au printemps et été 1914; puis dans les derniers mois de 1914, ils ont rapatrié en Italie une grande partie des troupes qu'ils avaient en Tripolitaine : de ces deux imprudences ont résulté des révoltes dans le Sud-Tripolitain, très près de notre frontière, à une dizaine de jours de marche d'ici. Il n'y a pas à craindre que la révolte gagne... mais on peut redouter que les bandes révoltées tripolitaines ne franchissent la frontière; on vient de renforcer tous nos postes-frontières. » La grande Confrérie des Sénoussistes, qui a son principal centre dans la célèbre oasis de Koufra, en Tripolitaine, entretient l'effervescence; sa propagande est intense en cette année 1914. Au nord-ouest, les pillards marocains en profitent pour multiplier des rezzous. En octobre 1914, une razzia a emporté une partie des troupes de Moussa et a failli enlever l'aménokal qui n'a eu que le temps de s'échapper de nuit : « Sauvé, Moussa s'est hâté de rassembler ses gens les plus proches et de marcher aux pillards qui ont battu en retraite, avec pas mal de butin et quelques prisonniers qu'ils avaient faits; nos soldats sont partis à la rescousse, et tout le monde poursuit ensemble l'ennemi commun." Moussa n'a que quatre-vingts guerriers auprès de lui et les méharistes du Tidikelt ne sont guère nombreux. L'agitation s'empare des esprits. Frère Charles multiplie les conseils et les encouragements pour tenter de sauver le bien commun. Il essaie d'aider Moussa; il tient les officiers au courant de la situation, pour ce qu'il en sait, et donne même des conseils militaires précis.

Moussa n'est-il pas tenté de profiter de la situation ? " Il me paraît impossible qu'il n'ait pas reçu des lettres d'Ahmoud et des communications directes ou indirectes des Sénoussistes; je crois qu'avec sa prudence habituelle, il se tient sur la réserve; il reste on ne peut plus correct; mais il est évident qu'il surveille les événements, tient à être au courant et à s'informer. L'arrivée inopinée ici de son secrétaire a en partie pour but, je crois, de le tenir au courant des événements d'Europe, d'Ajjer et de Tripolitaine. " Dans cette même lettre du 12 mars 1915 à Meynier, frère Charles regrette les échecs des Italiens en Tripolitaine et leurs imprudences : " Engageant comme soldats des indigènes sans discernement, armant étourdiment des gens qu'il aurait mieux valu désarmer, négociant là où il fallait combattre. On ne peut pas négocier avec des gens qui mentent toujours et qui sont toujours persuadés que nous leur mentons : " Négociant avec les Sénoussistes, ils ont joué de la flûte aux poissons. " Meynier lui a demandé si Ben Messis était sûr. Frère Charles répond le pour et le contre et il donne une ligne de conduite : " Accroître sa situation pécuniairement, c'est tout-à-fait mon avis : c'est non seulement utile, mais pure justice selon moi; l'accroître honorifiquement, c'est mon avis aussi, il le mérite, et il n'en servira que mieux; lui donner d'une façon stable des administrés, c'est dangereux. " Sur un autre point, il écrit : " Comme vous le dites, la victorieuse poursuite de Moussa va le rendre la bête noire des Marocains et il faut s'attendre à des attaques dirigées contre lui. Je l'ai engagé à rester de sa personne dans l'Adrar, pour garder le pays. » Les Nobles en profitent aussi et frère Charles est d'accord pour des mesures sévères : « Comme vous, je trouve des mesures énergiques et des sanctions sévères indispensables pour ramener à la discipline l'élément turbulent que sont nos tribus Nobles de l'Ahaggar et des Taïtoq; les Imrad goûtent notre paix et entrent dans la vie laborieuse et pacifique que nous leur montrons; les Nobles ne veulent vivre que de mendicité ou de rapines, se refusant à tout travail et cherchant les occasions pour retourner à leur ancienne vie de pillages. Par une coïncidence heureuse, les punitions encourues par les Nobles pour leurs actes de guerre contre les tribus soumises de l'A. O. F. maintiendront en prison les principaux d'entre eux pendant la guerre d'Europe. » Frère Charles conclut : « Je comprends que vous preniez le temps de la réflexion pour demander le successeur de Saint-Léger; il est aussi important que difficile de trouver un bon chef pour une annexe aussi vaste et aussi spéciale; et combien la guerre réduit le nombre des officiers entre qui on peut choisir ! Vous devinez avec quelle joie je verrais la T. S. F. à In-Salah, avec quelle joie j'apprends le développement des pistes d'automobiles autour d'Ouargla. »

L'officier qui est nommé pour l'annexe, c'est le capitaine Paul Duclos. Frère Charles est heureux de cette nomination. Il écrit à Duclos le 16 avril : « Vous sentez ma joie... joie pour le bien public qui passe avant tout. » Il demande que les Nobles demeurent dans l'Adrar et ne viennent pas dans l'Ahaggar : « Il vaut mieux que les Nobles ne viennent pas ici, et n'entravent pas le progrès des autres; quand ce progrès sera plus grand encore, quand les Imrad en seront à un point tel que les Nobles n'aient sur eux aucune influence, ceux-ci pourront revenir ici sans inconvénient. » Il demande qu'on protège le village d'Abaliba « où il y a près de trois cents haratins; belles proies pour les razzieurs marocains ». Il prévient, en même temps, de ne pas accorder « trop de confiance à Moussa », Moussa plein d'intelligence, d'énergie et de courage... et d'autre part, menteur, et rusé à l'excès... Je crois Moussa fidèle à la France parce qu'il comprend, surtout depuis son voyage en France, que c'est nécessité. »

Mais le travail essentiel de frère Charles n'est pas celui de renseigner. Les Algériens, les Touaregs, « il faut faire pour eux plus que nous n'avons fait dans le passé », écrit-il le 21 février 1915 à Mgr Livinhac. Ce sont toujours les mêmes moyens qu'il propose pour la promotion des Touaregs : « Leur instruction, leur bonne administration civile, leur étroit contact avec les Français honnêtes gens, pour certains, leur sédentarisation et un accroissement de bien-être matériel. » Il espère beaucoup de « la paix » qui viendra mettre « en Europe, la justice, la liberté, et une longue tranquillité ». Et dans cette lettre du 4 mai 1915 au capitaine Duclos, il écrit encore : « Que Dieu nous fasse la grâce de mettre cette paix à profit pour nous améliorer nous-mêmes et faire progresser en tout nos colonies, faire leur éducation comme une bonne Mère Patrie doit faire pour ses enfants. » « Nous avons le devoir, avait-il déjà écrit, d'élever nos colonies, de les élever à notre hauteur, de les rendre semblables à nous, comme des parents font pour leurs enfants, d'être pour elles des pères, remplissant leur devoir, et non des exploiteurs... » C'est là tout le contraire d'un paternalisme méprisant qui maintient les enfants dans une situation infantile et les empêche d'atteindre leur majorité. Frère Charles veut, de toutes ses forces, faire aboutir les Touaregs à l'âge adulte. On a lu avec quelle vigueur il travaille à ce que les Imrad puissent être adultes devant les Nobles. Il travaille, dans le même temps, à ce que les Imrad deviennent les égaux des Français; et la preuve qu'il y travaille vraiment, c'est qu'il emploie les moyens adaptés pour y parvenir, et non pas de grandes méthodes abstraites, qui seraient écrasantes pour les indigènes, et inefficaces. Tamanrasset continue d'être en progrès. Le 15 juillet, à Laperrine : « Malgré la sécheresse et les sauterelles, les jardins de Tamanrasset s'accroissent; il n'y a plus maintenant une seule zériba; il n'y a que des maisons dont plusieurs avec cheminée. Quelques haratins commencent un peu à apprendre le Français; ils viennent d'eux-mêmes me demander, presque chaque soir, comment on dit tel ou tel mot. "

Le 24 novembre 1915, il écrit à Duclos au sujet du travail dans le Hoggar. Frère Charles qui, on le sait, veut remplacer toutes les huttes du Hoggar par des maisons, propose un moyen commode et rentable pour que chacun puisse avoir du travail. Frère Charles réprouve les distributions gratuites et préfère tellement l'apprentissage au travail et la dignité de l'homme par cet apprentissage : " Avec les fonds que vous pourrez avoir encore, je ne vous engage, ni à faire envoyer des dattes, et les faire répartir, ni à faire distribuer des grains au moment des semailles de printemps et d'automne, mais d'établir à Motylinski un atelier de briques, *libre* et *permanent* où les briques seraient payées par le Baïliq très bon marché, mais à un prix permettant aux ouvriers de vivre (*cent briques* fabriquées et transportées à la porte du bureau : un *demi-litre* de blé, orge, bechna ou dattes, au gré du Baïliq), le Baïliq acceptant toutes les briques bien faites qu'on lui apporte et ne fournissant à ceux qui demandent du travail que la pelle et le moule seulement. Cet atelier permettrait à quiconque qui manque de travail et n'est pas paresseux de vivre jusqu'à ce qu'il trouve un autre travail. Cela fournirait au Baïliq une réserve de briques qui trouvera toujours son emploi et qui aura coûté très bon marché. Ce ne sera pas une grosse dépense car, hélas ! il suffit souvent d'offrir du travail à un mendiant pour qu'il s'en aille et qu'on ne le revoie plus. C'est ainsi, à votre place, que j'emploierais l'argent disponible. "

A Moussa, aussi, il veut faire perdre l'habitude de la mendicité : " Il faut tenir soi-même les cordons de la bourse, et non les lui confier, — ne lui donner rien de fixe, mais lui faire des cadeaux de temps en temps quand il y a un motif pour cela. En ce moment, il n'en a aucun. L'habitude de lui donner ne fait que le rendre encore plus mendiant qu'il n'est. Il reçoit énormément des Iforass et se fait donner beaucoup des siens (aimablement mais réellement). "

Reste qu'il ne s'agit pas de manquer à sa parole, ni de ne pas poursuivre ce qui a été commencé : " J'ai reçu une lettre de Moussa; il me demande de vous écrire en son nom; je le fais; ci-joint la lettre. Le retard de ses appointements est inconcevable. Il n'était pas nécessaire de lui attribuer ces appointements; je ne le conseillais même pas, préférant le système des cadeaux irréguliers et trouvant préférable de tenir les cordons de la bourse; mais puisqu'on les lui a donnés, il faut les payer régulièrement. "

Dans la même lettre du 1er décembre à Duclos, frère Charles demande des mesures très dures à l'encontre des cambrioleurs. Ces cambrioleurs, ce sont souvent des esclaves affranchis. " Certains Touaregs, possesseurs d'esclaves, s'étant appauvris, ont affranchi leurs esclaves qu'ils ne pouvaient ni nourrir, ni vendre; — le nombre des esclaves affranchis s'est ainsi mutiplié — ils sont mauvais ouvriers, peu habitués au travail de la terre, ont beaucoup de vices, n'inspirent pas confiance, trouvent difficilement du travail, sont habituellement très paresseux. C'est une population de rôdeurs et de vagabonds qui tend à augmenter. En 1915, il y a eu, dans le quartier de Tamanrasset où je suis, sept cambriolages avec vol de grains, commis tous par des esclaves affranchis. Ce quartier de Tamanrasset comprend environ trente maisons. Tous les cambrioleurs ont été conduits à Motylinski et y ont été mis en prison. Mais je trouve que, pour certains, la durée de prison a été trop courte... je crois une répression sévère nécessaire... non seulement pour faire cesser le mal présent, mais pour empêcher un mal pire dans l'avenir, pour empêcher que les voleurs inoffensifs d'aujourd'hui ne finissent par faire des bandes et devenir brigands. "

Pour faire cesser ces cambriolages, il propose de nouveau l'établissement de l'atelier de briques à Motylinski et un autre encore : " Un atelier d'aménagement de pistes pour automobiles entre Ahaggar et In Salah, entre Ahaggar et Ajjer, entre Ahaggar et Adrar, etc, sous la direction d'un gradé français et la garde de quelques soldats, dans lequel tout cambrioleur serait tenu de travailler trois ou quatre ans, au sortir de la prison de Motylinski, nourri (une livre de grain par jour), habillé (10 mètres de cotonnade tous les quatre mois) et deux sous par jour, regardé comme prisonnier, et prévenu qu'on tirera sur lui s'il essaie de s'échapper. Cette dernière mesure, sorte d'atelier de travaux publics, donnera à réfléchir à ceux qui auront envie de cambrioler, donnera à ceux qui ont encouru la punition l'habitude du travail, aidera à l'établissement des pistes qui sont d'une extrême utilité, fera vivre pendant un temps assez long des gens qui rôdaient sans travail, et en amènera probablement bon nombre à une vie de travail. Il n'y a pas à s'effrayer d'ailleurs de la multiplication des esclaves affranchis; eux ne se perfectionneront peut-être pas beaucoup, mais leurs enfants seront meilleurs et leurs petits-enfants seront comme la masse des haratins qui est, ici du moins, une bonne population. »

En tout, frère Charles veut, non pas une politique à la petite semaine, mais une politique à long terme. Et il demande que chaque mesure prise soit longuement réfléchie auparavant : « Quel que soit celui qui prendra le commandement de l'Ahaggar, écrit-il le 9 janvier à Duclos, je vous engage à lui recommander instamment, en tout ce qui concerne l'Administration, *d'étudier de très près pendant quelque temps avant d'agir.* »

Un exemple de cette politique à long terme ? Frère Charles a toujours désiré que la noblesse disparaisse du Sahara et qu'il y ait une véritable démocratisation. Pour y arriver, il faut une étape transitoire, qui consiste en ce que tout le pouvoir soit remis entre les seules mains des officiers. Parlant de Moussa qui est un noble, il écrit le 24 novembre 1915 : « Il serait très regrettable de lui donner soit le commandement des Kel-Ajjer, soit celui des Taïtoq. L'un et l'autre pourraient entraîner des dissidences à court délai. En 1904, par erreur, on a mis les Kel In Tounine (qui originairement dépendaient des Taïtoq) sous les ordres de Moussa. Ils sont sur-le-champ partis en dissidence. Si on mettait les Taïtoq sous les ordres de Moussa, plus d'un d'entre eux irait probablement se joindre à Abidine. En outre, il ne serait pas prudent de mettre un intrigant, un ambitieux et un vieil ami d'Ahmoud comme Moussa à proximité de Rat, d'Ahmoud et des Sénoussistes. La vraie méthode, c'est de mettre toutes les tribus de l'Ajjer sous la dépendance directe de l'officier, sans intermédiaire (celui-ci ne servant qu'à manger ses subordonnés et à les éloigner de l'officier pour pouvoir les manger plus à l'aise), de faire de même pour les Taïtoq, pour les Kel Ahnet, etc. de conserver à Moussa son commandement sans l'agrandir ni le diminuer jusqu'à sa mort, et, à sa mort, de mettre toutes les tribus de l'Ahaggar sous la dépendance de l'officier sans intermédiaire, comme l'Ajjer et les Taïtoq. Mais avec cela, il faudra diviser l'annexe et la compagnie actuelle du Tidikelt en trois annexes et trois compagnies : Tidikelt, Ahaggar, Ajjer, c'est indispensable. " C'est pour cette raison que frère Charles sent plus que jamais le besoin de bons officiers : " Le travail ne vous manquera pas après la paix, écrit-il à Gardel à la Toussaint 1915. Nos colonies d'Afrique, Algérie, Maroc, Tunisie, ont besoin d'officiers comme vous pour y faire régner la justice et la bonté, et y faire progresser les indigènes. "

Demander sans cesse des officiers de valeur, faire renvoyer les officiers indignes, voilà ce à quoi s'emploie continuellement frère Charles, avec vigilance et fermeté. Il le dit très nettement dans une lettre du 13 novembre au capitaine Duclos : " Je ne connais personne à la Direction des Affaires indigènes d'Alger, même de nom; quels que soient les officiers qui s'y trouvent, ils doivent vous connaître et avoir très grande confiance en vous. Ne pourriez-vous pas leur dire officieusement :

" 1° — Qu'avec l'extrême indépendance des officiers du Tidikelt, il faut n'y envoyer que des officiers de tout premier choix...

" 2° — Qu'il faut poser comme règle absolue de ne jamais envoyer à la compagnie du Tidikelt des officiers qui y ont été précédemment comme sous-officiers (je suis persuadé qu'après la paix, plus d'un ancien gradé du Tidikelt, devenu officier grâce à la guerre, demandera à aller au Tidikelt, les plus indésirables en tête). »

Ainsi, non seulement frère Charles est attentif au présent, mais il prévoit très exactement l'avenir : une invasion possible d'anciens sous-officiers médiocres, une invasion semblable à celle de ces sauterelles qui, en ce moment, dans l'Ahaggar, détruisent le peu de végétation qui a poussé après une maigre pluie.

Il entre lui-même personnellement en action. Témoin cette intervention auprès du capitaine Duclos, pour que justice soit faite : « Au sujet des gradés de la compagnie, écrit-il le 11 octobre 1915, je tiens à vous dire une chose, que Saint-Léger ne vous a peut-être pas assez dite : c'est qu'il en est deux qui ne doivent jamais reparaître dans l'Ahaggar : le maréchal des logis X... qui y est connu de tous les indigènes comme un voleur, et le brigadier Y... qui a laissé violenter une femme par un de ses militaires dans le campement de Moussa, ce qui a fait l'effet et le bruit que vous pensez. Je regrette vivement que ces deux militaires soient encore à la compagnie, où a régné l'indulgence lamentable que vous savez, du moins faut-il qu'ils ne remettent jamais les pieds dans l'Ahaggar ni l'Adrar. »

La lettre du 24 novembre à Duclos est un exposé très précis de la situation économique dans l'Ahaggar à ce moment, et en même temps, une requête pressante pour des mesures de véritable justice. En 1914, les Kel Ahaggar ont été exemptés d'impôts à cause de l'état désastreux des récoltes. Frère Charles demande de reconduire cette exemption pour 1915. Il demande à Duclos de prendre une mesure importante d'équité : « Un grand bien économique à faire à l'Ahaggar, c'est de recommander à vos gradés de ne pas réquisitionner les chameaux envoyés par les Kel Ahaggar au Tidikelt chercher des dattes. Ces chameaux sont attendus , quand ils ne reviennent pas en temps voulu, c'est un désespoir, et on se décourage d'envoyer au Tidikelt, on craint pour l'avenir. »

Frère Charles réagit fortement, en janvier 1916

devant un autre événement lamentable. Moussa a été attaqué par un nouveau rezzou marocain; le poste français établi dans le voisinage n'a pas porté secours à Moussa : l'officier qui le commande a de l'antipathie pour Moussa. Frère Charles demande immédiatement au commandant Meynier le départ de cet officier. Frère Charles n'hésite pas à dire exactement ce qu'il pense et à faire agir : " Je crains qu'il ne fasse de l'irréparable, dit-il au sujet de l'officier. Loin de moi de donner raison à Moussa; il a l'habitude invétérée de ruser et de mentir, avec bien d'autres défauts, y compris celui de chercher à gagner à la main. Loin de moi, bien plus encore, de me fier à son entourage de Nobles, tous les Nobles sont nos ennemis, ont fort mauvais esprit et ont besoin d'être menés avec une grande fermeté. Mais, d'autre part, vous connaissez M... duquel vous m'avez parlé en toute franchise : vous savez sa tendance irrésistible à penser et à faire le contraire de ce que pensent et veulent ses supérieurs et ses prédécesseurs : ce n'est pas, je crois, de sa part, mauvais vouloir ni indiscipline, mais c'est très mauvais esprit et très mauvais caractère, le portant invinciblement à penser le contraire de ce qu'on lui dit, et à vouloir le contraire de ce qu'on lui conseille ou lui ordonne. A mes yeux, la cause pour laquelle il a pris Moussa en grippe, tout au moins la cause principale, sans qu'il s'en rende compte, c'est que Moussa a été très bien traité par ses supérieurs et ses prédécesseurs. Les choses en étant arrivées au point où elles sont, il me paraît très imprudent de laisser M... à la tête de l'Ahaggar. " Les choses ont été très loin : l'officier en question a parlé d'emprisonner Moussa. On comprend que frère Charles écrit à Meynier : " A mon sens, il devient urgent de le rappeler sans délai. " Frère Charles est loyal. En même temps, il écrit à l'officier; il l'a mis en garde, lui a conseillé la patience, l'a mis aussi en face de ses responsabilités : " J'abonde dans votre sens au sujet de ce que vous me dites du mauvais esprit des Nobles, et des défauts de Moussa. Cependant, je crois que vous ferez bien de continuer à prendre patience et de ne prendre aucune mesure de rigueur contre Moussa tant que vous n'y aurez pas été catégoriquement autorisé; je craindrais, si vous agissiez autrement, que vous ne soyez désavoué, ce qui serait très malheureux. »

La tension s'aggrave entre les Ahaggar et les Taïtoq et frère Charles intervient auprès de Duclos : « Vous savez qu'il y a toujours du tirage entre Kel Ahaggar et Taïtoq; ce sont de vieilles histoires, de vieilles querelles qui remontent à plus de cinquante ans, et sont sans cesse renouvelées; les Kel Ahaggar, incomparablement plus forts que les Taïtoq, auraient probablement abîmé ces derniers si nous n'étions pas là pour les obliger à rester en paix. Les Taïtoq profitent de ce que nous retenons la main des Kel Ahaggar pour être fort insolents envers eux, et faire constamment à leur préjudice des vols dont les Kel Ahaggar se sont plaints au capitaine Charlet, à M. Depommier, au commandant Meynier depuis plus de trois ans, mais dont, très *malheureusement*, par suite du grand nombre des affaires et du petit nombre d'officiers, on ne leur a jamais donné justice... » Il y a d'autre part de multiples contestations de biens entre les deux tribus; frère Charles demande qu'on établisse une loi pour réglementer tout cela : « Certains règlements sont à faire dans ce pays, qui ne suit ni la loi islamique, ni aucune autre, et où les deux seules lois connues avant notre arrivée, étaient, pour chacun, le *bon plaisir* et, en cas de contestations, *la loi du plus fort.* Il ne faudrait pas que les gens dont les parents sont de tribus différentes puissent à leur gré appartenir à la tribu de la mère ou du père. Il faudrait qu'une loi déclarât que tout le monde, sans exception, appartient à la tribu de sa mère (en conformité avec la coutume de l'Ahaggar ou des Taïtoq) sans dérogation possible. Une autre loi devrait déclarer que la fortune de chaque individu appartient à son propriétaire quelle que soit son origine et est tout entière parmi les gens de sa tribu sans que personne d'une autre tribu ait le droit de réquisitionner ou exiger un impôt de lui, sous prétexte qu'une partie de sa fortune vient originairement d'une tribu différente.

" Une troisième loi devrait déclarer que, quand une femme épouse un homme d'une tribu étrangère, la fortune de la femme est, *tant que dure le mariage*, regardée comme gérée par le mari et dépendant de la tribu du mari. Un officier sérieux et actif, séjournant dans l'Ahaggar, trouverait plus d'une autre loi dont la nécessité s'impose pour éviter les querelles et faire régner la paix. " Frère Charles cherche donc à faire établir des lois précises pour que l'ensemble de ceux qui habitent au Sahara s'entendent. Son but est toujours le même : faire régner la paix et l'unité.

On voit que frère Charles cherche à comprendre, avec respect, le fond du tempérament de chacun, essaie de discerner les raisons profondes qui les font agir, veut prévoir les réactions psychologiques de chacun. C'est vrai pour l'officier M... c'est vrai de la même manière pour Moussa et les Touaregs.

VUES POLITIQUES

Dans une lettre du 4 mars 1916, très longue, un vrai rapport, frère Charles fait à Duclos le point de la situation. Il fait d'abord un long historique des conflits au Sahara. Et il développe une nouvelle fois ses vues politiques.

Au centre de ses vues, il y a la question des chefs indigènes. Pour frère Charles, c'est absolument net : il n'est pas possible de faire progresser l'ensemble des populations indigènes en gardant le régime des intermédiaires, en administrant ces populations par personnes interposées : " J'ai une opinion très arrêtée : je crois nécessaire, à mesure que les circonstances en amèneront le moment, de les supprimer [les chefs indigènes] en leur substituant une Administration française bien composée, prenant un contact étroit avec les populations, restant assez longtemps au milieu d'elles pour les bien connaître. Les grands chefs escamotent à leur profit tous les bienfaits, jettent sur les épaules des administrés toutes les charges en les alourdissant beaucoup et en mangeant leurs gens; ils éternisent les vieux abus, empêchent les contacts entre leurs administrés et nous parce que leur influence y perdrait, commettent sous notre couvert une foule d'injustices, s'opposant en sous-main à tout progrès, parce que l'ignorance et la barbarie sont plus favorables à la conservation de leur pouvoir. Ils veulent la perpétuité de ces vieux abus, un régime d'injustice, l'ignorance et la barbarie — nous voulons diamétralement le contraire, — il faut donc les supprimer, non d'un trait de plume, mais chacun au moment opportun. Pour l'Ahaggar, le moment opportun sera celui de la mort de Moussa dont les services passés et l'attitude présente (malgré des défauts certains) demandent, à moins d'événements imprévus, qu'il conserve sa position jusqu'à sa mort. Pour les Taïtoq, le moment opportun, c'est maintenant. Pour l'Ajjer, on a le bonheur d'avoir adopté cette solution dès le principe. » Dans l'intérêt même des populations indigènes, il faut donc que disparaisse le système des « caïds ». Frère Charles est résolument opposé aux intermédiaires.

Quelle politique souhaite donc frère Charles? « L'association »? Non, parce qu'elle maintiendrait le régime des chefs indigènes et empêcherait ainsi l'épanouissement des populations. L'« assimilation »? Non, parce qu'il est bien utopique et aléatoire de promouvoir une fusion des races: frère Charles y avait pensé un moment, lui qui avait été heureux de voir un sous-officier épouser une indigène, mais il avait compris combien il était difficile et long d'arriver à ce que deux sangs se mêlent harmonieusement.

Alors? Quel est donc le but de frère Charles? Il ne se place pas sur le plan utopique de la fusion des races; ni sur le plan juridique des contrats d'association. Sa politique est une politique dynamique, elle prend son point de départ dans une connaissance objective, dans la connaissance exacte du pays; elle part de la situation telle qu'elle est pour la faire aboutir à ce qu'elle doit devenir. Le point de départ, c'est cette connaissance objective : frère Charles le rappelle sans cesse; et il le redira encore à Duclos le 15 mars : " La première chose que je conseillerai à quiconque prendra le commandement de l'Ahaggar, c'est de regarder, de faire connaissance avec ce pays, si différent des autres et si particulier, avant d'agir. "

Le but, c'est ce " devenir ", c'est le *progrès* des populations. " Je suis persuadé que ce que nous devons chercher pour les indigènes de nos colonies, ce n'est :

" Ni *l'assimilation rapide*, elle est impossible, l'assimilation demande des générations et des générations;

" Ni la *simple association*, qui n'est pas propre à produire, par elle-même, le progrès de nos administrés, ni leur union sincère avec nous;

" Mais le *progrès* qui sera très inégal et devra être cherché par des moyens souvent bien différents dans nos colonies si variées, mais qui doit être constamment le but poursuivi. "

Quel doit être ce progrès ? Pour frère Charles, il a trois formes : " Il doit être intellectuel, moral et matériel. " C'est-à-dire qu'il faut, pour les indigènes, l'instruction d'abord et avant tout, la science des mœurs ensuite, et enfin le bien être matériel, ce triple progrès se réalisant d'ailleurs dans une même avancée. Ce but, il faut que les Français ne le perdent jamais de vue, il faut qu'ils le poursuivent *constamment*, il faut qu'il soit continuellement le terme qui mobilise toutes les énergies. Ce but, il faut y tendre avec acharnement et persévérance, il faut le suivre pendant autant de temps qu'il le faudra, " pendant autant de siècles que nos colonies nous appartiendront ". Il est bien évident que frère Charles qui avait si fortement montré l'échéance de cinquante ans, en 1912, n'envisage aucunement une tutelle des populations indigènes par la France, ni que cette tutelle soit séculaire. Ce qu'il veut dire, c'est que, quel que soit le temps qu'il faudra pour réaliser ce progrès, il est demandé à la France de servir jusqu'au bout les indigènes, et de les faire parvenir, quoi qu'il puisse lui en coûter, à leur plus grand épanouissement.

Quel est le mode d'administration qui peut réellement et efficacement travailler à ce but ? Frère Charles connaît bien les méthodes administratives des Nobles de l'Ahaggar; il sait qu'elles sont incapables de promouvoir un véritable progrès des populations indigènes. Il ne voit qu'une seule administration possible : celle qui veut appliquer les principes de Liberté, d'Égalité et de Fraternité, l'Administration française. Des indigènes de l'Ahaggar ne pourront administrer leur pays équitablement que lorsqu'ils seront profondément pénétrés de ces trois principes, lorsqu'ils auront acquis " la mentalité française " : " Le progrès qui doit être intellectuel, moral et matériel, ne peut être accompli que par une administration *française*, purement française, dans laquelle ne seront admis des indigènes que quand ils auront non seulement la nationalité, l'instruction françaises, mais la mentalité française. " Frère Charles porte très haut son pays. Ce qu'il veut, ce n'est pas que l'on vienne couvrir d'un drapeau des réalisations odieuses; ce qu'il veut, c'est que ce qu'il y a de meilleur dans l'esprit français, les principes de *Liberté*, d'*Égalité*, *Fraternité*, ces principes qu'il considère comme un haut sommet de l'esprit humain, président à la vie interne des populations indigènes du Hoggar et les aident à vivre dans la justice. Frère Charles ne désire qu'une chose : que les populations indigènes parviennent à plus de bien-être et d'épanouissement, à plus de liberté : que ce progrès se réalise avec ou sans la France, c'est pour lui une question secondaire. La vraie question est pour lui celle de la promotion humaine et spirituelle de ses amis les Touaregs.

Le progrès matériel continue de s'établir, et frère Charles en est *ravi* — c'est pour lui un mot très fort : " Je suis ravi que la télégraphie sans fil soit commencée dans le Sahara et qu'elle doive s'y organiser rapidement. Je suis ravi aussi que la piste d'autos In-Salah-Ouargla se construise activement et que la piste In-Salah-Motylinski doive suivre de près. "

Son imagination, son cœur, son esprit travaillent avec ardeur au bien-être des Touaregs, et en particulier des pauvres : " Le docteur Vermale m'écrit qu'on va construire une infirmerie indigène à Motylinski; j'en suis ravi; il serait bien désirable qu'elle soit un peu *hospice* en même temps. La situation des vieux esclaves affranchis des deux sexes, souvent sans aucune famille, des vieux haratins n'ayant plus la force de travailler et sans famille, est bien misérable; un hospice *rustique* ferait un bien énorme; malheureusement, l'argent du Baïliq est souvent mal dépensé; on fait des constructions fort chères là où des constructions à très bon marché suffiraient, et faute d'économie, on fait beaucoup moins de bien qu'on ne pourrait. " Il ajoute dans cette lettre du 9 janvier 1916 à Duclos : " S'il y a quelques fonds disponibles, si peu que ce soit, il me semble qu'on pourrait tout doucement commencer, en partant de Motylinski, une piste pour automobiles. " C'est qu'il veut toujours offrir du travail aux Touaregs.

" NOUS NE LEUR RENDONS PAS JUSTICE

D'un seul coup, les événements tournent à la catastrophe. Ces lignes sèches dans une lettre de frère Charles, du 28 avril, à Dinaux : " Prise de Djanet par les Sénoussistes, après un siège de 18 jours, le 24 mars... la population de Djanet a tout entière passé chez l'ennemi dès la première heure du siège. L'effervescence est très grande parmi la population de Tamanrasset : la nouvelle de la prise de Djanet s'est bien vite répandue parce que le courrier est interrogé par les indigènes et raconte tout ce qu'il a vu et entendu. " Frère Charles s'emploie à rassurer. Il fait se rassembler les hommes armés autour de l'officier qui commande Fort-Motylinski. Il scrute l'avenir : " Que fera l'ennemi après la prise de Djanet ? Se tiendra-t-il pour satisfait provisoirement ? Attaquera-t-il Polignac, Fort Flatters, Motylinski ? Simultanément ou successivement ? En tout cas, il faut, à Motylinski, se tenir prêt à tout. Constant a reçu du capitaine Duclos l'ordre de remettre sans délai Motylinski en état de défense. Mais Motylinski est indéfendable contre un ennemi ayant du canon; même contre un ennemi sans canon et nombreux, la défense est presque impossible à cause de l'eau — les outres, les tonnelets, ne peuvent contenir que quelques tonnes d'eau. " Frère Charles propose une solution : que la garnison de Motylinski cherche le plus rapidement possible " dans les montagnes de l'Ahaggar, un lieu inexpugnable et pourvu d'eau sur lequel le canon n'ait pas de prise ". Il écrit en même temps, à Constant, le responsable de Fort Motylinski, en lui demandant de rassembler les combattants autour de lui, mais aussi d'inviter la population civile à chercher refuge dans la montagne : " Que tout ce qui est femmes, enfants, non-combattants se cache dans la montagne. " Il ne s'agit pas de penser mettre à l'abri les femmes et les enfants en leur conseillant de se rendre au bordj, de s'installer dans le poste militaire; le véritable élément de sécurité, au Sahara, à ce moment, ce n'est justement pas le bordj, qui est le lieu le premier attaqué et qui est très mal défendable, mais les régions montagneuses. Frère Charles qui a vu les Arméniens massacrés par les Turcs, vingt ans plus tôt, met tout en œuvre aujourd'hui, pour que les femmes et les enfants Touaregs ne subissent pas le même sort.

C'est dans cette même lettre, dramatique, que frère Charles, une fois de plus, une dernière fois, demande que justice soit rendue aux Touaregs par l'Administration française : " Nous ne leur rendons pas justice et nous ne la leur faisons pas rendre : depuis plus de deux ans, des vols, dont un avec assassinat, commis à leur préjudice, par des sujets de l'Afrique Occidentale Française, dont ils se sont maintes fois plaints à nos officiers, n'ont jamais reçu réparation. Le total des chameaux qui leur ont été volés et pour lesquels ils ont porté plainte à leur chef direct, il y a à peu près deux ans maintenant, est de plus de cinquante —

jamais une solution n'est intervenue. Il en est de même de leurs autres affaires, affaires avec les gens du Tidikelt, affaires entre eux, rien ne reçoit de solution; on prend note de plaintes; on dit qu'on écrira, on dit d'attendre, et rien ne vient. " Donc la France manque à son premier devoir : celui de rendre la justice.

Mais les Français manquent eux-mêmes à la justice : ils opèrent des réquisitions abusives de chameaux : " On en réquisitionne pour des causes qui n'ont rien à voir avec l'intérêt public, femmes de militaires, etc.; on calcule souvent à l'œil et trop bas le prix des chameaux réquisitionnés, qui parfois s'est trouvé dérisoire; on n'a pas le soin voulu des chameaux réquisitionnés; on les tue par des marches trop rapides alors qu'ils ne sont pas entraînés, sans dédommagement pour le propriétaire, etc., etc. "

Le 30 avril, il s'insurge violemment contre un autre fait : on a laissé vide la caisse de Fort-Motylinski — alors qu'il y a beaucoup de convois et qu'il aurait été facile d'amener de l'argent. Impossible " d'acheter du grain pour nourrir les ouvriers de la piste automobile ". " C'est lamentable ! "

Dans cet état de guerre, frère Charles admet des peines sévères et même la peine capitale pour ce qu'il considère comme crime : " Deux haratins, mauvais sujets, ont cherché à s'enfuir pour gagner Djanet et passer à l'ennemi. Poursuivis, pris, convaincus d'avoir voulu passer à l'ennemi, Constant les a fait fusiller. Ce châtiment, unanimement approuvé par les indigènes, a fait excellent effet. " Si frère Charles s'oppose catégoriquement à toute répression injuste, il fait totalement corps avec l'ensemble des Touaregs qui sont d'accord pour l'application d'une justice stricte.

Le 31 mai, une nouvelle lettre à Duclos : " Qu'Ahmoud ait cherché à entraîner Moussa à la révolte, je n'en ai aucune preuve, mais je n'en doute pas. Moussa a résisté à ces entraînements et est resté fidèle, c'est tout ce qu'on peut lui demander... Il a une bonne situation avec nous et comprend que, si Ahmoud et ses partisans l'emportaient, il en serait diminué. Les chefs de tribus intelligents... raisonnent d'une manière analogue... Ce qu'ils veulent avant tout, c'est la paix et la sécurité. Nous les leur donnons et le régime que nous leur faisons, sans être parfait, est acceptable, et ils préfèrent ne pas en changer; d'ailleurs, ils ne se dissimulent pas qu'une invasion d'Ahmoud en Ahaggar serait la razzia et la ruine du pays; eux aussi, comme Moussa, préfèrent nous rester fidèles... Les Kel Ahaggar ne nous adorent pas, nous sommes des étrangers; les Sénoussistes sont aussi des étrangers : les Kel Ahaggar n'aiment ni nous ni eux. Mais nous, ils nous connaissent et ils savent notre régime supportable — aussi l'élément intelligent et ami de la paix, représenté par Moussa et la plupart des notables plébéiens préfèrent-ils le régime actuel : c'est le parti *jeune Ahaggar*. Le parti vieil Ahaggar, Nobles, femmes, gens sans sou ni maille, fait secrètement des vœux pour Ahmoud. »

En juin, les nouvelles sont meilleures. Djanet a été reprise. Moussa a nettement pris parti contre les Sénoussistes. A Duclos, le 4 juin 1916 : « Un autre homme se signale par l'excellence de son attitude, c'est Ouksem [beau-père du jeune compagnon de voyage en France], le très intelligent chef des Dag Rali, la tribu plébéienne la plus importante de l'Ahaggar... In-Salah vient de nous envoyer un brigadier qui me paraît une perfection — le bon cultivateur d'entre Auch et Pau, le vieux Français de la vieille bonne race; j'en suis ravi. »

La promotion humaine et l'évangélisation de ces populations, la France en a effectivement la charge, et frère Charles ne cesse de le rappeler à ses amis. Le 13 juin, à un prêtre, il montre cette responsabilité de la France et il ajoute : « Quel châtiment sera le sien si, par une légèreté, une indifférence, un égoïsme coupables, elle ne n'acquitte pas d'un devoir aussi grave qui lui est aussi spécialement confié. » Le 7 juillet, c'est à René Bazin, dont il vient de lire un article dans l'*Echo de Paris* qu'il exprime sa vie et son travail :

“ Les missionnaires isolés comme moi sont fort rares. Leur rôle est de préparer la voie, en sorte que les missions qui les remplaceront trouvent une population amie et confiante, des âmes quelque peu prépréparées au christianisme, et, si faire se peut, quelques chrétiens... Il faut nous faire accepter des musulmans, devenir pour eux l'ami sûr, à qui on va quand on est dans le doute ou la peine, sur l'affection, la sagesse et la justice duquel on compte absolument. Ce n'est que quand on est arrivé là qu'on peut arriver à faire du bien à leur âme. ” “ Ma vie consiste donc à être le plus possible en relation avec ceux qui m'entourent, et à rendre tous les services que je peux. A mesure que l'intimité s'établit, je parle, toujours ou presque toujours en tête à tête, du bon Dieu, brièvement, donnant à chacun ce qu'il peut porter : fuite du péché, acte d'amour parfait, acte de contrition parfaite, les deux grands commandements de l'amour de Dieu et du prochain, examen de conscience, méditation à la vue des fins dernières, devoir de la créature de penser à Dieu, etc. donnant à chacun selon ses forces et avançant lentement, prudemment.

“ Il y a fort peu de missionnaires isolés faisant cet office de défricheurs; je voudrais qu'il y en eût beaucoup; tout curé d'Algérie, de Tunisie ou du Maroc, tout aumônier militaire, tout pieux catholique laïc, pourrait l'être. Le Gouvernement interdit au clergé séculier de faire de la propagande antimusulmane; mais il s'agit de propagande ouverte et plus ou moins bruyante ; les relations amicales avec beaucoup d'indigènes, tendant à amener lentement, doucement, silencieusement, les musulmans à se rapprocher des chrétiens, devenus leurs amis, ne peuvent être interdites à personne. Tout curé de nos colonies pourrait s'efforcer de former beaucoup de ses paroissiens et paroissiennes à être des Priscille et des Aquila. Il y a toute une propagande tendre et discrète à faire auprès des indigènes infidèles, propagande qui veut avant tout de la bonté, de l'amour et de la prudence, comme quand nous voulons ramener à Dieu un parent qui a perdu la foi... »

TOUT CE QUE VOUS FAITES A UN DE CES PETITS

On se tromperait bien si on pensait que c'est pour frère Charles une vie toute facile . Il marche constamment dans l'espérance, c'est-à-dire dans la nuit. Le 7 septembre 1915, il avait écrit à Mme de Bondy : « Il y aura demain dix ans que je dis la messe à Tamanrasset, et pas un seul converti ! Il faut prier, travailler, et patienter. » Lui qui fait tant pour les Touaregs se regarde comme un pauvre serviteur inutile. C'est qu'il y a tant à réaliser ! Mais c'est aussi que frère Charles donne la première place à l'amour. Le 5 mai, à sa cousine, il écrivait : « Je comprends combien il vous est dur de ne pas rendre en ces jours des services aussi actifs que vous voudriez; mais le bon Dieu est meilleur juge que nous; nous sommes portés à mettre au premier rang les œuvres dont les effets sont visibles et tangibles; Dieu donne le premier rang à l'amour. » Et il a ce cri : « Il nous aime, Il nous donne grâce, Sa grâce, Il est le bon Pasteur, toujours en quête de sa brebis... Tout le premier, j'ai besoin de me mettre souvent en face de ces vérités pour me consoler d'être si nul comme œuvre active et si misérable comme vie intérieure. »

Au début de 1916, frère Charles compose, dans un petit carnet, une série de courtes méditations. Ce qui est le plus frappant dans ces « notes quotidiennes », c'est sa passion de consacrer toute sa vie à être « sauveur » comme le Christ, c'est-à-dire à apprendre aux hommes que Dieu les aime, et comment ils doivent vivre entre eux : en s'aimant.

Le 1er janvier, il écrit : « Jésus a voulu que son nom « Sauveur » signifiât l'œuvre de sa vie, le salut des âmes; l'œuvre de notre vie doit être, à l'imitation du Modèle Unique, le salut des âmes. » Jésus, il veut Le continuer concrètement, quotidiennement, et jusque dans sa mort : “ Que le nom de Jésus, écrit-il encore le 1er janvier, soit toujours dans notre cœur et sur nos lèvres en cette vie, qu’il soit notre consolation et notre espérance à l’heure de la mort ! ” Et d’autres passages encore de ces notes quotidiennes : “ Jésus entre dans le monde en annonçant la Paix. ” “ Quitter tout et soi-même, se mettre au dernier rang. ” “ Les livres montrent la voie, mais Dieu, par la grâce, les fait comprendre, et donne la force pour marcher. ” “ Notre Seigneur, dans sa crèche, enseignait *la douceur*, l’accessibilité à tous, la société familière avec les humbles. ” “ Le monde promet peu de choses, et des choses qui passent, et on le sert avec ardeur; Dieu promet des biens immenses, éternels, et les cœurs des hommes restent froids. ” “ Passer sa vie dans l’amour de Dieu et du prochain. ” Et cette phrase qui exprime la vie de Jésus, mais aussi la vie de frère Charles : “ Notre Seigneur, dans la crèche, nous enseigne même à aller aux âmes qui nous repoussent et nous délaissent, et à rester au milieu d’elles avec patience et persévérance. ”

Cette prière : “ Seigneur, apprenez-moi à faire votre volonté, apprenez-moi à vivre d’une vie humble et digne de vous. ” Et encore : “ Avoir la pureté d’âme et l’innocence d’un petit enfant pour être digne du Royaume des Cieux et de Jésus. ” “ Ne craindre qu’une chose au monde : ne pas assez aimer Jésus. ” “ Travailler, dans sa situation, au salut des âmes et à la gloire de Dieu. ” “ Rien n’est plus parfait ni meilleur que l’amour, parce que l’amour est né de Dieu et ne peut se reposer qu’en Dieu. ” “ L’amour peut tout; il accomplit beaucoup de choses qui fatiguent et épuisent vainement celui qui n’aime pas. ” “ L’amour est prompt, sincère, pieux, doux, prudent, fort, patient, fidèle, constant, magnanime, il ne se recherche jamais. ” “ Toutes choses égales d’ailleurs, préférer l’abjection à l’honneur, le délaissement au fait d’être entouré, la pénurie à l’abondance, pour être plus semblable à Jésus. ” “ Dès qu’on commence à se rechercher soi-même un instant, on cesse d’aimer. ”

" Qui n'est pas prêt à tout souffrir et à s'abandonner entièrement à la volonté de son Bien-Aimé ne sait pas ce que c'est que d'aimer. " " Considérer moins le don de celui qui aime que l'amour de celui qui donne. Etre plus touché de l'affection que du bienfait. " " Seigneur, que voulez-vous que je fasse ? " " Que ce cri de saint Paul soit celui de toute notre vie. " Une autre prière : " Vous m'avez montré en ceci votre amour : je n'étais pas, et vous m'avez créé; j'errais loin de vous, vous m'avez ramené pour vous suivre, et commandé de vous aimer. "

Cette note, qui montre bien la dimension universelle de l'amour évangélique de frère Charles : le 5 février, ayant lu une histoire des saints martyrs au Japon, il écrit : " Prier pour la conversion du Japon, et y travailler le plus possible. "

Et ceci, comme un testament : " Soyez bons et compatissants, qu'aucune misère ne vous laisse insensibles, voyez Jésus en tout humain. Faites à autrui ce que vous voulez qu'il vous fasse. " " A la vue de l'amour et de la vertu des saints, humilions-nous et convertissons-nous ; ce qu'ils ont pu, nous le pouvons : jamais Dieu ne manque à l'homme. " " Profitez de toutes les occasions d'éclairer le prochain et de le porter au bien. " " Etre généreux avec Dieu ; ne jamais croire en faire assez pour sa gloire. " " Etre ferme mais doux, et garder la sévérité surtout pour soi. " " Etre prêt à faire tous les sacrifices pour le soulagement du prochain : Ce que vous faites à un de ces petits vous me le faites. "

Le 14 juin : " Marie alla dans la montagne avec hâte... quand on est plein de Jésus, on est plein de charité; on va à ceux qu'on veut sauver, comme Jésus est allé à eux en s'incarnant; on fait le bien avec hâte, car la charité presse et ne veut pas de retard. " " Estimons infiniment nos frères les plus petits, les plus humbles, les plus rustiques : honorons-les comme les favoris de Jésus : comprenons qu'ils méritent de l'être; étant habituellement les plus simples, les plus purs, les plus dénués d'orgueil. Mêlons-nous à eux;

autant que Dieu le veut, soyons l'un d'eux, faisons-leur tout le bien possible au corps et à l'âme. " Et le 20 juin, cette méditation qui résume lumineusement toute la vie de frère Charles : " Il descendit avec eux et il vint à Nazareth, et il leur était soumis. " Il descendit : toute sa vie, il n'a fait que descendre : descendre en s'incarnant, descendre en se faisant petit enfant, descendre en obéissant, descendre en se faisant pauvre délaissé, exilé, persécuté, supplicié, en se mettant toujours à la dernière place : " Quand vous êtes invité à un festin, asseyez-vous à la dernière place. " C'est ce qu'il a fait lui-même depuis son entrée au festin de la vie jusqu'à sa mort. Il vint à Nazareth, le lieu de la vie cachée, de la vie ordinaire, de la vie de famille, de prière, de travail, d'obscurité, de vertus silencieuses, pratiquées sans autre témoin que Dieu, ses proches, ses voisins, de cette vie simple, humble, bienfaisante, obscure, qu'est celle de la plupart des humains, et dont il donne l'exemple pendant trente ans... Il leur était soumis, Lui, Dieu, à eux, humains, exemple d'obéissance, d'humilité, de renoncement au sens propre, infini comme sa divinité. "

Cette marche vers la dernière place, est-elle une marche rétrograde et triste ? Tout au contraire. Elle est un dynamisme constant : " A mesure qu'il avançait en âge, la sagesse et l'abondance des grâces divines qui étaient en Lui se manifestaient de plus en plus, apparaissaient de plus en plus aux yeux par ses actes extérieurs... Qu'il en soit de même en nous : à mesure que nous prenons de l'âge, que la grâce reçue au baptême, celle que versent en nous les sacrements, celle dont Dieu fait don avec abondance croissante à l'âme fidèle, paraisse de plus en plus dans nos œuvres : que chaque jour de notre vie marque un progrès en sagesse et en grâce. "

Voilà les notes que frère Charles transcrit dans la dernière année de sa vie; ce sont de petites phrases courtes, très denses, très frappées, ardentes. Ce ne sont plus les longues méditations d'antan : frère Charles est pressé, ses amis les Touaregs l'attendent.

Frère Charles est devenu de plus en plus simple et dépouillé; il réunit dans le même et unique élan de son cœur l'amour de Jésus et l'amour de tous, le bonheur total de tous les hommes, l'épanouissement de tout leur être, corps et âme. A l'un des membres de l'Association, il écrit, de toute la passion de son cœur, le 1er août 1916 : " Pensez beaucoup aux autres, priez beaucoup pour les autres. Vous dévouer au salut du prochain par les moyens en votre pouvoir, prière, bonté, exemple, etc. c'est le meilleur moyen de prouver à l'Époux divin que vous l'aimez : " Tout ce que vous faites à l'un de ces petits c'est à Moi que vous le faites "... l'aumône matérielle qu'on fait à un pauvre, c'est au Créateur de l'univers qu'on la fait. Le bien qu'on fait à l'âme d'un pécheur, c'est à la Pureté incréée qu'on le fait. Dieu a voulu qu'il en fût ainsi, pour donner à cette charité envers le prochain, dont il a fait le deuxième devoir " semblable au premier ", une véritable similitude avec le premier, de l'amour de Dieu... Il n'y a pas, je crois, de parole de l'Évangile qui ait fait sur moi une plus profonde impression et transformé davantage ma vie que celle-ci : " Tout ce que vous faites à un de ces petits, c'est à Moi que vous le faites. " Si on songe que ces paroles sont celles de la Vérité incréée, celles de la bouche qui a dit : " Ceci est mon corps, ceci est mon sang... ", avec quelle force on est porté à chercher et à aimer Jésus dans " ces petits ", ces " pécheurs ", ces pauvres, portant tous ses moyens spirituels vers la conversion des âmes, tous ses moyens matériels pour le soulagement des misères temporelles. "

C'est au service des " petits " que tous les hommes du monde entier, chrétiens comme non-chrétiens, doivent se consacrer. Frère Charles clame, en ce début du xxe siècle, que tous doivent se donner à l'organisation d'une Cité fraternelle. Cette " Cité ", il le voit, il le dit, il le crie, ne peut plus se limiter aux régions, aux états, elle doit s'étendre à la terre tout entière.

Si frère Charles prévoit la fin de l'empire français

en Afrique, son regard est bien davantage prophétique : il pressent l'immense transformation des structures de l'univers et souhaite de toutes ses forces l'unité fraternelle de cette immense Cité qui doit être le monde de demain. Il veut, dès lors, que chaque homme devienne un frère pour chaque homme, il veut que chaque homme devienne un " frère universel ". Ainsi, dans son existence même, frère Charles manifeste extraordinairement que Dieu est Père : tous les hommes sont frères, libres et égaux; que Dieu est Esprit d'unité. Et il apparaît tout particulièrement comme un véritable " frère " de Jésus de Nazareth.

L'Amour, ce mendiant terrible et transfigurant, l'Amour lui a demandé sa vie : il a dit " oui ". Il a donné sa vie à chaque heure du jour, une par une, sans s'arrêter jamais; il a vécu, minute par minute, la litanie des événements. Il a voulu ressembler à Jésus. L'Évangile, il l'a parlé en mots de tous les jours, en mots simples comme le monde, et simples comme bonjour, en mots couleur du temps, en mots couleur d'espoir. Ces mots d'Évangile qu'il a prononcés, il les a clamés dans les dialogues de tous les jours, dans les actes et les silences de tous les jours.

Et dans la lumière de sa vie quotidienne, les mots de l'Évangile ont repris vie, ressuscités d'entre les morts ; il a vécu l'Évangile en termes vierges et neufs, compacts et vrais. Il les a criés, les absolus évangéliques, dans les conjonctures, dans les drames des hommes, dans les esclavages. Il a eu la passion des liens entre les hommes. Il a crié que Jésus était offensé chaque fois que la justice était bafouée. Il a engagé la foi et l'Évangile dans les intérêts de l'homme et de l'humanité, dans la dignité humaine. Il s'est senti réellement atteint dans sa chair d'homme, et réellement atteint dans sa vie de baptisé, atteint comme un autre Christ partout où il a vu des opprimés et des persécutés.

Il a pris leur place, la dernière place, à la suite de Jésus, à leur suite. Toute sa vie, il a été en marche vers la dernière place, vers les plus pauvres. Il a cherché la compagnie des enfants prodigues, de ceux qui n'ont pas de passé, pas d'héritage, de ceux qui n'ont pas voix au chapitre ou qu'on empêche de crier, des hors-la-loi que l'on considère comme des trouble-fête, de ceux qui se heurtent partout à des barrières et à des frontières, de ceux qui sont incapables de comprendre l'ensemble du monde et incapables de penser, de transformer, de ceux qui n'ont pas d'avenir, pas d'espoir, de tous les expatriés. Il eſt venu vivre parmi eux, il eſt devenu l'un d'entre eux, simplement. Il leur a même demandé de devenir libres sans devenir à leur tour oppresseurs. Les rapports entre les hommes seront-ils des rapports de *Maître* et d'*Esclave* ? A cette issue de servitude et d'oppression, frère Charles oppose l'esprit d'amour qui eſt dialogue, partage de vie, juſtice. Frère Charles refuse concrètement la société du *Maître* et de l'*Esclave*, il refuse de se trouver partie prenante de cette société : alors, au grand jour, il accueille chacun, il écoute chacun, il fait amitié avec tous, sans diſtinction.

Frère Charles témoigne de l'Unité. Il se met franchement du côté des faibles, des pauvres, des petits, mais il ne se met jamais contre personne ; il condamne seulement le mal. Il refuse tout germe de division et de haine, tout préjugé de classe et de race, il se bat pour faire tomber les barrières.

Frère Charles eſt l'ami et le voisin des Touaregs qui passent. Toutes leurs queſtions, toutes leurs préoccupations, toutes leurs affaires, qu'elles soient morales ou matérielles, ce sont ses affaires : ils aiment lui en parler, il aime les écouter. Il a appris leur langue; il ne se contente pas de la baragouiner, il la connaît à fond, il veut penser “ touareg ”, vivre toute la vie de ses amis; il prend le thé avec eux et partage leur nourriture en fraternel dialogue, ayant bousculé toute frontière. Et ce contaƈt des autres a sans cesse rendu frère Charles à la vie réelle. Et frère Charles a constamment parié sur les autres : non seulement, il était plein d'accueil pour les autres, mais il a sans cesse pensé que les autres étaient bons pour lui. N'eſt-ce pas là l'extrême de la bonté ?

Son ami Louis Massignon a écrit : “ Il ne demandait pas, il ne réclamait rien, il veillait, attendant l’heure de la grâce, évitant qu’aucune âme ne reçût de blessure, ne ressentit de gêne, même légère. Plus le service rendu est humble, plus la grâce y transparaît. Je me souviens du geste rapide, affectueux et discret avec lequel il enleva, devant moi, des mains embarrassées d’un jeune musulman, indécis et troublé, une image de piété qu’un bon prêtre, un peu par habitude, je prnse, venait d’y glisser. ”

A l’exemple du Verbe fait homme, frère Charles de Jésus s’est fait l’hôte des plus humbles, vivant parmi eux chaque jour à la dernière place, se mêlant à leur vie, comme le levain, comme le sel, ces “ riens ” qui transforment tout. Et il a compris que Jésus, le Pauvre, l’Expatrié par excellence, se cache sous l’aspect des plus abandonnés, des plus malheureux, des derniers, sans feu ni lieu.

REFUGE POUR LES PAUVRES

Le 15 septembre 1916 — il a cinquante-huit ans ce jour-là — il écrit à sa cousine : “ Les nouvelles de la frontière tripolitaine sont mauvaises : sans avoir subi d’échec, nos troupes se replient devant les Sénoussistes; elles ne sont plus sur la frontière, mais bien loin en deçà; après avoir repris Djanet, elles l’ont évacuée, d’autres points encore ; cette reculade devant quelques centaines de fusils est lamentable. Il est clair que, sans même combattre, les Sénoussistes avanceront. Si on ne change pas promptement de méthode, ils arriveront ici dans quelque temps. Je regrette de vous inquiéter. ” “ Ma vie, ajoute frère Charles, se poursuit dans son calme extérieur accoutumé. ”

Cependant, il y a un changement dans sa vie : frère Charles ne se trouve plus dans son ermitage. Les officiers se sont inquiétés de le voir isolé à Tamanrasset. Constant a voulu lui offrir l’hospitalité de Fort-Motylinski, mais frère Charles a refusé. Il veut demeurer au milieu des haratins. Et s'il accepte de construire à Tamanrasset un bordj, c'est-à-dire un petit fortin où il pourra trouver refuge en cas de rezzou sénoussiste, c'est qu'il a pensé que ce bordj ne sera pas un refuge pour lui d'abord, mais pour ses amis les pauvres, pour les haratins sans défense. Dans cette même lettre du 15 septembre à sa cousine : " Ces derniers temps, j'ai eu une occupation supplémentaire; j'ai installé une enceinte renfermant un puits (enceinte carrée de 14 mètres de côté), qui puisse servir de refuge à la population en cas d'attaque par des coureurs ennemis, et pour qu'en cas échéant, on y soit pourvu de vivres, d'instruments et de remèdes. J'y ai transporté mon ermitage; ma nouvelle installation est à un kilomètre de l'ancienne et beaucoup plus près du village, ce qui, pour les relations avec la population, est un avantage. " Cette transplantation de l'ermitage, à trois mois de sa mort, n'a-t-elle pas quelque chose de profondément symbolique ? La courbe de la vie de frère Charles n'a pas consisté, en effet, à s'éloigner des hommes, mais à venir vers eux, à leur offrir de plus en plus l'hospitalité, à être de plus en plus proche de leur vie.

Il s'agit bien d'un fortin : " J'ai transformé mon ermitage en fortin; il n'y a rien de nouveau sous le soleil : je pense, en voyant mes créneaux, aux couvents fortifiés et aux églises fortifiées du xe siècle. Comme les choses anciennes reviennent, et comme ce qu'on croyait à jamais disparu reparaît ! On m'a confié six caisses de cartouches et trente carabines Gras qui me rappellent notre jeunesse ", écrit-il à un ami officier. Mais ce fortin et ces armes, c'est pour défendre les pauvres. Les pauvres, d'ailleurs, l'ont bien compris : ils font corps avec frère Charles : une forte alerte le 20 septembre a montré l'attitude de la population indigène : " Elle s'est groupée autour de l'officier qui commande le fort voisin et autour de moi, prête à défendre le fort et l'ermitage : cette fidélité m'a été très douce, et je suis très reconnaissant envers ces pauvres gens qui auraient pu se réfugier dans les montagnes où ils n'avaient rien à redouter, et qui ont mieux aimé s'enfermer dans le fort voisin et dans mon ermitage; bien qu'ils sussent que l'ennemi avait des canons et que le bombardement était certain. »

Le 30 octobre, il écrira, toujours à sa cousine : « Je remercie le bon Dieu d'avoir transformé mon ermitage en un lieu de refuge défendable; cela a rendu service lors de la fausse alerte que nous avons eue il y a quarante jours. »

Le 28 novembre, frère Charles termine la copie des poésies touarègues. Le même jour il écrit sa joie à Susbielle : « La télégraphie sans fil fonctionne depuis quelque temps à Ouargla, In-Salah, Fort-Flatters... Elle sera établie dans trois ou quatre mois à Fort-Motylinski... une piste pour automobiles allant de Laghouat au Mzab, à Ouargla, à In-Salah et à Tamanrasset est achevée depuis quelques mois. La première automobile est arrivée en août à In-Salah. »

Mais à côté de ces travaux et de ces progrès, il y a la misère, matérielle et spirituelle, et le cœur de frère Charles en souffre terriblement. Le 30 octobre, à sa cousine : « Je redoute une extrême famine pour cet hiver et votre envoi me permet de faire les provisions nécessaires pour qu'ici et aux environs, il n'y ait pas de gens *mourants* (au propre, non au figuré) de faim. Il y a ici deux récoltes par an, une de blé, une de mil, la première au printemps, la seconde en automne. La première était faible, la deuxième nulle; et cela succède à quatre récoltes presque nulles et à onze ans de sécheresse : le pays n'en peut plus. » Frère Charles a pensé aux pauvres, ses amis, il leur a fait une réserve de blé, ils auront du pain, il peut mourir.

Mais il y a aussi une autre nourriture, parce qu'il y a aussi une autre sécheresse et frère Charles aperçoit sans cesse devant ses yeux cette seconde pauvreté : « L'état des gens qui m'entourent est à faire pleurer, écrit-il à Mme de Bondy le 15 octobre. Ils sont tellement entourés de mal et d'erreurs ! Il leur est si difficile de mener une vie même naturellement bonne ! »

Pain quotidien

Vendredi 1er décembre 1916

Ce jour-là, premier jour de décembre, frère Charles écrit à sa cousine : " Notre anéantissement est le moyen le plus puissant que nous ayons de nous unir à Jésus et de faire du bien aux âmes; c'est ce que saint Jean de la Croix répète presque à chaque ligne. Quand on veut souffrir et aimer, on peut beaucoup, on peut le plus qu'on puisse en ce monde. On sent qu'on souffre, on ne sent pas toujours qu'on aime, et c'est une grande souffrance de plus; mais on sait qu'on voudrait aimer, et vouloir aimer, c'est aimer. On trouve qu'on n'aime pas assez; comme c'est vrai, on n'aimera jamais assez, mais le bon Dieu, qui sait de quelle boue Il nous a pétris, et qui nous aime bien plus qu'une mère ne peut aimer son enfant, nous a dit, Lui qui ne ment pas, qu'Il ne repousserait pas celui qui vient à Lui. "

Il écrit à Louis Massignon, son ami, qui est au front : " Il ne faut jamais hésiter à demander les postes où le danger, le sacrifice, le dévouement sont plus grands : l'honneur, laissons-le à qui le voudra, mais le danger, la peine, réclamons-les toujours. Chrétiens, nous devons donner l'exemple du sacrifice et du dévouement. C'est un principe auquel il faut être fidèle toute la vie, en simplicité, sans nous demander s'il n'entre pas d'orgueil dans cette conduite. C'est le devoir, faisons-le, et demandons au Bien-Aimé Époux de notre âme de le faire en toute humilité, en tout amour de Dieu et du prochain. "

Vendredi 1er décembre 1916. Il commence à faire

nuit. Frère Charles est seul. Une quarantaine d'hommes se sont approchés de l'ermitage. Il y a des Sénoussistes et il y a des Touaregs dissidents. Parmi ces derniers, un haratin, El Madani, à qui Frère Charles a déjà donné l'hospitalité. Dans la nuit qui tombe, Judas vient à la porte de l'ermitage. Il appelle; il annonce le courrier. Frère Charles reconnaît sa voix, entr'ouvre la porte et tend la main.

Alors on le saisit, on le tire, on le jette devant la porte du fortin, à droite. Il se met à genoux; on lui ordonne de mettre ses bras derrière le dos, on les lui attache aux chevilles. On l'interroge, il se tait. Il se tient immobile, il prie. On le confie à la garde d'un garçon de quinze ans qui est debout près de lui, fusil en main, tandis que les autres accomplissent la mise à sac de l'ermitage. Mais quelqu'un crie : deux méharistes arrivent. Une fusillade. Affolé, le jeune gardien tire sur frère Charles : la balle entre derrière l'oreille droite et sort par l'œil gauche. Frère Charles tombe sans un cri. Le drame a duré vingt minutes à peine.

Il y avait des armes dans le bordj, mais frère Charles ne s'en est jamais servi ; il a été tué sans combattre, en victime. Il n'est pas mort martyr, mais assassiné, et sa mort n'a pas pu être un germe de division entre les Français et les Touaregs, ou entre les chrétiens et les musulmans.

Frère Charles s'était établi plus près de Tamanrasset, plus près de ses amis, plus près des pauvres : c'est par la traîtrise de l'un d'entre eux qu'il tombe; le « frère universel » meurt seul. Cette mort, c'est le dernier acte, l'ensevelissement silencieux du grain qui tombe en terre.

Trois semaines après sa mort, on retrouve là où il a été tué, son pauvre ostensoir, avec l'Hostie, enfoui dans le sable. Comme l'Hostie, comme le Christ pauvre et caché, il s'est enfoncé dans la terre des hommes. Il s'y est laissé enfouir comme un grain de blé, pour mûrir et devenir, avec Jésus-Christ, pain quotidien des hommes, ses frères.

Table

COMPOSITION : IMPRIMERIE BUSSIÈRE À SAINT-AMAND (CHER)
IMPRESSION : IMPRIMERIE HÉRISSEY À ÉVREUX (4-92)
DÉPÔT LÉGAL : 4e TRIM. 1962. No 1388-7 (57924)

LIVRE DE VIE

1 FRANÇOIS MAURIAC
Vie de Jésus.

2-3 THOMAS MERTON
La nuit privée d'étoiles.

4 FÉLIX TIMMERMANS
La harpe de saint François.

5 JACQUES LOEW
En mission prolétarienne.

6 GEORGES BERNANOS
Dialogues des Carmélites.

7-8 SAINTE THÉRÈSE DE L'ENFANT JÉSUS
Manuscrits autobiographiques.

9 A.-M. ROGUET
La messe.

10 MARCELLE AUCLAIR
Bernadette.

11 ROGER AUBERT
Problèmes de l'unité chrétienne.

12 L'imitation de Jésus-Christ.
TRADUCTION DE LAMENNAIS

13 JEAN GUITTON
La Vierge Marie.

14 ROMANO GUARDINI
Initiation à la prière.

15 SAINTE THÉRÈSE D'AVILA
Le chemin de la perfection.

16 E. B. ALLO
Paul, apôtre de Jésus-Christ.

17 Contes de Noël.

18-19 RAÏSSA MARITAIN
Les grandes amitiés.

20 MARIE DE SAINT-DAMIEN
Sainte Claire d'Assise.

21-22 SAINT-FRANÇOIS DE SALES
Introduction à la vie dévote.

23 YVES DE MONTCHEUIL
Aspects de l'Église.

24-25 BLAISE PASCAL
Pensées (édition LAFUMA).

26 FRANCIS DVORNIK
Histoire des conciles.

27 SAINT IGNACE DE LOYOLA
Autobiographie.

28 A.-M. ROGUET
Les sacrements.

29-30 LOUIS BOUYER
La Bible et l'Évangile.

31 Fioretti de saint François.
TRADUCTION D'A. MASSERON

32 CARDINAL SUHARD
Essor ou déclin de l'Église.

33-34 JEAN-FRANÇOIS SIX
Vie de Charles de Foucauld.

35 JACQUES RIVIÈRE — PAUL CLAUDEL
Correspondance, 1907-1914.

36 JEAN DANIÉLOU
Dieu et nous.

37 JEAN GUITTON
L'amour humain.

38-39 HENRI QUEFFÉLEC
Celui qui cherchait le soleil.

40 H. I. DALMAIS
Initiation à la liturgie.

41-42 JACQUES LOEW
Journal d'une Mission ouvrière.

43-44 Le Nouveau Testament.
TRADUCTON OSTY ET TRINQUET

45 FRITZ HOCHWALDER
Sur la terre comme au ciel.

46-47 DOM CÉLESTIN CHARLIER
La lecture chrétienne de la Bible.

48 JEAN-CLAUDE BARREAU
Annonce de Jésus-Christ.

79-80 YVES DE MONTCHEUIL
Problèmes de vie spirituelle.

81-82 ROGER BOUTEFEU
Je reste un barbare.

83-84 Petite philocalie de la prière du cœur.
TRADUCTION DE JEAN GOUILLARD

85-86 JOACHIM JEREMIAS
Les paraboles de Jésus.

87-88 EMMANUEL MOUNIER
L'engagement de la foi.

89 JEANNE ANCELET-HUSTACHE
Car ils seront consolés.

90-91-92 ARTHUR NISIN
Histoire de Jésus.

93 PIERRE EMMANUEL
Évangéliaire.

94 PAUL GAUTHIER
Jésus de Nazareth, le charpentier.

95 HANS VON CAMPENHAUSEN
Les Pères grecs.

96 HANS VON CAMPENHAUSEN
Les Pères latins.

97 KARL STERN
La troisième révolution.
(Psychanalyse et Religion.)

98 ROMANO GUARDINI
L'image de Jésus-Christ dans le Nouveau Testament.

99 KARL RAHNER ET HERBERT VORGRIMLER
Petit dictionnaire de théologie catholique.

100 MARC ORAISON
Une morale pour notre temps.

101 JEAN-CLAUDE BARREAU
La foi d'un païen.

102 EDMOND MICHELET
Rue de la Liberté.

103 DOM HELDER CAMARA
Révolution dans la paix.

104 JEAN PLOUSSARD
Carnet de route.

105 BORIS SIMON
Les chiffonniers d'Emmaüs.

106 DIETRICH BONHOEFFER
Le prix de la grâce.

107 MADELEINE DELBRÊL
Nous autres, gens des rues.

108 CLAUDE TRESMONTANT
Comment se pose aujourd'hui le problème de l'existence de Dieu.

109 PAUL TILLICH
Le courage d'être.

110 MARCEL LÉGAUT
Travail de la foi.

111 ANDRÉ MANARANCHE
Je crois en Jésus-Christ aujourd'hui.

112 HILDA GRAEF
Histoire de la mystique.

113 PIERRE TEILHARD DE CHARDIN
Le Milieu divin.

114 SAINT JEAN DE LA CROIX
La montée du Carmel.

115 MARC ORAISON
Le mystère humain de la sexualité.

116 A.-M. ROGUET
Initiation à l'Évangile.

117 MAX THURIAN
L'Essentiel de la foi.

118 C. H. DODD
Morale de l'Évangile.

119 JEAN-FRANÇOIS SIX
Jésus.

120 SIMONE WEIL
Lettre à un religieux.

121 JEAN DANIÉLOU
Les Manuscrits de la mer Morte.

122 UN MOINE DE L'ÉGLISE D'ORIENT
La Prière de Jésus.

123 RÉGINE PERNOUD
Jeanne d'Arc par elle-même et par ses témoins.

124 JEAN-FRANÇOIS SIX
Vie de Thérèse de Lisieux.

125 C. H. DODD
La Prédication apostolique et ses développements.

126 MALCOLM MUGGERIDGE
Mère Teresa de Calcutta.

127 FRÈRE ROGER
Dynamique du provisoire.

128 DOM H. CAMARA
Le Désert est fertile.

129 SIMONE WEIL
Attente de Dieu.

130 UN CHARTREUX
Amour et Silence.

131 XAVIER LÉON-DUFOUR
Dictionnaire du Nouveau Testament.

132 MÈRE TERESA DE CALCUTTA
La joie du don.

133 MADELEINE DELBRÊL
Alcide (Guide simple pour simples chrétiens).

134 DIMITRI DOUDKO
L'espérance qui est en nous.

135 CLAUDE TRESMONTANT
L'enseignement de Ieschoua de Nazareth.

136 UN MOINE DE L'ÉGLISE D'ORIENT
Jésus, simples regards sur le Sauveur.

137 CHARLES HAROLD DODD
Le fondateur du christianisme.

138 ANDRÉ FROSSARD
Votre humble serviteur Vincent de Paul.

139 MARCELLE AUCLAIR
La joie par l'Évangile.

140 ALBERT PEYRIGUÈRE
Laissez-vous saisir par le Christ.

27, RUE JACOB. PARIS, VIe